云南大学"一带一路"沿线国家综合数据库建设项目
中国周边外交研究省部共建协同创新中心　　联合推出

"一带一路"沿线国家综合数据库建设丛书 | 林文勋 主编

企聚丝路
海外中国企业高质量发展调查
老挝

方芸 等 著

Overseas Chinese Enterprise and
Employee Survey in B&R Countries
LAOS

中国社会科学出版社

图书在版编目(CIP)数据

企聚丝路：海外中国企业高质量发展调查．老挝/方芸等著．—北京：中国社会科学出版社，2021.7

（"一带一路"沿线国家综合数据库建设丛书）

ISBN 978 - 7 - 5203 - 7332 - 6

Ⅰ.①企… Ⅱ.①方… Ⅲ.①海外企业—企业发展—研究—中国 Ⅳ.①F279.247

中国版本图书馆 CIP 数据核字（2020）第 186446 号

出 版 人	赵剑英
责任编辑	马 明
责任校对	王佳萌
责任印制	王 超

出　　版	中国社会科学出版社
社　　址	北京鼓楼西大街甲 158 号
邮　　编	100720
网　　址	http://www.csspw.cn
发 行 部	010 - 84083685
门 市 部	010 - 84029450
经　　销	新华书店及其他书店
印　　刷	北京明恒达印务有限公司
装　　订	廊坊市广阳区广增装订厂
版　　次	2021 年 7 月第 1 版
印　　次	2021 年 7 月第 1 次印刷
开　　本	710×1000　1/16
印　　张	17.75
字　　数	256 千字
定　　价	89.00 元

凡购买中国社会科学出版社图书，如有质量问题请与本社营销中心联系调换
电话：010 - 84083683
版权所有　侵权必究

《"一带一路"沿线国家综合数据库建设丛书》编委会

主　　　编　林文勋

副　主　编　杨泽宇　赵琦华　李晨阳

编委会成员　（按姓氏笔画顺序）

孔建勋　毕世鸿　许庆红　杨　伟
杨泽宇　杨绍军　李彦鸿　李晨阳
吴　磊　沈　芸　张永宏　陈炳灿
陈　瑛　陈善江　范　俊　林文勋
罗茂斌　赵琦华　廖炼忠

总　序

党的十八大以来，以习近平同志为核心的党中央准确把握时代发展大势和国内国际两个大局，以高瞻远瞩的视野和总揽全局的魄力，提出一系列富有中国特色、体现时代精神、引领人类社会进步的新理念新思想新战略。在全球化时代，从"人类命运共同体"的提出到"构建人类命运共同体"的理念写入联合国决议，中华民族为世界和平与发展贡献了中国智慧、中国方案和中国力量。2013年秋，习近平主席在访问哈萨克斯坦和印度尼西亚时先后提出共建"丝绸之路经济带"和"21世纪海上丝绸之路"的重大倡议。这是实现中华民族伟大复兴的重大举措，更是中国与"一带一路"沿线国家乃至世界打造政治互信、经济融合、文化包容的利益共同体、命运共同体和责任共同体的探索和实践。

大国之路，始于周边，周边国家是中国特色大国外交启航之地。党的十九大报告强调，中国要按照亲诚惠容理念和与邻为善、以邻为伴周边外交方针深化同周边国家关系，秉持正确义利观和真实亲诚理念加强同发展中国家团结合作。[①] 当前，"一带一路"倡议已从谋篇布局的"大写意"转入精耕细作的"工笔画"阶段，人类命运共同体建设开始结硕果。

---

① 习近平：《决胜全面建成小康社会　夺取新时代中国特色社会主义伟大胜利——在中国共产党第十九次全国代表大会上的报告》（2017年10月18日），人民出版社2017年版，第60页。

在推进"一带一路"建设中，云南具有肩挑"两洋"（太平洋和印度洋）、面向"三亚"（东南亚、南亚和西亚）的独特区位优势，是"一带一路"建设的重要节点。云南大学紧紧围绕"一带一路"倡议和习近平总书记对云南发展的"三个定位"，努力把学校建设成为立足于祖国西南边疆，面向南亚、东南亚的综合性、国际性、研究型一流大学。2017年9月，学校入选全国42所世界一流大学建设高校行列，校党委书记林文勋教授（时任校长）提出以"'一带一路'沿线国家综合数据库建设"作为学校哲学社会科学的重大项目之一。2018年3月，学校正式启动"'一带一路'沿线国家综合数据库建设"项目。

一是主动服务和融入国家发展战略。该项目旨在通过开展"一带一路"沿线国家中资企业与东道国员工综合调查，建成具有唯一性、创新性和实用性的"'一带一路'沿线国家综合调查数据库"和数据发布平台，形成一系列学术和决策咨询研究成果，更好地满足国家重大战略和周边外交等现实需求，全面服务于"一带一路"倡议和习近平总书记对云南发展的"三个定位"。

二是促进学校的一流大学建设。该项目的实施，有助于提升学校民族学、政治学、历史学、经济学、社会学等学科的建设和发展；调动学校非通用语（尤其是南亚、东南亚语种）的师生参与调查研究，提高非通用语人才队伍的科研能力和水平；撰写基于数据分析的决策咨询报告，推动学校新型智库建设；积极开展与对象国合作高校师生、中资企业当地员工的交流，促进学校国际合作与人文交流。

项目启动以来，学校在组织机构、项目经费、政策措施和人力资源等方面给予了全力保障。经过两年多的努力，汇聚众多师生辛勤汗水的第一波"海外中国企业与员工调查"顺利完成。该调查有如下特点：

一是群策群力，高度重视项目研究。学校成立以林文勋书记任组长，杨泽宇、张力、丁中涛、赵琦华、李晨阳副校长任副组长，各职能部门领导作为成员的项目领导小组。领导小组办公室设在社科处，由社科处处长任办公室主任，孔建勋任专职副主任，陈瑛、许庆红任技术骨干，聘请西南财经大学甘犁教授、北京大学邱泽奇教授、北京大学赵耀辉教授、北京大学翟崑教授为特聘专家，对项目筹备、调研与成果产出等各个环节做好协调和指导。

二是内外联合，汇聚各方力量推进。在国别研究综合调查数据库建设上，我校专家拥有丰富的实践经验，曾依托国别研究综合调查获得多项与"一带一路"相关的国家社科基金重大招标项目和教育部重大攻关项目，为本项目调查研究奠定了基础。国际关系研究院·南亚东南亚研究院、经济学院、民族学与社会学学院、外国语学院、政府管理学院等学院、研究院在问卷调查、非通用语人才、国内外资料搜集等方面给予大力支持。同时，北京大学、中国社会科学院、西南财经大学、广西民族大学等相关单位的专家，中国驻各国使领馆经商处、中资企业协会、企业代表处以及诸多海外中央企业、地方国有企业和民营企业都提供了无私的支持与帮助。

三是勇于探索，创新海外调研模式。调查前期，一些国内著名调查专家在接受咨询时指出，海外大型调查数据库建设在国内并不多见，而赴境外多国开展规模空前的综合调查更是一项艰巨的任务。一方面，在初期的筹备阶段，项目办面临着跨国调研质量控制、跨国数据网络回传、多语言问卷设计、多国货币度量统一以及多国教育体系和民族、宗教差异性等技术难题和现实问题；另一方面，在出国调查前后，众师生不仅面临对外联络、签证申请、实地调研等难题，还在调查期间遭遇地震、疟疾、恐怖袭击等突发事件的威胁。但是，项目组克服各种困难，创新跨国调研的管理和实践模式，参与调查的数百名师生经过两年多的踏实工作，顺利完成了这项兼具开源性、创新性和唯一性的调查任务。

四是注重质量，保障调查研究价值。项目办对各国调研组进行了多轮培训，强调调查人员对在线调查操作系统、调查问卷内容以及调查访问技巧的熟练掌握；针对回传的数据，配备熟悉东道国语言或英语的后台质控人员，形成"调查前、调查中和调查后"三位一体的质量控制体系,确保海外调查数据真实可靠。数据搜集完成之后,各国调研组立即开展数据分析与研究,形成《企聚丝路:海外中国企业高质量发展调查》报告,真实展现海外中国企业经营与发展、融资与竞争、企业形象与企业社会责任履行状况等情况,以及东道国员工工作环境、就业与收入、对中国企业与中国国家形象的认知等丰富内容。整个调查凝聚了700多名国内外师生(其中300多名为云南大学师生)的智慧与汗水。

《企聚丝路:海外中国企业高质量发展调查》是"'一带一路'沿线国家综合数据库建设"的标志性成果之一。本项目首批由20个国别调研组组成,分为4个片区由专人负责协调,其中孔建勋负责东南亚片区,毕世鸿负责南亚片区,张永宏负责非洲片区,吴磊负责中东片区。20个国别调研组负责人分别为邹春萌(泰国)、毕世鸿(越南)、方芸(老挝)、孔建勋和何林(缅甸)、陈瑛(柬埔寨)、李涛(新加坡)、刘鹏(菲律宾)、杨晓强(印度尼西亚)、许庆红(马来西亚)、柳树(印度)、叶海林(巴基斯坦)、冯立冰(尼泊尔)、胡潇文(斯里兰卡)、邹应猛(孟加拉国)、刘学军(土耳其)、朱雄关(沙特阿拉伯)、李湘云(坦桑尼亚)、林泉喜(吉布提)、赵冬(南非)和张佳梅(肯尼亚)。国别调研组负责人同时也是各国别调查报告的封面署名作者。

今后,我们将继续推动"'一带一路'沿线国家综合数据库建设"不断向深度、广度和高度拓展,竭力将其打造成为国内外综合社会调查的知名品牌。项目实施以来,尽管项目办和各国调研组竭尽全力来完成调查和撰稿任务,但由于主、客观条件限制,疏漏、错误和遗憾之处在所难免,恳请专家和读者批评指正!

《"一带一路"沿线国家综合数据库
建设丛书》编委会
2020年3月

目　　录

第一章　老挝政治经济形势分析 …………………………………（1）
　第一节　2011年以来老挝政治形势分析 ………………………（1）
　第二节　2011年以来老挝经济形势分析 ………………………（6）
　第三节　2011年以来老挝对外关系分析 ………………………（17）
　第四节　2011年以来中老关系发展态势分析 …………………（23）

第二章　老挝中资企业调查技术报告 ……………………………（31）
　第一节　调查方案 ………………………………………………（32）
　第二节　企业数据描述 …………………………………………（35）
　第三节　员工数据描述 …………………………………………（40）

第三章　老挝中资企业生产经营状况分析 ………………………（50）
　第一节　基本情况分析 …………………………………………（50）
　第二节　生产经营状况 …………………………………………（57）
　第三节　自主程度与融资状况分析 ……………………………（73）

第四章　老挝营商环境和中国企业投资风险分析 ………………（79）
　第一节　老挝基础设施的供给情况分析 ………………………（80）
　第二节　老挝公共服务供给分析 ………………………………（85）
　第三节　中资企业对老挝公共服务治理的评价 ………………（95）

第四节　投资风险分析 …………………………………… (103)

第五章　老挝中资企业雇用行为与劳动风险分析 …………… (112)
第一节　员工构成分析 …………………………………… (113)
第二节　雇用行为分析 …………………………………… (121)
第三节　劳资纠纷及处理效果分析 ……………………… (130)

第六章　老挝中资企业本地化经营与企业国际形象分析 …… (134)
第一节　本地化经营程度 ………………………………… (135)
第二节　社会责任履行程度 ……………………………… (143)
第三节　形象传播及在老挝的认可度分析 ……………… (151)
第四节　公共外交分析 …………………………………… (157)

第七章　老挝中资企业员工的职业发展与工作条件 ………… (162)
第一节　职业经历和工作条件 …………………………… (162)
第二节　工作时间与职业培训和晋升 …………………… (168)
第三节　工会组织与社会保障 …………………………… (173)
第四节　个人收入和家庭收入 …………………………… (179)
第五节　家庭地位和耐用消费品 ………………………… (185)

第八章　交往与态度 …………………………………………… (194)
第一节　社会交往与社会距离 …………………………… (195)
第二节　企业评价 ………………………………………… (199)
第三节　公共议题 ………………………………………… (211)

第九章　媒体与文化消费 ……………………………………… (219)
第一节　互联网和新媒体 ………………………………… (220)
第二节　文化消费 ………………………………………… (226)

第十章　对外关系 ……………………………………（229）
第一节　中国品牌 …………………………………（229）
第二节　企业社会责任 ……………………………（236）
第三节　大国影响力 ………………………………（239）

参考文献 ……………………………………………（265）

后　记 ………………………………………………（270）

第一章

老挝政治经济形势分析

老挝，全称"老挝人民民主共和国"，是当代世界由共产党执政的五个国家之一。老挝人民革命党是老挝国家的缔造者，也是领导老挝人民建设社会主义事业的唯一政党。老挝人民革命党"四大"确立和实施革新开放政策以来，老挝政治稳定、外交日益活跃，经济平稳快速发展。老挝与中国山水相连，人文相亲，中老合作深入而广泛，在老挝鼓励外国投资政策的吸引下，越来越多的中国企业到老挝投资，开展跨境经营，促进了地区经济发展，带动了当地劳动力市场的发展。近年来，两党两国关系不断拓展和深化，中国共建"一带一路"倡议与老挝"变陆锁国为陆联国"战略对接有序推进，中老经济走廊建设不断走深走实。两党就构建中老命运共同体达成共识，2019年5月1日，《构建中老命运共同体行动计划》实施，中老命运共同体由构想落实到行动，中老关系迈上新台阶。

第一节 2011年以来老挝政治形势分析

老挝人民革命党是老挝的执政党，也是老挝唯一的政党。其宗旨是把老挝建设成为和平、独立、民主、统一和繁荣的国家。1975年老挝人民民主共和国成立以来，老挝人民革命党在实践中不断探索，逐步确立了有原则的全面革新路线，确定了维护国家安全稳定、沿着社会主义方向建设人民民主制度的发展目标。2011年3月老挝人民革命党第九次全国代表大会在老挝首都万象顺利召开,大会以加快发展为主题。"九大"以来,老挝继续坚持了革新开放的发展方向和社会主义发展目标,进一步建设全面坚强的党、建立符合实际的政府管理机制、完善法律体系和巩固人民联盟,维护了国家的安全与稳定,政治改革稳步推进。

一 老挝人民革命党自身建设加强,执政地位巩固

(一) 以马克思主义、凯山·丰威汉思想武装全党

老挝人民革命党始终重视党的思想建设,强调马克思主义在党的建设中的指导意义,坚定不移地坚持走社会主义道路。把马克思主义的普遍原理与老挝国情的实际相结合,经过不断的实践探索和经验总结,逐渐系统化和理论化,形成指导老党建设和发展的思想体系,并于 2015 年老挝人民革命党成立 60 周年庆祝大会上首次公开提出,明确表述为凯山·丰威汉思想。2016 年,凯山·丰威汉思想被写入老党"十大"政治报告,与马列主义一起作为党的思想理论基础。"十大"修订的党章中,强调马克思列宁主义、凯山·丰威汉思想、社会主义理论对全党思想的理论指导意义。凯山·丰威汉思想的核心是准确认识和定位老挝发展阶段,重新确立老挝国家发展道路,摒弃原来直接进入社会主义的教条式的道路选择,转向继续建设和完善人民民主制度,为逐步向社会主义迈进创造各种条件。① 在总结自身发展经验的同时,老党还重视借鉴其他国家共产党的成功经验,通过与中国共产党、越南共产党举办政党理论研讨会,探讨和交流治党治国理论和经验,不断丰富自身的理论建设。

(二) 加强党组织建设和作风建设

2016 年,老挝人民革命党(以下简称"老党")"十大"对高层做出重大调整,领导班子实现顺利交接,新领导班子年龄结构合理,既有利于稳步推进党既定的各项路线方针政策,又补充了改革进取的

---

① 莫放春:《老挝人民革命党意识形态建设研究》,《社会主义研究》2018 年第 3 期。

动力和源泉。89名十届中央委员中，有博士学位的有34人，体现了老党干部队伍知识化的特点。

多效并举，推进各级党组织建设和作风建设。首先，加强和完善民主集中制，建立党内民意测评、信任投票等形式多样的民主制度，以民主制度建设促进党的领导作风向科学、务实和民主转变。其次，加强基层党支部建设，持续开展"坚强党支部"评选活动。再次，为遏制日益严重的贪腐及官僚主义，改善党的形象，于2017年在全国范围内开展整风运动，以老党中央政治局制订的《关于在全党开展整党政治生活会的命令》等文件为指导，按照学习动员、自我总结、开展批评与自我批评、提出整改措施等步骤，在全党2万多个基层党组织和30万名党员中有序开展，整风运动取得了一定的效果，党员思想意识和政治觉悟有所增强，工作作风有所转变。[①] 最后，发挥党员干部先锋模范作用和加强战斗力，坚决抵制党政机关和党员干部队伍中出现的消极现象，确保党始终廉洁、坚强、稳固。

（三）加强反腐工作力度

面对党内长期存在的干部腐败问题，老党中央纪律委员会相继制定了多项廉洁从政和反腐的规定，2012年出台了《政治局关于党员干部禁止事项的规定》《中央委员会和政治局关于新条件下加强纪检监督和反贪污腐败的决议》《关于加强党委对党组织和党员监督工作的规定》《2012—2020年国家反贪污腐败战略（草案）》《关于领导管理干部财产和收入申报的总理令》等。2014年，老挝政府颁布了《关于财产申报的第159号政令》，实施公务员财产公示，以遏制内部腐败，政令明确了需公示财产和收入的目标人群，包括高层领导干部、管理层干部、党组织、国有企业、合资企业的干部、尉级以上的军官和警察以及从事经济工作的干部等，规定中的目标人群必须上报自身、配偶以及其他家庭成员的财产、债务和收入，规定价值在2000万基普以上的各类财产，如土地、房产、车辆、机械以及各类贵重物品等都必须如实申报。

---

① 陈定辉：《老挝：2017年回顾与2018年展望》，《东南亚纵横》2018年第1期。

以上反腐举措发挥了一定的作用，但效果不明显。2011—2016年，老挝党员违法违纪现象增多，5年内共有1806名党员受到纪律处分，其中女性171名，1007人被开除党籍。组织发展工作中存在重数量轻质量的问题。5年间，老党党员人数增长较快，2016年比2011年增加了27.7%，全国党员总数达28.1万人，个人主义、机会主义、宗族主义、以人划线、拉帮结伙和以权谋私等不良风气在党内有不同程度的滋生。[①] 与此同时，腐败造成严重的国有资产流失，2011—2016年，纪检部门对728个目标项目进行了检查，发现国有资产流失超过148000亿基普（折合18亿美元以上）。[②]

对此，老党中央积极整顿和纠正组织发展中存在的问题，并将建设纯洁坚强的基层组织作为"八五"期间老党基层组织建设的目标。"十大"将反腐列为未来五年党建工作重点之一，即提高纪检工作效率和权威，把预防和打击腐败作为各级党组织的主要职责。透明国际组织公布的"全球清廉指数"（Corruption Perceptions Index 2019）显示，2018年，在180个国家和地区中，老挝排名132位（得分29分，满分100分）[③]，老党反腐工作任重道远。

二　政府改革稳步推进

根据老挝《宪法》，政府是老挝国家最高行政机关，统一管理国家政治、经济、社会文化、国防、治安和外交等各方面工作。2011年以来，政府稳步推进改革，精简机构、强化职能，加强执政能力建设。

2011年，老挝人民革命党九届三中全会通过政治局《关于将省建设为战略单位、将县建设为全面坚强单位和将村建设为发展单位与中央各部门转变宏观管理职能相结合的决议》[④]。该文件明确了老挝

[①] 陈定辉：《老挝2016年回顾与2017年展望》，《东南亚纵横》2017年第1期。

[②] 陈定辉：《老挝2016年回顾与2017年展望》，《东南亚纵横》2017年第1期。

[③] 《最新全球清廉指数老挝仅得29分！政府欲何去何从？》，https://dy.163.com/article/E6UONH9P0525NLAD.html，最后访问日期：2019年8月13日。

[④] 陈定辉：《老挝：2011年发展回顾与2012年展望》，《东南亚纵横》2012年第2期。

省、县、村三级行政机构的定位与职能，进一步明确中央和地方行政机构职责和分工，逐步推进农村城镇化建设。"三建"工作是老党在新形势下，中央简政放权、加强和激发地方自主性和积极性、加快农村全面发展和脱贫步伐的一项突破。设立"中央三建设试点指导委员会"，为保证"三建"工作的顺利实施提供指导和保障。2012年10月1日，"三建"工作正式启动，在全国51个县和109个村开展试点。

2016年，老挝政府在政府职能、机构设置等方面进行了一系列的改革，旨在提高政府效率。其一，除每月定期主持召开政府内阁例会听取各部门汇报、督促检查和部署重点工作外，老挝政府总理通伦提倡政府决策要讲求民主、集中统一和透明。其二，精简机构，副总理由五位缩减为三位，分工明确且避免了交叉。其中，本通·吉玛尼兼任中央纪检委书记和国家反贪局局长，分管党政纪检监察，宋赛·西潘敦负责行政管理工作，宋迪·隆迪兼财政部长，分管财经计划与税收。① 上届政府中有两位副总理分管经济工作，工作上难免发生交叉和重复，影响了政策的实施和效果，因此，本届政府将国内经济建设和对外经济工作合二为一，由一位副总理统领，以便更好地实现内外联动，发挥优势，整合资源，实现经济快速发展。其三，树立中央政府权威，做到令行禁止，并避免政出多门，以提高政府工作效率，出台严格的节俭措施，反对铺张浪费，并要求领导以身作则、做出表率。②

三 国会职能不断加强，影响不断扩大

2011年4月30日，老挝举行七届国会议员全国选举。全国选民

---

① "Roles of govt leaders spelled out", http：//www.vientianetimes.org.la/sub－new/Previous_147/FreeContent/FreeConten_Roles.htm.

② "Govt to rein in spending", http：//www.vientianetimes.org.la/sub－new/Previous_248/FreeContent/FreeConten_Govt248.htm.

共计 3244312 人（其中女性 1617157 人），实际投票 3233241 人，投票率达 99.65%，创下 1975 年建国以来参与投票人数最高纪录。恢复地方议会成为国会更好发挥职能的重大决策和举措。2016 年 5—7 月，全国 17 个省和首都万象市依据全国选举结果，相继设置了本省（市）级人民议会。根据《宪法》，省（市级）人民议会设有主席、副主席、常委会、秘书长及委员若干，首届议会主席一般由省（市）委第一副书记或常务副省长出任，同时兼任议会常委会主席。在国会的统一领导下，省级人民议会履行其职责，包括选举和免除省长、万象市市长、审议和批准副省长、万象市副市长和省（市）有关部门厅局长的任命，审议省（市）级经济社会发展规划和政府预算等。

第二节 2011 年以来老挝经济形势分析

2011 年以来，老挝继续坚持有原则的全面革新路线，完善社会主义方向的市场经济体制，发挥各种经济成分及多种所有制和分配方式的作用，大力发展经济，实现经济持续、快速发展，产业结构日趋完善，农林业占比逐年下降，工业手工业稳步发展，服务业发展较快，增幅明显，逐渐形成农业商品化生产与工业、服务业相结合的产业结构。

一 老挝经济增长情况

（一）宏观经济增长

在世界经济整体衰退背景下，老挝实现了高速增长，增长速度在东盟国家中名列前茅。2011—2018 年，GDP 规模持续扩大，GDP 总额实现翻番，从 87.49 亿美元上升至 179.54 亿美元。2011—2018 年，老挝经济增幅虽呈下降趋势，但仍然维持高位增长，年均增长幅度仍高达 7.39%，人均 GDP 增长 47.18%，从 1213.185 美元增至 1785.577 美元（见表 1-1）。

表1-1　　　　　　　2011—2018年老挝GDP统计

年份	GDP总额（亿美元）	GDP增长率（%）	人均GDP（美元）
2011	87.49	8.039	1213.185
2012	101.91	8.026	1290.838
2013	119.42	8.026	1373.814
2014	132.68	7.612	1456.468
2015	143.90	7.270	1538.851
2016	158.06	7.023	1621.739
2017	168.53	6.893	1706.793
2018	179.54	6.248	1785.577

数据来源：根据The world banknational accounts data数据整理。

（二）产业结构

2011年以来，老挝产业结构发展持续向好，形成以农业商品化生产与工业（加工业）、服务业相结合的经济结构。[①] 如表1-2所示，2011年以来农林渔业占比呈波动下降趋势，2011—2015年，农林渔业占比不到30%，2016年以来下降到20%以下；而从经济贡献率来看，工业和服务业的贡献率总体上呈增长趋势，逐渐成为经济发展的重要支柱。

表1-2　　　2011—2018年老挝三大产业增幅及GDP贡献率　　（单位%）

年份	农林渔业		工业		服务业	
	增长率	GDP贡献率	增长率	GDP贡献率	增长率	GDP贡献率
2011	2.66	27.46	14.62	28.11	8.06	38.08
2012	3.27	26.90	11.41	28.34	9.23	38.54
2013	2.87	25.63	8.92	28.60	7.56	38.40

---

① ［老挝］坎曼·占塔琅西：《老挝人民革命党确立老挝迈向社会主义的路线》，《当代世界》2018年第9期。

续表

年份	农林渔业		工业		服务业	
	增长率	GDP 贡献率	增长率	GDP 贡献率	增长率	GDP 贡献率
2014	3.00	25.00	8.5	29.00	9.30	39.00
2015	3.3	23.7	9.70	29.30	9.10	38.90
2016	2.76	17.23	12.00	28.76	4.65	42.48
2017	2.87	16.20	11.61	30.91	4.51	41.53
2018	2.51	15.70	7.68	31.69	7.63	41.68

数据来源：根据 Bank of the Lao P. D. R Annual Report 数据整理。

（三）企业改革

老挝财政部制订了"老挝至 2025 年国有企业改革战略（草案）"，拟对中央和地方国有企业（以下简称国企）实施改革。截至 2016 年，老挝全国 183 家国企总资产相当于 GDP 的 93%，但当年国企合计上缴财政的预算收入只相当于当年 GDP 的 1.3%，国企效益差及对财政收入贡献极低，已到了非改不可的地步。今后除了电力、自来水、公交、邮政和电信等少数战略性企业需由国家参股或控股外，其余的拟通过兼并重组、合资、出租、特许或出售等方式进行改革。2017 年，老挝国家电力公司率先兼并了国家电力建设与安装公司，拉开了国企改革的序幕。①

对数量上占绝对优势的中小企业而言，老挝政府出台了《中小企业法》，并根据改革进展和发展特点，加以修订完善。政府通过制订促进中小企业发展政策和机制，激发企业活力；政府多效并举，努力为中小企业提供融资渠道，鼓励国有银行和商业银行为中小企业提供贷款，增加中小企业发展基金等。

（四）通货膨胀

2011 年以来，老挝政府面对高企的通货膨胀，采取积极措施予

---

① 陈定辉：《老挝：2017 年回顾与 2018 年展望》，《东南亚纵横》2018 年第 1 期。

以控制，稳定粮食价格、增加肉类、鱼类和蔬菜供应、降低民用电力价格等措施，加上国际原油价格下滑，通货膨胀得到有效控制。根据世界银行统计，2011—2018 年，老挝通货膨胀率逐年下降，由 10.47% 下降到 1.92%（表 1-3）。

表 1-3　　　　　　　　2011—2018 年通胀率　　　　　　（单位：%）

年份	2011	2012	2013	2014	2015	2016	2017	2018
通胀率	10.47	7.53	6.47	5.73	2.35	3.02	1.85	1.92

数据来源：根据 The world banknational accounts data 数据整理。

（五）经济特区

老挝借鉴中国等国的经验，从 2002 年开始设立经济特区和经济专区，以加大招商引资力度，加快经济向工业化转变。为此，老挝政府制订和出台了一系列政策和法规，如《2011—2020 年老挝经济特区和经济专区发展战略计划》《老挝经济特区和经济专区法》。截至 2012 年底，老挝政府批准设立了 4 个经济特区和 17 个经济专区。2016 年修订的《促进投资法》，把经济特区与经济专区统一称为"经济特区"。

2011 年以来，老挝加快经济特区规划和审批步伐，截至 2018 年年底，老挝全国共有 12 个经济特区（见表 1-4），全年进出口总额达 6.79 亿美元，其中，进口额为 4.3 亿美元，主要进口商品为原材料、机械、生产设备和基建设备等，出口额为 2.49 亿美元，主要出口商品为电子器材、眼镜、相机、服装、假发、玩具等。截至 2018 年年底，共有 592 家公司入驻各经济特区（其中 89 家为老挝国内公司、474 家为外资公司，29 家为合资公司），经济特区的发展为社会创造了 8105 个工作岗位，贡献了 1300 万美元的财政收入。[①]

[①]《2018 年老挝经济特区进出口总额达 6.79 亿美元》，中国驻老挝大使馆经济商务处，2019 年 1 月 23 日，http：//la.mofcom.gov.cn/article/jmxw/201901/20190102829394.shtml。

表1-4　　　　　　　　老挝经济特区统计（2019年）

序号	名称	位置	设立时间	土地租赁期限	投资总额（美元）	开发主体
1	沙湾-色诺经济特区	沙湾拿吉省	2003	75	7400万	老挝政府
2	磨丁经济特区	南塔省	2003	50	5亿	中国企业
3	金三角经济特区	波乔省	2007	99	10万	中国企业
4	万象工贸区	万象市	2009	75	4300万	老挝政府+中国台北企业
5	赛色塔经济特区	万象市	2010	50	1.28亿	老挝政府+中国企业
6	浦桥经济特区	甘蒙省	2010	99	7.08亿	老挝企业
7	塔銮湖经济特区	万象市	2011	99	16亿	中国企业
8	隆赞经济特区	万象市	2012	99	10亿	越南企业
9	东坡西经济特区	万象市	2012	50	5000万	马来西亚企业
10	他曲经济特区	甘蒙省	2012	75	8000万	老挝政府
11	巴色经济特区	占巴塞省	2015	99	6250万	日本企业
12	宗佩经济特区	琅勃拉邦省	2016	99	12亿	老挝企业+政府

资料来源：老挝计划投资部，Http：//www.investlaos.gov.la/la/index.php/where-to-invest/special-economic-zone。

二　老挝的外贸、外资和外援情况

（一）外贸情况

老挝作为联合国认定的最不发达国家之一，享受联合国给予的优惠市场准入和商品贸易优惠等特许权。全球38个国家和地区将老挝列为其普惠制的受惠国，其中，欧盟给予老挝其普惠制中最高层次的优惠，对进入欧盟市场的所有老挝商品免关税和无配额限制。中国给予老挝特殊优惠关税待遇，对459种老挝商品免除进口关税。老挝出口商品以矿产品、电力、农产品、手工业产品为主，主要进口工业品、加工制成品、建材、日用品及食品、家用电器等。2013年2月2日正式加入世界贸易组织，老挝进入经济开放的新阶段。

如表1-5所示，2011年全年进出口总额42.77亿美元。其中，出口18.54亿美元，进口24.23亿美元，外贸逆差5.69亿美元。2018年与2011年相比，全年进出口总额增长了约167%，达到114.59亿美元，其中，出口增长约185%，达到52.95亿美元，进口增长约154%，达到61.64亿美元，外贸逆差8.69亿美元，增长近53%。泰国、中国和越南是老挝最主要的贸易伙伴，构成老挝前三大进口来源地和前三大出口目的地。

表1-5　　　　2011—2018年老挝贸易进出口统计　　（单位：百万美元）

年份	2011	2012	2013	2014	2015	2016	2017	2018
进口额	2422.86	2467.11	3019.68	4271.23	5232.78	4739.45	5635.69	6164.04
出口额	1853.98	2269.03	2263.94	2662.02	2768.98	3352.13	4822.56	5294.71
贸易平衡	-568.88	-198.08	-755.74	-1609.21	-2463.8	-1387.32	-813.13	-869.33
贸易总额	4276.84	4736.14	5283.62	6933.25	8001.76	8091.58	10458.25	11458.75

数据来源：根据Bank of the Lao P. D. R Annual Report数据整理。

（二）外资情况

老挝自1988年首次颁布《外国在老挝投资法》以来，分别于1994年、2004年、2009年和2016年进行了修订，改善投资环境，以优惠的投资政策吸引外国投资，为本国经济提供发展源动力。为吸引外国直接投资，老挝政府双管齐下，一方面，在国际上塑造良好的国家形象，另一方面，积极改善国内投资环境。2011年，老挝计划与投资部、工业与贸易部和财政部三部门联手开通"一站式"投资管理办公室，分别设置于投资促进和工贸部门、以及经济特区管理部门。

2016年版《投资促进法》，将老挝投资优惠年限从99年缩短为50年，可根据需要延长，增加投资者转让其投资项目的条件，同时规定了三个层级的投资鼓励政策，即在特别贫困地区的教育、卫生和农业领域投资将免除10年或更长时间的营业税。2011年以来，老挝政府针对某些领域投资过热、项目资金不到位等问题,对该投资领域采取临时调整政策,如2012年暂停审批新的矿业、橡胶及桉树种植等特许经营项目,2016年颁布禁止新增大面积香蕉种植的禁令。

1989—2018年老挝吸引外国直接投资累计达215亿美元,投资前五位的领域包括电力开发、矿产资源开发、服务业、农业、宾馆饭店,其中电力开发占29.41%,矿产资源开发占21.99%,服务业占18.12%。[①] 投资来源国范围广泛,包括53个国家,中国、泰国、越南、韩国和马来西亚位列投资来源国前五位。

如表1-6所示,2011年以来,老挝外国直接投资的项目数量总体上呈下降趋势,投资规模变化明显,其中2016年的投资规模因中老铁路项目的启动而剧增,随后两年投资规模有所收缩。

表1-6　　　　2011—2018年老挝外国投资情况统计（单位:个,亿美元）

年份		2011	2012	2013	2014	2015	2016	2017	2018
外国独资	项目	173	26	32	12	8	7	15	7
	金额	9.84	1.87	16.46	1.18	5.54	1.01	3.37	3.77
老挝外国合资	项目	103	22	13	4	7	9	10	5
	金额（外资）	3.14	8.52	3.36	4.18	4.57	31.84	9.03	4.01
合计	项目	276	48	45	16	15	16	25	12
	金额	12.98	10.39	19.82	5.36	10.11	32.85	12.4	7.78

资料来源:根据老挝计划投资部投资促进司统计资料整理。

（三）外援情况

2011年以来,老挝坚持务实的外交政策,积极作为,争取世界各国和国际社会的援助,为老挝经济社会提供更多的支持。自1986

---

① 参见老挝计划投资部投资促进司网站,http://investlaos.gov.la/resources/statistics/。

年老挝开始实施革新开放政策,至 2011 年,老挝争取到外国和国际组织提供的政府开发援助(ODA)80.44 亿美元,年均 3.2176 亿美元。仅"六五"(2006—2010 年)期间,就争取国际援助 34.6 亿美元(其中无偿援助 24.21 亿美元;贷款 10.39 亿美元),年均 6.92 亿美元。上述援助与贷款用于 2551 个项目建设,几乎覆盖了老挝各个行业,使老挝经济增长率保持较高水平。[①] 单年计,2011 年,老挝共争取到外援 6.61 亿美元(其中,无偿援助 5.52 亿美元,占 83.5%;贷款 1.09 亿美元,占 16.5%)。

老挝的援助主要来自外国、国际(金融)组织以及国外非政府组织,主要的援助国包括中国、日本、澳大利亚、德国、韩国、卢森堡、瑞士、瑞典等。亚行和世行,以及欧盟和联合国是向老挝提供官方发展援助与贷款最多的国际(金融)组织。此外,国外非政府组织也逐渐成为老挝外援的主要来源。

三 老挝的财政金融状况

(一)财政政策

老挝财政预算收入连续多年未完成计划,主要原因是财政政策有待调整和财政预算执行力度不够,对现有资金管理使用存在浪费且缺乏重点;国家预算收入及外债偿付失衡,赤字增加;公共债务累积巨大且难以解决,债务纠葛不清,不执行计划和违反财政制度的现象时有发生;金融工具开发不足,金融—货币政策在执行过程中效益不明显,难以发挥对市场有效干预与调控作用。根据国际货币基金组织报告,近年老挝政府的公共债务和公共担保债务率不断攀升,从 2017 年的 61.1% 上升到 2018 年的 65.3%,经济存在下行风险。根据政府报告,2017 年老挝财政赤字率已达到 GDP 总额的 6.52%,2018 年老

---

① 陈定辉:《老挝:2011 年发展回顾与 2012 年展望》,《东南亚纵横》2012 年第 2 期。

挝政府采取多种措施将赤字率降至5%。①

(二) 货币政策

老挝外汇管制相对宽松,根据老挝外汇管理规定,基普为有条件兑换。老挝鼓励使用本国货币,但是基普、美元及泰铢均能在市场上相互兑换及使用。人民币仅在老挝北部中老边境地区兑换及使用。老挝国家银行实行有管理的浮动汇率机制,每日设定参考汇率,允许商业银行和外汇管理局在±0.25%的范围内浮动。

(三) 证券交易市场

老挝证券市场于2011年1月11日正式挂牌交易。首日和翌日上市交易的股票为"老挝大众外贸银行"和"老挝大众电力公司",全年只有上述两只股票交易。老挝证券市场规模较小,上市公司财务数据、分红方案等基本面仍不够清晰透明,年内无分红和配股方案,股票市场不成熟不规范,目前多以外国炒家投机炒作为主,国内股民人数和群众参与程度有限。为搞活股市,老挝证券委正借鉴韩国、泰国、中国、越南四国在资本市场融资和规范上市公司等方面的经验并计划引进战略投资者,相继成立了老-越证券公司、老-泰证券公司和老-中证券公司,以促使国内有更多的合格公司上市,努力把老挝证券市场建成具有国际标准、规范和诚信的股市。

四 旅游业、电力工业开发状况

(一) 旅游业

老挝旅游资源丰富,旅游业前景广阔。2000年以来,旅游业逐渐发展成为第二大支柱性产业,老挝游客数量、旅游业收入逐年递增。旅游业不仅加速经济增长,并且为老挝当地人民创造了大量就业机会,同时,旅游业的发展带来了基础设施及相关服务的改善,包括公路、酒店、餐厅及机场等。近年来,老挝采取多项措施发展旅游

---

① 《老挝政府公共债务率逐年上升》,中国驻老挝大使馆经济商务处,2018年4月10日,http://la.mofcom.gov.cn/article/jmxw/201804/20180402730389.shtml。

业，如加大旅游基础设施投入、减少签证费、放宽边境旅游手续等。为吸引外国游客，老挝政府推出多项措施，包括通过不同媒体平台推介旅游资讯，在东盟旅游论坛、柏林国际旅游交易会等活动上推介"老挝旅游年"；发掘各省旅游资源，举办各具特色的文化活动；简化游客签证、通关手续；等等。从2018年1月1日至12月31日，老挝单方面对持丹麦、挪威、芬兰和瑞典四国护照的游客实行免签证、停留期不超过15天的待遇。[①] 2018年，老挝游客数量为446万人次，旅游收入近7.9亿美元。[②] 为老挝人民提供了114000份工作，预计到2028年将创造121000份工作。[③]

（二）电力工业

根据本国电力，特别是水电资源丰富的特点，老挝制定了发展成为东南亚"蓄电池"的目标。2011年，老挝已建成水电站27座，总装机容量256.108万千瓦，分别与泰国、越南、柬埔寨三国签订了电力出口协议（MOU）。水电站项目的陆续建成和投产，水电业在老挝经济发展中的地位日益突出。截至2020年11月，老挝全国有89个电站实现发电，装机容量9972兆瓦，年发电量522.11亿度，其中水电站78座、火电站1座、生物质发电站4座和太阳能发电站6座。全国建有高中低压输电线65563千米，74个变电站，所有省会城市和市县城区、93%的村及95%的家庭实现通电。2020年前10个月，老挝发电量297.87亿度，产值153950亿基普，估计全年发电量406.21亿度，产值209640亿基普。[④]

---

① "Laos Announces Unilateral Visa Exemption for 4 European Countries", *Lao News Agency*, 2018-01-02, http://kpl.gov.la/En/Detail.aspx?id=30799.

② Bank of Lao PDR, *Annual Economic Report 2018*, 2019-05-20, http://www.bol.gov.la/en/fileupload/20-05-2019_1558320515.pdf, p.37.

③ 《旅游业为老挝人民创造大量工作机会》，中国驻老挝大使馆经济商务处，2018年5月30日，http://la.mofcom.gov.cn/article/jmxw/201805/20180502749922.shtml。

④ 《老挝实现电力出口6620兆瓦》，中国驻老挝大使馆经济商务处，http://la.mofcom.gov.cn/article/jmxw/202011/20201103013817.shtml。

随着湄公河干流水电开发项目的推进，老挝在区域内的水电资源优势日益突出。老挝能源领域的国际合作主要是水电项目开发和电力出口，泰国是老挝电力出口的主要市场。截至2020年底，老挝累计出口电力6620兆瓦，其中出口泰国5620兆瓦、越南570兆瓦、柬埔寨320兆瓦、缅甸10兆瓦。老挝是东盟首个通过邻国电网向第三国实现电力互通的国家，经泰国向马来西亚出口电力100兆瓦。目前老挝正与新加坡进行电力购销谈判，预计2021年通过邻国向第三国出口电力达到300兆瓦。①

五 减贫工作坚持不懈，成效初现

老挝经济社会发展的目标之一是到2020年实现联合国千年目标，其中一项主要指标就是到2020年基本消灭贫困。但是，由于老挝经济基础薄弱，政府财政投入有限，减贫工作推进缓慢，加之自然灾害频发，到2020年基本消灭贫困的目标难以实现。

2011财年有87个县宣布脱贫，占全国143个县的60.84%。尚有贫困家庭9.8678万户，占全国105.3436万个家庭的9.37%；贫困村有3175个，占全国8424个村庄的37.69%。贫困村主要集中在北部丰沙里、华潘、乌多姆塞和南塔4省，南部阿速坡及色贡和沙拉湾3省。2016年，全国47个贫困县中已有14个县脱贫，贫困家庭和贫困村占比分别降至6.56%和18.38%，与2015年相比，贫困村已由1736个减少到1689个；② 全国109个"三建试点村"已有93个成为发展村，全国涌现出72个样板村。③ "三建试点村"的推行，加快了

---

① 《老挝实现电力出口6620兆瓦》，中国驻老挝大使馆经济商务处，http://la.mofcom.gov.cn/article/jmxw/202011/20201103013817.shtml。

② Poverty reduction slows, http://www.vientianetimes.org.la/sub-new/Previous_261/FreeContent/FreeConten_Poverty.htm。

③ "Govt Announces Three Build Targets", http://www.vientianetimes.org.la/sub-new/Previous_227/FreeContent/FreeConten_Govt.htm。

减贫工作进度。

2018年，老挝已有5100个家庭摆脱贫困，虽然超过了预定的减贫目标，但是，全国仍有64600个家庭生活在贫困线以下，约占全国家庭总数的5.34%，全国148个县中仍有23个贫困县。[①] 2018年6月，老挝政府总理通伦给国会的报告中指出，在2020年前老挝很难走出最不发达国家行列。

第三节 2011年以来老挝对外关系分析

2011年以来，老挝按照老党"九大"提出的与国际及地区经济相融合，开展多样化、多方位、多边、多层次和多形式的五多外交方针，积极作为、主动连通、扩展合作路径，保持与世界主要国家、政党、国际组织友好往来，主动发展双边关系，积极参与东盟、澜沧江-湄公河合作机制、GMS、CLMV等多边合作。2011年，老挝正式成为联合国国际条约缔约国。截至2018年底，老挝与世界上的141个国家建立了外交关系，在世界范围内设立了39个大使馆。

一 老挝与东盟的关系

1997年老挝加入东盟以来，积极参与东盟事务、主动融入东盟一体化进程。2016年以来，老挝贯彻落实老党"十大"提出的"自始至终坚持和平、独立、友好和合作外交路线，主动与地区和国际相联通，积极为东盟共同体建设做贡献"的方针。

2016年，老挝作为东盟轮值主席国，成功主办了第49届东盟外长会议和第48届东盟经济部长会议，成功主办第28届、29届东盟峰会和东亚领导人峰会。第28届东盟峰会讨论推进东盟共同体建设，

---

① "Gov't Earmarks 2.54 Trillion Kip for Poverty Reduction", *Lao News Agency*, 2018-11-30, http://kpl.gov.la/En/Detail.aspx?id=41992.

宣布正式启动《东盟互联互通总体规划2025》和《东盟一体化工作计划第三份倡议》，东盟国家领导人还签署了应对区域内外灾害的宣言，接纳智利、埃及和摩洛哥三国加入《东南亚友好合作条约》。第29届东盟峰会讨论东盟与外部的关系和发展方向，并就共同关注的国际和地区问题交换意见。值得一提的是，美国、日本等国利用所谓的"南海仲裁案"极力插手干预东盟外长会议和东盟峰会，但在老挝的努力协调下，上述会议都绕过"南海仲裁"，南海问题重新回到由直接当事方通过对话协商解决争议的正确轨道。作为东盟成员国，老挝与东盟保持良好的互动，积极参与东盟事务，认真履行成员国的义务，赢得了良好的国际声誉，国际地位得以提升。

二 老挝与湄公河流域其他国家的关系

（一）老越关系

特殊关系是老越两国关系的传统，也是两国关系不断巩固和发展的主题。2011年老挝与越南的"特殊关系"持续发展，两党、两国领导人频繁互访，两国加强中、长期战略规划。老越、越老合作委员保持正常沟通和焦点交流，持续推进双边经济、文化、教育、科学技术、干部培养等方面的合作。截至2011年底，越南在老挝投资项目累计达400多个，总额35.7亿美元，在老挝外来投资排名中位居第三。2018年两国关系迈上新台阶，老挝-越南政府间联合委员会举行了第40次和第41次会议，双方签署了多项合作协议，确定下一年度合作重点领域，包括共同投资开发越南永安港1、2、3号码头的合作协议、老挝PT独立有限公司和越南PVP公司合作开发琅勃拉邦水电站项目。[①] 2018年两国经贸合作进一步密切，双边贸易额实现了13%的增长，达到10亿美元。截至2018年，越南在老挝投资累计达到41亿美元、共

---

① "Lao, Vietnamese PMs Co-Chair Meeting of Inter-Governmental Committee", *Lao News Agency*, 2019-01-07, http://kpl.gov.la/En/Detail.aspx?id=42728.

计400多个项目，继续保持老挝第三大投资来源国的排名。[1]

(二) 老泰关系

老挝和泰国经济合作广泛而深入，合作领域包括贸易、电力、基础设施、旅游、劳动力、边界、运输等。每年一次的老泰合作联合工作委员会会议为推动老泰合作提供了必要的机制保障，提供了良好的对话和沟通平台。2013年，两国重启2007年中止的两国边界划界勘定工作。

泰国多年来一直是老挝第一大贸易伙伴。截至2018年10月，老挝对泰国的出口额达16.5亿美元，从泰国的进口额达27.5亿美元。对泰出口产品种类达100多种，包括电力、农产品和铜制品，从泰进口产品多为机械设备、电子产品和燃油等。[2] 2018年2月，老泰合作联合工作委员会第21次会议在老挝南部占巴塞举行，双方回顾了两国在安全、经济和社会发展等方面的合作，高度评价了长期以来两国共同培育的传统关系。两国预期将在2020年完成陆地勘界边界、2021年完成水上勘界工作。在禁毒工作方面，双方表示加强信息交换和对共同边界的巡逻，以严密监控和打击毒品犯罪。[3]

(三) 老柬关系

老挝与柬埔寨共同边界线长535千米，双边关系总体上保持平稳发展的态势，两国劳动和社会福利部签署谅解备忘录，以加强技术课程和经验交流，特别是劳动力和社会安全、社会福利等方面的经验交流。

尽管双方对其中14%的边界线仍有争议，但是2018年5月17日，两国外交部长仍如约举行会晤，双方同意在各自外交部下设立部

---

[1] 《2018年老挝与越南贸易额增长13%》，中国驻老挝大使馆经济商务处，2019年1月9日，http://la.mofcom.gov.cn/article/jmxw/201901/20190102824801.shtml。

[2] 《泰国持续成为老挝第一大贸易伙伴》，中国驻老挝大使馆经济商务处，2019年1月3日，http://la.mofcom.gov.cn/article/jmxw/201901/20190102823289.shtml。

[3] "Laos, Thailand Pledge Enhanced Cooperation", *Lao News Agency*, 2018-02-06, http://kpl.gov.la/En/Detail.aspx?id=31629.

级合作机制，以确保老柬边境地区的和平与安全，恢复双方正常的合作。① 2018 年 9 月，两国总理进行会谈达成一致意见，保证在问题得到最终解决之前有争议地区的和平，两国同意保证该区域无驻军、无民众和共同巡逻。②

（四）老缅关系

老挝与缅甸于 1955 年 7 月建立外交关系，近年来，老挝注意发展与缅甸政府、国会、缅甸联邦巩固与发展党的关系。两国在贸易与投资、旅游、教育、电力和打击人口贩卖、跨境毒品走私、边境治安等方面均有合作。

2015 年是老挝与缅甸建立正式外交关系 60 周年，两国高层互访和友好合作继续保持和发展，双方加强了边境治安、禁毒、金融和贸易合作。年内，老挝与缅甸之间首座跨湄公河大桥建成，该桥连接老挝南塔省孟龙县与缅甸大其力县，该桥通车将促进两国贸易、投资和旅游以及区域合作。2018 年 5 月和 8 月，缅甸总统吴廷觉和老挝国家主席本扬实现互访，两国元首在充分肯定双边关系的基础上达成共识，两国将进一步扩大合作领域，深化贸易、投资、教育和旅游、交通运输等领域的合作。③ 应缅甸总统吴廷觉的邀请，老挝总理通伦·西苏里于 2018 年 1 月 15—16 日对缅甸进行正式访问。访问期间，通伦总理与吴廷觉总统讨论了加强双边友好合作、地区和平与安全、东盟各国合作、经济合作和社会发展等议题。双方签署了三项合作协议，涉及电力合作、科技合作和反腐败三个方面。④

---

① "Lao, Cambodian Foreign Ministers Meet on Border Issues", *Lao News Agency*, 2018 - 05 - 17, http：//kpl. gov. la/En/Detail. aspx？id = 33789.

② "Hun Sen Orders Troop Withdraw From Disputed Areas", *Lao News Agency*, 2018 - 09 - 17, http：//kpl. gov. la/En/Detail. aspx？id = 38935.

③ "Lao, Myanmar Presidents Highly Value their Bilateral Ties", *Vientiane Times*, http：//www. vientianetimes. org. la/FreeContent/FreeConten_ Lao_ myanmar182. htm.

④ "Prime Minister Thongloun Visits Mynmar to Enhance Ties and Cooperaiton", *Lao News Agency*, 2018 - 01 - 16, http：//kpl. gov. la/En/Detail. aspx？id = 31105.

三 老挝与美国和日本的关系

（一）老挝与美国的关系

2011年以来，老挝与美国的关系在维持稳定中有所突破。2012年美国国务卿希拉里访问老挝，2015年和2016年，两国首脑实现互访，美国增加对老挝官方发展援助，用于教育、卫生、禁毒和清除未爆炸弹等方面。美国宣布从2013财年起对老挝提供官方援助每年将不低于2800万美元。美老两军防务对话始于2005年，每年轮流在对方国家举办一次，两国国防领域合作不断加强，包括搜寻在印支战争中失踪人员遗骸、后勤合作、提供英语培训和军队职业教育等。2014年，合作范围主要是美军为老军培训英语人才，为老挝国防部、卫生部和农林部等提供医疗物品援助和卫生防疫（如禽流感、艾滋病和热带病）培训以及合作搜寻在老失踪美军人员遗骸等。为了促进美国企业到老挝投资经商，2012年，美国驻老挝商会成立。但两国经济合作有限，双边贸易规模不大，老挝向美国出口的商品主要是纺织品、木制品和矿产，从美国进口的商品包括电器、计算机、汽车及零部件。

2015年是老挝与美国建交60周年，老美关系获重大突破，两国元首实现了首次会晤。老挝国家主席朱马里2015年9月出席第70届联合国大会期间，在纽约会晤了美国总统奥巴马，这是1975年以来老美两国元首的首次会晤，美方承诺将援助老挝用于清除未爆炸弹的资金每年增至1500万美元。

2016年老美关系实现新的突破。第一，9月5—7日，奥巴马对老挝进行国事访问并出席在万象举行的东盟和东亚峰会，成为美国历史上首访老挝的在任总统。双方发表了联合声明，宣布将两国关系定位为"综合合作伙伴"。第二，美国政要访问老挝较前明显增多。第三，美国与老挝签订"贸易与投资合作框架协议"，美国承诺增加对老挝的援助，该协议涉及贸易、投资、知识产权、劳务、环境、能力建设以及有关东盟问题。美方在"老美第7次全面对话会"上承诺对老挝的援助将由每年的 4000 万美元增至 5000 万美元。

自 2016 年老挝与美国确立"全面伙伴"关系以来，美国表现出与老挝加强在投资、安全、国防等领域的合作意愿。2018 年 2 月 21—25 日，美国国会两个高级代表团——众议院拨款委员会代表团和众议院司法委员会代表团——访问老挝，老挝国会主席巴尼·雅陶都、副总理宋赛·西潘敦、财政部长宋迪·段迪和外交部长沙伦赛·贡玛西分别会见了美国代表团。双方同意开辟路径，加强两国国会的联系，包括立法交流。2018 年 5 月和 10 月，由副司令布莱恩·芬顿率领的美国太平洋司令部高级代表团和美国东亚及太平洋事务局副助理秘书沃尔特·道格拉斯先后到访老挝。芬顿强调美国太平洋司令部致力于与老挝政府一道继续推进双边关系，维护国内和地区安全和稳定。① 沃尔特在与老挝能源矿产部部长通帕·因塔翁会谈时，探讨了扩大美国对老挝高质量投资方式，强调开放、公平和透明的贸易和投资环境对印太战略的可持续发展意义重大。②

（二）老挝与日本的关系

老挝与日本长期保持良好的双边关系，日本每年为老挝提供近 1 亿美元的官方发展援助，支持老挝基础设施、人力资源、卫生和农业等领域的发展，双边贸易也呈逐年增长趋势。日本非常重视发展与老挝的双边关系。日本认为，由于独特的地缘政治区位，老挝的发展、稳定和繁荣不仅有利于大湄公河次区域经济合作，甚至有利于整个东亚地区。③

2015 年是老挝与日本建交 60 周年，两国决定将双方关系上升为

---

① "U. S. Pacific Command Deputy Commander Visits Lao P. D. R. ", *Lao News Agency*, 2018 - 05 - 14, http：//kpl. gov. la/En/Detail. aspx? id = 33678.

② "Senior U. S. Official Meets With Lao Government on Indo - Pacific Strategy", *Lao News Agency*, 2018 - 10 - 17, http：//kpl. gov. la/En/Detail. aspx? id = 39868.

③ 日本外务省：《政府开发援助（ODA）数据 2008》，第 108 页。转引自毕世鸿《冷战后日本与湄公河国家关系》，社会科学文献出版社 2016 年版，第 18 页。

战略合作伙伴关系。日本自 1958 年开始向老挝提供发展援助，年均援助 8000 万至 1 亿美元，位列发达国家对老挝援助首位。日本累计援助老挝文教体育、公共卫生和小型基础设施建设项目 471 个，价值 3.37 亿美元，其中小学 167 所，中学 45 所。①

为加强两国战略伙伴关系，2018 年 4 月，日本外务大臣河野太郎对老挝进行工作访问。访老期间，河野太郎表示，越来越多的日本公司有意投资老挝，在老挝农业、工业、手工业和服务业方面开展业务。根据老方统计，日本公司在老挝共投资项目 101 个，总值 1.58 亿美元。② 与此同时，老挝与日本在多边合作机制中密切配合。2018 年 10 月，老挝总理通伦·西苏里出席"日本与湄公河流域国家峰会"。峰会期间，老挝总理通伦与日本首相安倍晋三举行了会谈，双方高度评价了日湄合作框架下两国双边合作，尤其是《东京战略 2015》和《东京战略 2016—2018 行动计划》的实施效果。两国领导人同意继续深化两国合作，提升湄公河国家与日本的关系为战略伙伴关系。

第四节　2011 年以来中老关系发展态势分析

中国和老挝同为社会主义国家，2009 年两国关系提升为全面战略合作伙伴关系。2016 年，两国第一次在联合声明中阐明中老"是具有战略意义的命运共同体"。2017 年两国领导人再次确认了这一共识，为共同构建中老命运共同体注入强劲动力。2019 年，中老两国一致同意签订并实施《构建中老命运共同体行动计划》，这是中老关

---

①　陈定辉：《老挝：2015 年回顾与 2016 年展望》，《东南亚纵横》2016 年第 1 期，第 16 页。

②　《老挝与日本加强战略伙伴关系》，中国驻老挝大使馆经济商务处，2018 年 4 月 9 日，http://la.mofcom.gov.cn/article/jmxw/201804/20180402729841.shtml。

系长远发展的重要战略选择。

一　中老政治、经济关系

（一）政治关系

2011年是中老建交50周年，两国领导人互致贺函并进行高层互访，举行了一系列庆祝活动。2013年老挝人民革命党总书记、国家主席朱马里访华，与习近平主席会谈，双方一致认为，中老两国理想信念相通、社会制度相同、发展道路相近，是具有广泛共同利益的命运共同体。双方共同发表《中华人民共和国和老挝人民民主共和国联合声明》、《落实老中全面战略合作伙伴关系行动计划》和《中老两国政府经济技术合作协定》等10份合作文件。

2017年中共十九大胜利闭幕后，中共中央总书记、中国国家主席习近平作为中共中央和全党领导核心，首次出访的国家就是老挝。出访前，习近平在老挝主流媒体发表题为《携手打造中老具有战略意义的命运共同体》的署名文章，在老挝引发热议。习近平访问老挝期间，中老两国元首在会谈中一致同意共同打造中老具有战略意义的命运共同体，规划了加强战略对接、实现互利共赢的合作内容，指明了弘扬传统友好、惠及基层民生的前进方向，还共同见证中老经济走廊建设、基础设施建设、数字丝绸之路、科技、农业、电力、人力资源、金融和水利等领域17份合作文件的签署，双方发表了《老中联合声明》，这标志着老中关系进入了新时代并踏上了新征程。

2018年5月30日，中共中央总书记、国家主席习近平与老挝人民革命党中央总书记、国家主席本扬在北京举行会谈，双方聚焦中老命运共同体建设，深入交换了意见，双方就习近平提出推动命运共同体由理念转化为行动、由愿景转变为现实的五点建议达成共识，即通过加强战略沟通，深化务实合作，活跃人文交流和重视生态保护，推动中老命运共同体建设取得新成果，造福两国和两国人民。①

中老两党理论交流机制化。中共专家宣讲代表团、中联部友好代表团和中共友好代表团到老挝宣讲中共十八大和十八届三中全会精神，并就加强两党合作、基层党建和党内民主协商等议题与老挝人民革命党中联部、中宣部及社会科学理论界进行了经验交流。2017年11月，《习近平谈治国理政》老挝文版首发式和中老两党第六次理论研讨会分别在老挝首都万象和中国海南博鳌举行，进一步彰显了老中两党对党际交流互鉴的重视。

（二）经济关系

中国的援助与投资成为促进老挝经济社会发展的强劲动力。2011年老挝主流媒体在老中建交50周年之际纷纷发表社评，盛赞中国对老挝的无私援助和中老经贸投资合作"为老挝经济社会发展作出了极为重要的贡献"。② 截至2011年底，中国企业在老挝投资总额超过60亿美元。两国金融合作取得重大突破。中国—老挝本币跨境结算于2011年6月9日正式启动，富滇银行老挝基普兑人民币汇率同时挂牌；同年11月底，中国工商银行万象分行正式挂牌成立。2017年，中国对老挝直接投资13.8亿美元，同比增长139.1%。到2017年12月底，中国对老挝投资累计为68.877亿美元，项目771个，几乎涉及老挝经济各行业。中国承包工程项下对老挝派出劳务人数超1.5万人，同比增长82.4%；中老双边贸易额为30.2亿美元，同比增长28.6%。③

2018年上半年，老挝对华出口额达6.19亿美元，中国已成为老挝第一大出口市场。老挝对华出口的商品主要有木材、矿物、橡胶及

---

① 《习近平同老挝人民革命党中央总书记、国家主席本扬举行会谈》，中国驻老挝人民民主共和国大使馆，2018年5月30日，http://la.china-embassy.org/chn/zlgxdb-wj/t1563982.htm。
② 陈定辉：《老挝：2011年发展回顾与2012年展望》，《东南亚纵横》2012年第2期。
③ 陈定辉：《老挝：2017年发展回顾与2018年展望》，《东南亚纵横》2018年第1期。

橡胶制品、铜及铜制品和化肥等。① 根据中国商务部国家合作司的统计，2018年1—8月中国对老挝非金融类直接投资额达9.9亿美元，同比增长30.3%，投资总额位居亚洲第二。截至2018年8月，中国对老挝投资超100亿美元。② 截至2018年7月末中国对老挝各类外派劳务人数达23956人，位居东盟第三，全球第十。③

中老投资贸易合作不断扩大的同时，民生项目也在老挝逐渐落地生根。2017年，中国向老挝提供40亿元人民币财政援助，重点加大了对老挝民生领域的援助力度：向老挝实施减贫合作示范项目援助3300余万元人民币，援建万象市玛霍索综合医院、国立大学孔子学院项目、老挝人民军首个临床医学技能培训中心、国家地震监测台网和地震数据中心以及万象市的两所中学等。④ 2018年3月9日，中国援老挝玛霍索综合医院项目实施协议签约仪式在老挝卫生部举行。该项目是中国政府迄今对外援建的规模最大、床位数最多、投资最大的医院之一。该项目将在现有院区内拆除部分老建筑后，新建一所600床规模的大型综合医院，总建筑面积约54000平方米。本项目建成后，玛霍索医院将成为全老挝基础设施最好、医疗设备最先进、科室功能最完善的综合性医院，可全天候为老挝人民提供现代化的医疗卫生服务，增进老挝人民福祉，该项目也将成为中老

---

① 《中国已成为老挝第一大出口市场》，中国驻老挝大使馆经济商务处，2018年10月30日，http://la.mofcom.gov.cn/article/jmxw/201810/20181002800963.shtml。

② 《2018年1—8月我对老挝非金融类直接投资位居亚洲第二》，中国驻老挝大使馆经济商务处，2018年10月15日，http://la.mofcom.gov.cn/article/jmxw/201810/20181002795549.shtml。

③ 《截止至2018年7月末我对老挝外派劳务人数位居东盟第三》，中国驻老挝大使馆经济商务处，2018年9月11日，http://la.mofcom.gov.cn/article/jmxw/201809/20180902785300.shtml。

④ 《截止至2018年7月末我对老挝外派劳务人数位居东盟第三》，中国驻老挝大使馆经济商务处，2018年9月11日，http://la.mofcom.gov.cn/article/jmxw/201809/20180902785300.shtml。

友谊的又一个历史见证。①

二 "一带一路"在老挝的推进

(一)政策沟通

2016年9月,中国国务院总理李克强访问老挝期间,中国和老挝签署了《中华人民共和国和老挝人民民主共和国关于编制共同推进"一带一路"建设合作规划纲要的谅解备忘录》、《关于确认并共同推动产能与投资合作重点项目的协议》和《共同编制老挝电力、中老铁路沿线综合开发、旅游等重点领域经济发展专项规划合作框架协议》等。《中华人民共和国和老挝人民民主共和国关于编制共同推进"一带一路"建设合作规划纲要的谅解备忘录》是中国与中南半岛经济走廊沿线国家签署的首个政府间共建"一带一路"合作文件,具有标志性意义,必将推动中老两国政治关系更加友好、经济纽带更加牢固、人文交流更加紧密,树立中国—中南半岛国家双边合作的典范。双方一致同意,秉持"一带一路"合作、发展、共赢的理念,按照"共商、共建、共享"原则,扩大在双方共同关注领域的多元化、多层次合作,不断创新合作机制、模式和内容。双方商定,在中老两国《共同推进"一带一路"建设合作规划纲要》中纳入基础设施、农业、能力建设、产业集聚区、文化旅游、金融、商业与投资等合作领域,并围绕其开展合作。

老挝人民革命党中央总书记、国家主席本扬于2017年5月出席"一带一路"国际合作高峰论坛并访华,中老双方一致表示要以共建"一带一路"为契机,深化互利合作,实现共赢发展共创中老关系美好未来。会谈后,两国元首共同出席了"一带一路"建设合作规划纲要、经济技术、教育和电力等领域8份合作文件的换文仪式。2016年11月底,在李克强总理和通伦总理见证下,中老双方共同签署《中老

---

① 《中国援老挝玛霍索综合医院项目实施协议顺利签署》,中国驻老挝大使馆经济商务处,2018年3月12日,http://la.mofcom.gov.cn/article/jmxw/201803/20180302718687.shtml。

磨憨—磨丁经济合作区共同发展总体规划（纲要）》。目前该跨境经济合作区的建设正稳步进行。2017年3月，在老挝总理通伦访华期间，中老双方在北京签订了《中老磨憨—磨丁经济合作区总体规划》。

中国云南—老挝北部合作工作组在中老战略对接中也发挥着积极作用。2017年中国云南—老挝北部合作工作组第八次会议在景洪市举行。中国云南和老挝北部10省及相关方面代表，围绕"携手并进，面向未来"主题，就加强中国"一带一路"倡议和老挝"陆联国"战略对接，深化各领域务实合作进行研讨交流。会议参与各方表示将进一步主动作为，促进"一带一路"倡议和"陆联国"战略对接，推动与周边国家及地区的国际运输通道建设和国际产能合作，携手参与东盟自由贸易区升级版、中国—中南半岛经济走廊建设和澜沧江—湄公河区域合作。

（二）设施联通

铁路运输。中老铁路是中国"一带一路"倡议与老挝"变陆锁国为陆联国"战略对接项目，北起老中边境口岸磨丁，南至老挝首都万象，全长400多公里。中老铁路全部采用中国技术标准和管理标准建设，设计时速160公里，为电气化客货混运铁路。工程于2016年12月全面开工，计划2021年12月建成通车。

信息通信领域。自2016年"老挝一号"卫星交付使用以来，中老合资老挝亚太卫星有限公司正式开展卫星通信、卫星电视和地面移动通信等业务，老挝通信信息业获得了长足发展。中国的"一带一路"倡议与老挝ICT发展计划对接，将促进老挝从"陆锁国"转变为"陆联国"，2018年，老挝将通过发展电信和互联网设施建设连接中国和东盟国家的"一带一路"数字高速传输网络，从而成为中南半岛的网络枢纽。[①]

---

① 《老挝政府表示中国"一带一路"倡议促进老挝信息通信领域发展》，中国驻老挝大使馆经济商务处，2018年2月8日http：//la.mofcom.gov.cn/article/jmxw/201802/20180202710096.shtml。

电力设施。2014年11月，中国国家电网公司与老挝国家电力公司签订老挝230千伏巴俄—帕乌东输变电项目EPC（工程总承包）合同，项目资金规模约1.69亿美元。① 2018年8月，帕乌东变电站移交老挝国家电力公司，很好地配合了南塔河1号水电站发电输出，周围的波乔省、南塔省开始使用该项目输送的电力。巴俄项目将实现北部、中部和南部电网的互联互通，有助于老挝电网同泰国越南等国家电网的互联互通，为老挝经济发展提供有力支撑。

（三）资金融通

中老在资金融通方面取得积极进展。2014年1月，中国富滇银行和老挝外贸大众银行共同投资设立老中银行，这是首家老中合资银行，持有老挝央行颁发的永久金融许可证，主要业务包括吸收公众存款、发放贷款、提供投资和融资咨询服务等。2017年，老中银行首家分支机构——磨丁分行在老中边境的老挝南塔省磨丁经济合作专区开业。磨丁分行的开设可规范合作区汇兑结算业务，还将推动合作区多领域合作，从金融层面推动老中两国合作。磨丁分行将根据市场和客户需求，提供优质金融产品和服务。老中银行和母行富滇银行代表还签署了人民币现钞跨境调运协议，老中银行将借力"子母联动模式"推动人民币跨境结算。中国工商银行、中国银行已在老挝设立分行，太平洋证券已在老挝成立合资证券公司，中国国家开发银行也在老挝设立办事处。

（四）民心相通

"一带一路"倡议实施以来，中老两国在文化教育、旅游、医疗卫生等领域的合作取得显著成效。

文化交流方面。2014年11月，老挝中国文化中心在老挝首都万象成立。文化中心成立以来，通过不间断举办演出、展览、讲座、培训、论坛等形式多样的文化活动，提供信息咨询、图书期刊阅览、中

---

① 《输变电项目助力老挝电网互联互通 居民："日子过得越来越好"》，中国一带一路网，2019年1月2日，https：//www.yidaiyilu.gov.cn/xwzx/hwxw/76274.htm。

国语言与文化技能培训等服务，为老挝人民及在老华人体验中国文化提供了一个窗口和平台。2018年，首部中老合拍电影《占芭花开》不仅展示了老挝的美景，而且赞颂了老中两国人民之间的世代友好情谊。

教育领域。2017年中国给予老挝的政府奖学金留学生名额增至160名，还向老挝国立大学学生颁发2017年"中国大使奖学金"。中国多所高校及职业学院面向老挝招生。近年来，云南、广西、贵州等省区还为来华老挝留学生设立了省级奖学金。老挝第二个孔子学院——苏发努冯大学孔子学院于2018年正式挂牌招生。2018年9月4日，《中国政府援老挝铁道职业技术学院项目可行性考察会谈纪要》签字仪式在老挝首都万象举行。该项目计划在万象帮助老挝建设一所全日制高等职业技术专科院校，为老挝培养专业的铁路人才。①

科技合作领域进一步扩大。2018年4月，两国签署一份知识产权领域合作谅解备忘录，据此，中国发明专利审查结果将得到老方的认可。② 2018年2月，"中国北斗+导航+遥感时空信息服务'一带一路'项目"在老挝落地，包括老挝北斗卫星定位综合服务系统区域联网运营、成立老挝国家级无人机技术与标准中心、成立老挝国家级卫星遥感技术与标准中心等合作协议在万象签署。③ 这是中国高科技服务"一带一路"倡议的典型案例，带动了老挝在高科技领域的人才培养和产业发展。

---

① 《王其辉参赞出席援老挝铁道职业技术学院项目可行性考察会谈纪要签字仪式》，中国驻老挝大使馆经济商务处，2018年9月5日，http：//la. mofcom. gov. cn/article/jmxw/201809/20180902783194. shtml。

② 《中老双方将在知识产权方面建立更密切联系》，中国驻老挝大使馆经济商务处，2018年4月4日，http：//la. mofcom. gov. cn/article/jmxw/201804/20180402728235. shtml。

③ 《中国北斗高科技助力数字老挝建设》，澜沧江 - 湄公河合作，2018年2月8日，http：//www. lmcchina. org/sbhz/t1533110. htm。

第二章

老挝中资企业调查技术报告

中老两国山水相连,关系密切。自中国提出"一带一路"倡议以来,老挝作为中国的全面战略合作伙伴,积极响应,推动其"陆锁国"转变为"陆联国"战略与"一带一路"建设对接,携手打造"中老命运共同体"。但同时,一些西方国家媒体和政府对中国快速增长的对外投资进行了一些虚假的负面报道,很容易造成东道国的不安和误解,使中国企业"走出去"面临一定的困难和挑战。

为了更好地促进中老双边合作共赢,顺利推动两国命运共同体的构建,云南大学将"老挝中资企业与东道国员工综合调查及报告"列入"中国海外企业经营环境及企业劳动力素质调查"项目的首批重点子项目,旨在发挥云南大学新型智库功能,通过实地调查,撰写基于数据分析的研究报告和咨询报告,为"一带一路"倡议的顺利推进提供决策咨询,为中资企业顺利融入老挝的经济社会发展提供参考。

2018年末2019年初,云南大学"双一流"建设项目、"中国海外企业营商环境调查"项目陆续进入关键的实地调研阶段。云南省商务厅和云南大学对项目进展给予了高度重视,云南大学组建的多个国别调研组陆续赶赴相应的国家进行实地调研和数据采集。其中,老挝项目组在2018年下半年组建完毕,于2019年初赴老挝开展实地调研。2019年4月初,老挝项目组完成在老挝的实地调研和数据采集,顺利返回云南大学,在数据处理团队的支持下,整理和分析调研数据,着手调查报告的撰写工作。

一个有效的实地调研需要科学和可行的调查方案的支撑，老挝项目组尽量做到细致和全面。老挝调研项目组充分研究了老挝的当下国情，熟悉中资企业在老挝分布的情况，准确把握整个调研项目的背景和目的，研究出台了行之有效的调研方案。项目组根据调研任务和要求，针对老挝及中资企业的实际情况，通盘考虑和安排调研的各个方面和各个阶段，反复演练调研技术，直到熟练掌握。由于调研方案的可行性直接关系到整个调查项目能否顺利进展，项目组在出国调研之前，反复检查、完善调研方案，并与项目办探讨和修订。总的来说，老挝调研项目组克服了诸多现实困难，运用科学、高效的调研方案顺利完成了老挝中资企业营商环境调查任务。

老挝项目组在调查对象、调查内容、调查范围、样本分配和收集、资料和数据的处理、数据的运用方面形成了成熟的方案，保证了整个调研活动的顺利展开，并最终促成调研成果的产出。

第一节　调查方案

在赴老挝进行数据采集工作之前，老挝项目组在项目办和学校多个职能部门的支持和配合下，制订了详尽的调查方案，项目组的调查方案主要分为前期的准备工作、调研目标的明确以及调研执行方案。老挝项目组做了充分的前期准备，在老挝当地中资企业、华侨华人商会等相关组织以及老挝科研机构的全力支持下，圆满完成了调研任务。

一　前期准备工作

出访老挝展开实地调研之前的前期准备工作是整个调研项目取得成功的必要环节，充分的前期准备工作包括详细的调研计划和调研目标的制订、调查队伍的组建、调研人员的分工、调研人员的培训、调查日期的安排、对外联络和提前对接、必备物资的储备等。

在调研队伍组建方面，老挝国别组招募了11名成员，其中由方芸研究员担任国别组组长，组员主要由云南大学国际关系研究院的教师和研究生组成。在调研人员的分工方面，由组长主持老挝调查项目的统筹和协调工作；设项目组秘书一名，负责协助组长工作，参与联络沟通事宜，同时承担后台系统项目管理员任务；设财务管理人员一名，负责项目经费管理；设外事人员一名，负责外事相关工作；其他人员担任项目组督导，并承担日常的物资管理、访员管理、安全保障等其他工作。在调研人员的培训方面，项目组调研人员参与了多次培训，熟悉项目背景、调查问卷和设备操作。尤其在设备操作方面，所有成员经过了反复、细化的培训，为整个项目的进行提供稳定有力的技术支持。

在调查日程的安排方面，老挝项目组最终确定为2019年3月8日—4月5日，地点选择在中资企业较为集中的老挝首都万象市和北部琅勃拉邦市。为应对实地调研中可能发生的变化，老挝项目组在调研的行程安排方面准备了预案，可随时根据老挝和中资企业的实际情况进行调整。

在对外联络方面，老挝项目组提前联系中国驻老挝大使馆经济商务参赞处、云南省驻万象商务代表处、中国驻琅勃拉邦总领事馆、老挝国立大学、苏发努冯大学以及老挝各个商会，在他们的大力支持下，项目组在开展实地调研之前，拟定了初步目标企业，并取得了联系。在必备物资储备方面，充分准备调查设备、联络设备、网络设备、应急药品等，为调查活动的顺利开展打下坚实的基础。

二 调查目的地选择

老挝项目组根据课题组的要求和中资企业在老挝分布的基本情况，确定整个实地调查的目标。首先，根据调查项目的行业分类细则，老挝项目组需要在老挝调查相应比例的制造业、服务业、采矿业、批发零售业、供应业、建筑业及其他行业。其次，根据课题组的要求，老挝项目组计划在老挝完成70家以上的企业样本及900人以上的员工样本。最后经过对老挝实地调查环境的综合考察，老挝项目组最终决定在中资企业相对集中，交通较为便利的万象市和琅勃拉邦市两地开展实地调查。

三 实地调查执行方案

老挝项目组通过与老挝国立大学、苏发努冯大学的合作，顺利推进在老挝的实地调查。在调查方案执行阶段，团队首先要解决的问题是在万象市招募访员，老挝国立大学积极支持和配合项目组的调研工作，组织协调了 20 名在老挝国立大学学习的中国老挝语专业留学生，他们不仅掌握了老挝语基础知识，具备较强的老挝语应用和沟通能力，且在老挝有半年以上的生活经历，熟悉当地生活环境，这在很大程度上有助于老挝项目组克服语言障碍、人生地不熟等困难，为调查的顺利开展提供了必要条件。

调研组在完成老挝万象市的调查任务后，前往第二调查目的地——老挝北部中心城市琅勃拉邦。在琅勃拉邦市，苏发努冯大学的师生为项目组提供了积极的支持和帮助，琅勃拉邦的访员是苏发努冯大学的老挝籍教师和学生，他们具备流利的中文或英文沟通能力。访员招募齐全后，调查团队立刻开展了对访员的培训，向访员介绍了问卷种类、问卷模块、操作规则等事宜，访员快速掌握设备操作并进行了模拟演练，调研队伍和访员积极配合，短时间内达成默契。调研团队的督导和访员根据当地情况进行了分组、分批、分点的调查访问，提高了调研的工作效率和调查质量。

本次调查全程使用电子设备，云南大学向西南财经大学购置了最为先进的面访系统，该系统集面访、监控、质控为一体。访员在访问终端接收督导和项目管理员派发的问卷并进行一对一的面访，整个访问过程受到调查系统的全程录音及位置监控，访问结束后访员在访问终端及时回传数据。国内专门设立了项目核查组核查问卷数据和调研访问过程，严格审核问卷质量并最终判断问卷是否有效，全面保障了调研成果的质量。

在项目工作流程方面，调研团队主要围绕联系企业负责人、接触企业、实地访问、离开并前往下一个工作地点开展工作。实地调研开始前，首先，由项目组组长、老师、顾问提前与企业联系对接，确定受访员工数量与时间。其次，项目管理员根据联络情况，至少提前一天把调查样本分配给各个督导，督导再把子样本分配给所在小组各个访员。督导必须根据自己小组的情况至少提前一天创建好相应数量的子样本，分配至所在小组访员的调研设备中。调研当天，项目组提前准备车辆，于约定时间到国立大学或其他约定地点接送各位访员至调研目标企业，之后各个督导带领各自的访员展开调研访问工作，督导全程监督访员的访问过程，访员和督导共同确认问卷是否已经完成并回传至调查系统。每天的调研工作结束之后，调研团队中的各个督导收回调研设备，进一步检查数据回传的完成情况，把当天的调研情况及时向国内项目办反馈。调研队伍每天根据调研情况召开例会，分析问题，总结经验，不断提升调研成果质量。

访问技巧是保证问卷质量的重要环节，访员在一对一面访过程中，始终按照标准和规范进行访问。首先，必须按照字面表述方式读出问题。其次，要对不完整的答案进行追问。再次，要如实记录答案，对特殊的答案进行详细的备注。最后，在整个访问中始终保持客观、中立的态度。

老挝调研项目组在老挝的万象市和琅勃拉邦市进行了29天的实地调查，一共完成了72份有效企业问卷和922份有效员工问卷。并且项目组回国后再次与总项目办对接，进行了最终的质量检查和数据处理工作。

第二节 企业数据描述

云南大学老挝调研项目组本次在老挝调研了72个企业样本。本节将介绍所调查的企业样本中相关企业的基本信息和基本特征，包括所访问的中高层管理人员的职务、所调查企业的行业类型、所调查企业的区位分布、企业规模等，展示在老挝经营的中资企业的基本情况。

如表2-1所示，在所调研的企业管理层人员中，管理人员分为高层管理人员和一般管理人员。高层管理人员包括企业所有者、总经理或CEO、副总经理；其他为一般管理人员。在调查的所有企业样本中，被访管理人员为一般管理人员（即"其他"）的占比最多，为43.66%，被访者为企业所有者占比22.54%，被访者为总经理或CEO的占比16.9%，被访者为副总经理的占比16.9%。

表2-1　　　　　　　　受访者职务占比　　　　　　　（单位:%）

受访者职务	比重
企业所有者	22.54
总经理或CEO	16.90
副总经理	16.90
其他	43.66

如表2-2所示，本次调研主要把所调研的企业样本分为工业和服务业两大类，在所调查的所有企业样本中，服务业样本占比69.01%，接近七成。工业占比30.99%，为三成以上。总的来看，在老挝的中资企业中，服务业的企业数量远远多于工业企业。

表2-2　　　　　　　不同行业类型企业占比　　　　　　（单位:%）

行业类型	比重
工业	30.99
服务业	69.01

在所调研的企业样本中，表2-3展示的是接受调研的企业的区位分布特征。从中可以看出，在所调查的所有企业样本中，不在经开

区的企业占绝大多数,有近九成。在本国经开区的企业只有7.04%。在其他地区的企业占比4.23%。这一指标反映出老挝经济开发区的数量和规模的实际情况。

表2-3　　　　　　　　　是否在经开区企业占比　　　　　　　（单位:%）

是否在经开区	比重
不在经开区	88.73
本国经开区	7.04
其他	4.23

在调研的企业的规模特征方面,由表2-4可知,在所调研的企业样本中,中型企业占比最多,为总调查企业数量的一半多一点。小型企业次之,占比26.76%。大型企业占比22.54%。

表2-4　　　　　　　　　不同规模企业占比　　　　　　　　（单位:%）

企业规模	比重
小型企业	26.76
中型企业	50.70
大型企业	22.54

如表2-5所示,在调研对象企业是否加入老挝中国商会方面,在调研的所有企业样本中,加入老挝中国商会和没有加入的企业各占一半。

表2-5　　　　　　　　企业是否加入老挝中国商会占比　　　　（单位:%）

是否加入老挝中国商会	比重
是	50.00
否	50.00

在是否设立企业工会方面,从表2-6中可以看出,约有不到两成的企业拥有企业工会,而绝大多数企业没有企业工会。老挝中资企业内部普遍缺乏工会组织的原因主要有两个,一是在老挝的中资企业普遍没有设立企业工会的意识,大多数企业认为没有必要设立企业工会;二是中资企业的老挝员工流动性大,这在一定程度上增加了企业对工会组织的管理和运作的成本,企业工会的可操作性大大降低,在老挝政府没有硬性要求的情况下,企业选择放弃设立工会组织。

表2-6　　　　　　　　企业是否有自身工会占比　　　　　　（单位:%）

是否有自身工会	比重
是	19.72
否	80.28

在受访企业的控股情况方面,从表2-7中可以看出,64.79%的企业属于非国有控股企业,有35.21%属于国有控股企业。中国"走出去"战略实施以来,越来越多的中国私营企业走进老挝,开展合作,谋求发展。随着"一带一路"倡议与老挝变"陆锁国为陆联国"战略的对接、中老经济走廊建设的推进,中资企业将以更多的形式投资老挝,参与老挝的经济建设。

表2-7　　　　　　　　企业是否为国有控股占比　　　　　　（单位:%）

是否为国有控股	比重
国有控股	35.21
非国有控股	64.79

表2-8展现的是接受访问的中资企业在商务部的备案情况,可以看出,有超过一半(51.56%)的企业并没有在中国商务部备案,在中国商务部备案的企业占48.44%。很多企业对在中国商务部进行备案的必要性缺乏了解。

表 2-8　　　　　　　企业是否在中国商务部备案占比　　　　（单位:%）

是否在中国商务部备案	比重
是	48.44
否	51.56

如表 2-9 所示,在所调研的全部企业样本中,有中国母公司的企业占比 56.34%,没有中国母公司的企业占比 43.66%。一般来说,有中国母公司的企业运营条件更好,资金更为充足,以大、中型企业居多。但没有中国母公司的企业也占不小比重,其中许多企业在老挝投资经营多年,站稳了脚跟。

表 2-9　　　　　　　　企业是否有中国母公司占比　　　　（单位:%）

是否有中国母公司	比重
有中国母公司	56.34
没有中国母公司	43.66

从表 2-10 中可以看出,在所调查的有中国母公司的所有企业样本中,国有企业占比最多,为 57.5%。私营企业次之,占比 20%。股份合作、国有联营、国有与集体联营、有限责任公司、股份有限公司、私营合伙性质的公司占较少比例。

如表 2-11 所示,在所调查的所有企业样本中,近 3 年内注册的企业最多,占比 35.94%。2011—2015 年注册的企业次之,占比 31.25%。可以看出,注册年份越靠前,企业占比则越小。2000 年以前注册的企业只占 3.13%,企业运营时间与企业注册时间占比基本一致。2000 年,中老确定发展两国长期稳定、睦邻友好、彼此信赖的全面合作关系,2009 年,两国关系提升为"全面战略合作伙伴关系",2013 年,中国提出的"一带一路"倡议得到老挝的积极响应,两国共同推进战略对接。中老关系的逐步加强为中资企业前往老挝投资经营创造了更多的机会和更好的条件。表2-11展示的企业注册时间与运营时间的正向分布反映了中老关系日益密切、中老合作日趋深入和广泛的发展趋势。

表2-10　　　　　　　企业中国母公司类型占比　　　　　（单位:%）

中国母公司类型	比重
国有	57.50
股份合作	2.50
国有联营	2.50
国有与集体联营	2.50
有限责任公司	5.00
股份有限公司	5.00
私营企业	20.00
私营合伙	5.00

表2-11　　　　　　企业注册时间与运营时间分布　　　　　（单位:%）

年份	注册时间	运营时间
2000年以前	3.13	7.46
2001—2005	7.81	7.47
2006—2010	21.87	16.41
2011—2015	31.25	29.85
2016年以来	35.94	38.81

第三节　员工数据描述

本节从性别和年龄两个维度呈现受访的老挝员工的基本人口

统计特征，为本书关于老挝员工数据的进一步分析提供基本信息。调查数据按性别呈现了老挝员工的年龄分布、受教育程度、族群分布、宗教信仰分布、婚姻状况分布、出生地分布等老挝员工的基本人口统计特征，按年龄呈现了老挝员工的受教育程度和出生地分布。

在对中资企业的调查中，我们把接受调研访问的老挝籍员工分为三个年龄段：16—25岁、26—35岁和36岁及以上。

一 按性别划分的老挝员工的基本人口统计特征

主要包括按性别划分的老挝员工年龄、受教育程度、宗教信仰、族群和出生地分布等基本人口统计特征。

图2-1体现了不同性别的受访员工的年龄分布状况。在男性员工中，26—35岁年龄段所占的比例最多，为44.84%；36岁及以上的员工最少，为19.72%；16—25岁的员工居中，占35.45%。女性员工的年龄分布特征与男性不同，16—25岁的最多，占比53.43%；26—35岁的其次，占比34.88%；36岁及以上的最少，占比11.69%。女性员工在16—25岁阶段的比例高于男性。我们在调查中发现普遍存在三个问题：其一，中资企业的老挝籍员工，不论男性和女性，年轻人的占比都很大；其二，有不少女性员工年龄不到20岁，数量明显多于同年龄段的男性员工；其三，还有一定数量的女性员工尚未成年就步入社会，开始工作。

图2-2展现了中资企业中老挝籍员工的受教育程度，在919个有效样本中，中学学历的老挝籍员工最多，其中男性占比57.18%，女性占比56.68%；本科及以上的其次，男性占比31.76%，女性占比28.14%；在小学学历的员工中，男性占比8.71%，女性占比11.94%；未上过学的员工只占很小一部分，男性占比2.35%，女性占比3.24%。

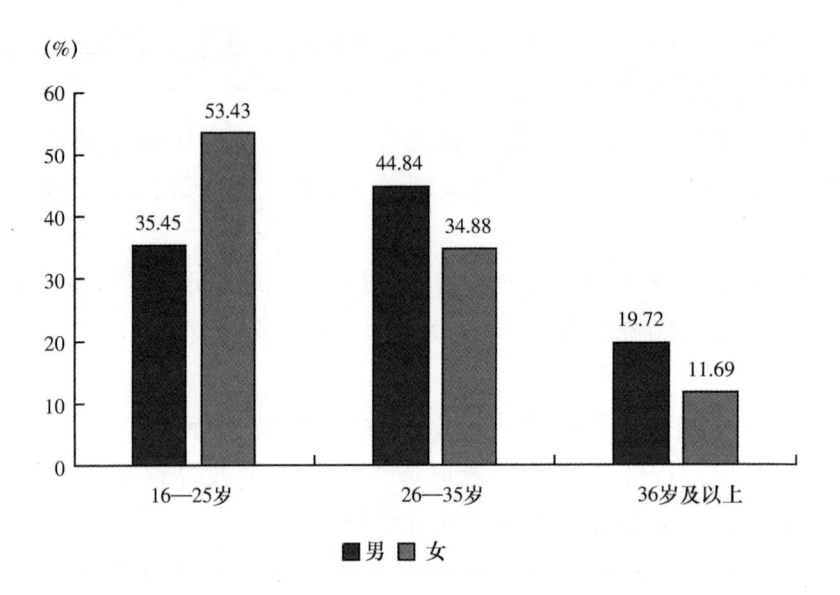

图 2-1 按性别划分的员工年龄分布（$N=922$）

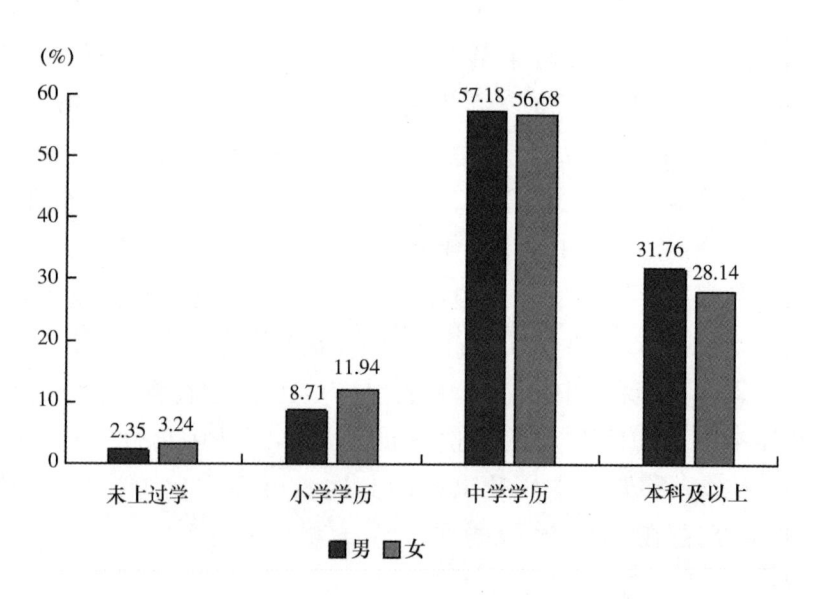

图 2-2 按性别划分的员工受教育程度分布（$N=919$）

在接受访问的老挝籍员工中，受访者的民族成分覆盖了老挝三大族群和其他民族。从图2-3中可以看出，在所调查的922个有效样本中，属于老龙族的老挝员工最多，男性占比69.72%，女性占比66.94%；属于老听族的老挝员工第二多，男性占比16.43%，女性占比14.92%；老松族员工中，男性占比9.39%，女性占比14.52%；在其他民族的员工中，男性占比4.46%，女性占比3.63%。在中资企业工作的老挝籍员工大多来自老挝传统的三大族群，其他民族的比例甚微。

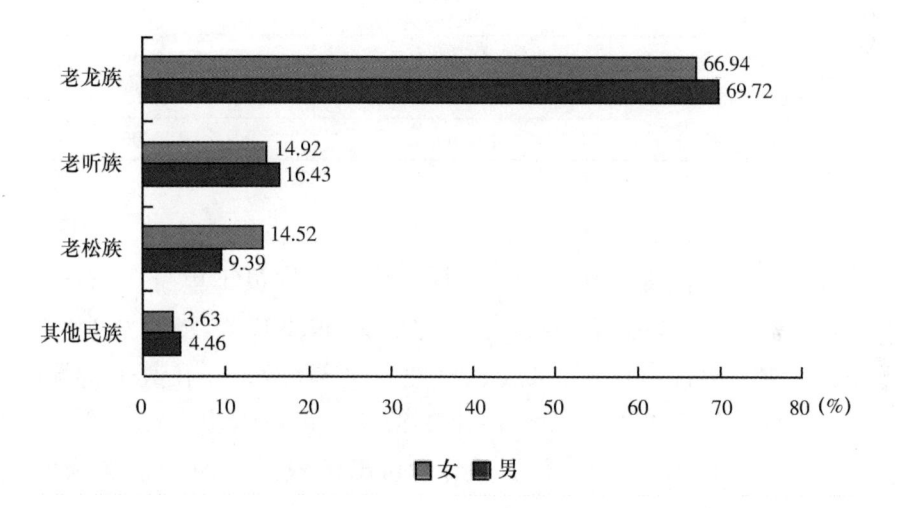

图2-3 按性别划分的员工族群分布（$N=922$）

老挝是一个佛教为主、多种宗教并存的国家，其中，绝大部分老龙族群的民族信仰上座部佛教。中资企业的老挝籍员工有着不同的宗教信仰。受访员工的宗教信仰包含了上座部佛教和世界上其他几个主要的宗教。从表2-12中可以看出，老挝籍员工大多信仰上座部佛教，这与员工中老龙族比例较高是一致的。信仰上座部佛教的男性员工占比73.58%，女性员工占比75.35%。信仰原始拜物教的男性占比4.48%，女性占比5.25%；极少数的员工信仰天主教和新教。信仰上述宗教之外的其他宗教的员工占有一定比例，其中，男性占比18.63%，女性占比16.36%。在不信教的员工中，男性占比1.65%，女性占比2.63%。

表2-12　　　　按性别划分的员工宗教信仰分布（N=919）　　　（单位:%）

宗教信仰	男	女
上座部佛教	73.58	75.35
原始拜物教	4.48	5.25
天主教	1.18	0.40
新教	0.47	0.00
其他	18.63	16.36
不信仰任何宗教	1.65	2.63
合计	100.00	100.00

在受访员工的婚姻状况方面，单身/未婚的占很大比例。从图2-4可以看出，在所调查的921个有效样本中，男性员工单身/未婚的比例为50.23%，女性员工单身/未婚的比例为59.80%，均超过半数。在已婚员工中，男性占比47.56%，女性占比37.37%。在其他情况的员工中，男性占比2.11%，女性占比2.82%。可以看出，在中资企业的老挝员工，有相当一部分还没有组建自己的家庭，原因也较为复杂，如年龄、经济条件、婚姻态度等。

图2-5显示的是出生地属于农村或城市的老挝籍员工的总体比例。可以看出，在所调查的922个有效样本中，来自农村的和来自城市的比例持平，分别为50%，各占一半。在男性员工中，来自农村的稍多，占比52.82%，来自城市的占比47.18%。在女性员工中，来自农村的占比47.58%，来自城市的占比52.42%，来自城市的女性员工比例高于来自城市的男性员工，来自农村的男性员工比例则高于来自农村的女性员工。

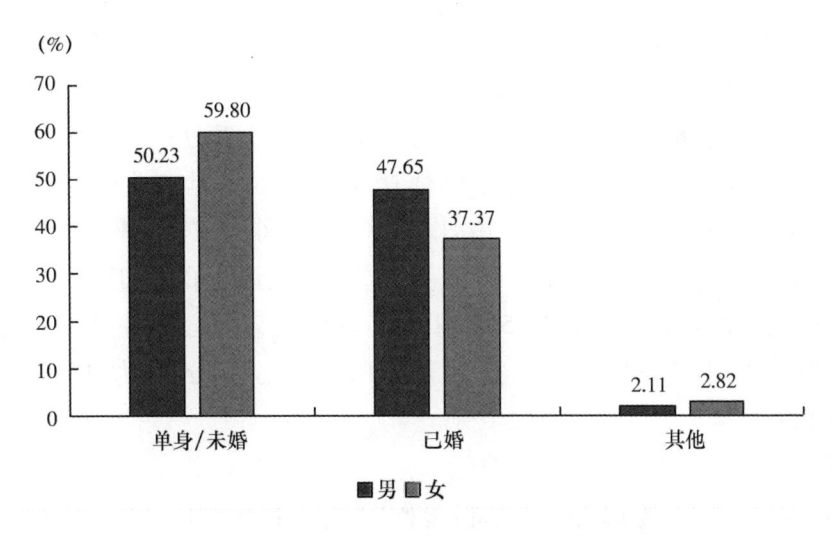

图 2-4　按性别划分的员工婚姻状况分布（$N=921$）

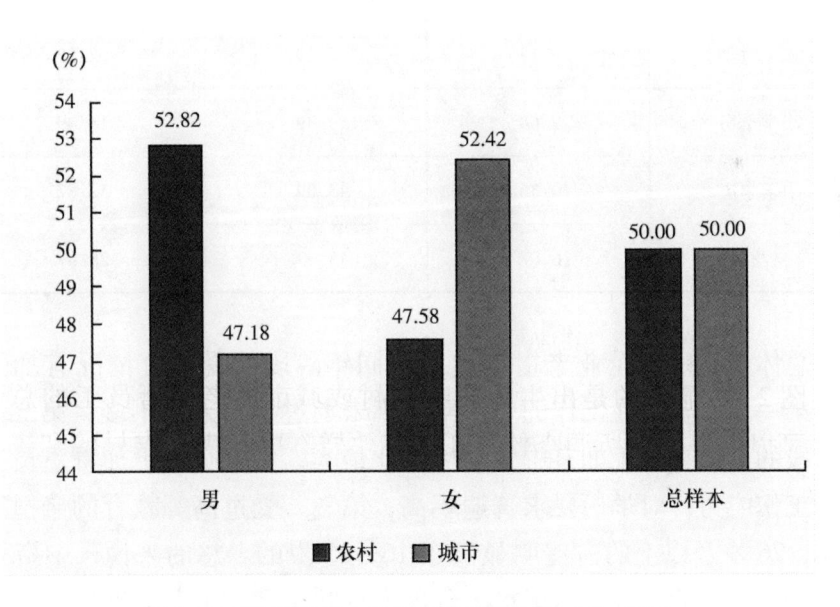

图 2-5　按性别划分的员工出生地分布（$N=922$）

二　按年龄划分的老挝员工的基本人口统计特征

表 2-13 显示了不同年龄段员工的受教育程度。在统计的 919

个有效样本中，三个年龄段的受教育程度各不相同。16—25 岁的员工群体中，中学学历的最多，占比 70.36%；本科及以上学历其次，占比 16.87%；小学学历和未上过学的员工分别占比 9.64% 和 3.13%。在 26—35 岁的员工群体中，本科及以上学历的员工占比 45.03%；中学学历的员工占比 43.09%；小学学历和未上过学的员工分别占比 9.39% 和 2.49%。在 36 岁及以上的员工群体中，中学学历的员工最多，占比 52.82%；本科及以上学历的其次，占比 28.87%；小学学历和未上过学的员工比例分别为 15.49% 和 2.82%。

表 2-13　　按年龄组划分的员工受教育程度分布（$N=919$）　　（单位:%）

最高学历	16—25 岁	26—35 岁	36 岁及以上
未上过学	3.13	2.49	2.82
小学学历	9.64	9.39	15.49
中学学历	70.36	43.09	52.82
本科及以上	16.87	45.03	28.87

总体上，中资企业老挝籍员工不同年龄段的受教育情况有如下特点：第一，中资企业工作的老挝籍员工未上过学的人数不多；第二，各年龄段的老挝籍员工拥有中学学历占比最大，中资企业更加看重员工的实际工作能力，对学历要求普遍不高；第三，受过高等教育的老挝籍员工中，26 岁及以上的占比明显高于 16—25 岁的。总的来说，中资企业的老挝籍员工的受教育情况很大程度上反映了老挝劳动力素质、教育状况，完成中学学业的年轻人中，一部分升入大学接受高等教育，相当一部分则进入社会，寻找就业机会，中资企业为这部分年轻人提供了大量的工作岗位。

表 2-14 体现了不同年龄段的员工出生地分布。在 16—25 岁的

老挝籍员工中,来自农村的占比59.62%,来自城市的占比40.38%。在26—35岁的老挝籍员工中,来自农村的占比44.23%,来自城市的占比55.77%。在36岁及以上的老挝籍员工中,来自农村的占比36.62%,来自城市的占比63.38%。可以看出,16—25岁老挝籍员工中,来自农村的更多,接近六成。而在26—35岁和36及以上的员工中,多数来自城市地区。36岁及以上的员工中,来自城市地区的最多。

表2-14　　按年龄组划分的员工出生地分布（N=922）　　（单位:%）

出生地	16—25岁	26—35岁	36岁及以上
农村	59.62	44.23	36.62
城市	40.38	55.77	63.38

表2-15显示了不同年龄段受访者的族群差异,在所调查的有效员工样本中,无论哪个年龄段,老龙族的老挝籍员工最多,老龙族的员工占比68.22%;老听族占比15.62%;老松族占比12.15%;其他民族占比4.01%。中资企业中不同民族、不同年龄段的老挝籍员工的数量呈现不同的特点,老龙族员工中36岁及以上的占比最高,其他民族则以16—25岁最多。老龙族员工在36岁及以上群体中占比最多,为87.32%,接近九成;26—35岁其次,占比74.45%;16—25岁的为56.25%。老听族员工中,16—25岁的最多,占比22.84%;26—35岁的占比11.54%;36岁及以上的占比4.93%。老松族员工中,最多的也是16—25岁的,占比15.63%;26—35岁的员工占比10.44%;36岁及以上的员工占比6.34%。其他民族的员工中,16—25岁的占比5.29%;26—35岁的占比3.57%;36岁及以上的占比1.41%。

表2-15　　　按年龄段分布的受访者族群差异（$N=922$）　　（单位：%）

族群	16—25岁	26—35岁	36岁及以上	总计
老龙族	56.25	74.45	87.32	68.22
老听族	22.84	11.54	4.93	15.62
老松族	15.63	10.44	6.34	12.15
其他民族	5.29	3.57	1.41	4.01

在管理人员和非管理人员的年龄对比方面，从图2-6中可以看出，在922个有效样本中，有88.8%的非管理人员和11.2%的管理人员。管理人员在36岁及以上年龄阶段占比最多，为18.31%；在16—25岁占比最少，为8.43%。在非管理人员方面，在16—25岁的数量最多，占比91.57%，在36岁及以上的占比最少，为81.69%。可以看出，中资企业中管理人员的占比随着员工年龄的上升递增，而非管理人员则相反。

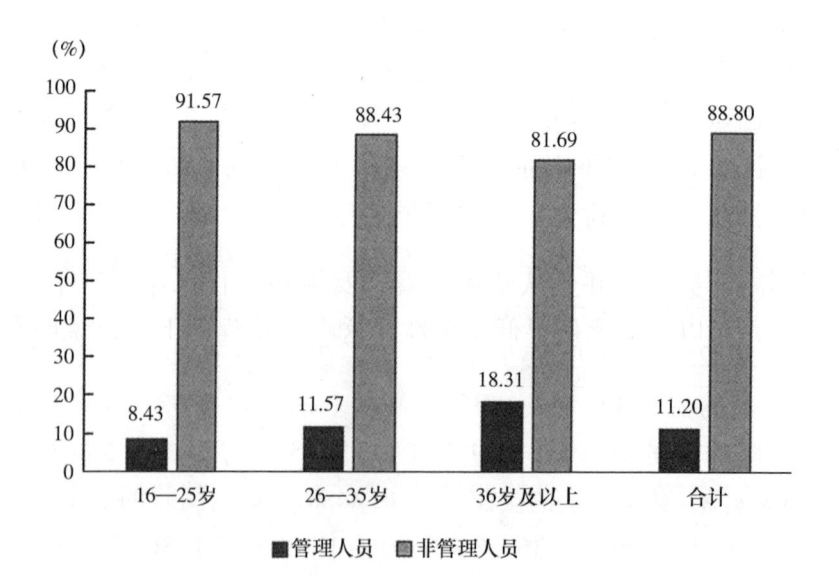

图2-6　管理人员与非管理人员的年龄差异（$N=920$）

当前中资企业的老挝籍员工的工作时长存在明显的年龄差异。从表2－16中可以看出，在所调查的920个有效样本中，不分年龄段的情况下，在当前企业工作时长为一年的员工占比最多，为40.11%，工作时长六年的员工占比最少，仅为2.93%，随后，工作时长超过六年的员工数量又上升至10.11%。按年龄段看，在16—25岁及26—35岁的员工中，在企业只工作一年的比例最多，分别为54.94%和31.13%。而在36岁及以上的员工群体中，工作六年以上的员工比例最多，为32.39%。从表2—16可以看出，越年轻的员工流动性越强。

表2－16　在当前企业工作时长不同的员工的年龄差异（$N=920$）　（单位：%）

	不足一年	一年	两年	三年	四年	五年	六年	六年以上
16—25岁	17.83	54.94	18.55	3.86	1.2	1.45	0.72	1.45
26—35岁	4.96	31.13	18.73	9.37	11.02	8.82	4.68	11.29
36岁及以上	5.63	19.72	10.56	11.27	8.45	7.04	4.93	32.39
总计	10.87	40.11	17.39	7.17	6.2	5.22	2.93	10.11

在员工的工作时长和性别差异的调查方面，从表2－17中可以看出，在920个有效样本中，无论男性还是女性，工作一年的占比最多，女性为41.73%，男性为38.21%。女性在工作不足一年及一年的比例高于男性。并且从整体上看，女性在工作二年、三年、五年、六年及六年以上的比例要低于男性，这在一定程度上可以说明在老挝的中资企业中，女性员工的流动性稍大于男性员工。

表2－17　在当前企业工作时长不同的员工的性别差异（$N=920$）　（单位：%）

	不足一年	一年	两年	三年	四年	五年	六年	六年以上
男	8.25	38.21	18.63	8.25	5.90	5.66	4.01	11.08
女	13.10	41.73	16.33	6.25	6.45	4.84	2.02	9.27
总计	10.87	40.11	17.39	7.17	6.20	5.22	2.93	10.11

第三章

老挝中资企业生产经营状况分析

第一节　基本情况分析

本节主要描述老挝中资企业的基本情况，包括注册时间、运营时间、在中国商务部的备案情况、企业股权占比及变化情况等。

一　中资企业注册和运营时间

图 3-1 呈现的是受访企业注册和运营时间的基本分布情况。从图中我们可以看到，不到一成的企业是 2006 年以前注册运营的，而有近九成的老挝中资企业是在 2006 年以后陆续注册运营的，自 2015 年开始，注册和运营的企业数量均有显著上升——近四成企业是在 2015 年之后注册运营的。在 20 世纪 90 年代我国经济仍处于起步阶段，所以较少有中国企业有能力到国外进行投资或设厂，仅有少量中国企业作为海外投资的先行者进入老挝。进入 21 世纪以来，改革开放的成果逐渐显现，中国企业积累了足够的资本和实力，加上国家相关政策的鼓励，越来越多的中国企业开始扩大市场，"走出去"到周边国家发展经营。特别是自 2013 年习近平主席提出"一带一路"倡议以来，到老挝进行生产经营的中国企业明显增加。受访中资企业注册和运营时间的分布真实反映了这一变化过程和发展趋势。

```
(%)
45                                                              38.81
40                                                       31.25
35                                                              35.94
30                                                    29.85
25                                      21.87
20
15                                   16.41
10    7.46      7.81
 5   3.13       7.47
 0
   2000年以前  2000—2005年  2006—2010年  2011—2015年  2016年以来
              — — 注册时间  ······ 运营时间
```

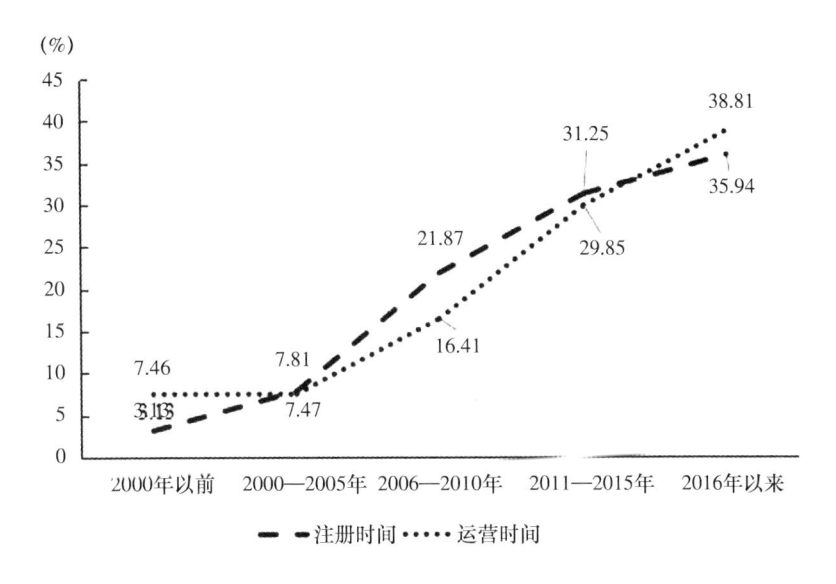

图 3-1 企业注册时间与运营时间（年份）分布

二 中资企业在商务部备案情况

图 3-2 所示为受访中资企业在中国商务部备案年份分布情况。我们可以看到，在 2015 年以前，企业在中国商务部的备案分布情况大致上与企业注册和运营时间分布情况一致，2000—2010 年，仅有一成左右（11.11%）的企业在中国商务部备案，甚至有减少的趋势。从 2010 年开始，在中国商务部备案的中资企业数量急剧上升。2011—2015 年备案的企业数量比 2006—2010 年增长了 37.51 个百分点，达到 45.84%。2016 年以来，结合实际情况以及图表所反映的趋势，我们看到，自 2013 年中方提出的"一带一路"倡议得到了中国企业的积极响应，走进老挝发展并参与当地经济建设的企业数量骤增。但是，值得注意的是，2015 年以来，在商务部的备案企业数量却呈明显的下降趋势，2016—2019 年较 2011—2015 年减少 1/2 以上，仅占企业数量的 20.83%。这一变化主要是由于商务部对"走出去"企业的备案政策有所放宽，很多小企业没有备案，加之从企业绝对数量上来看，在老挝的中资企业中，中小企业的比重远高于大中型企

业，这在一定程度上拉低了备案企业的比例。

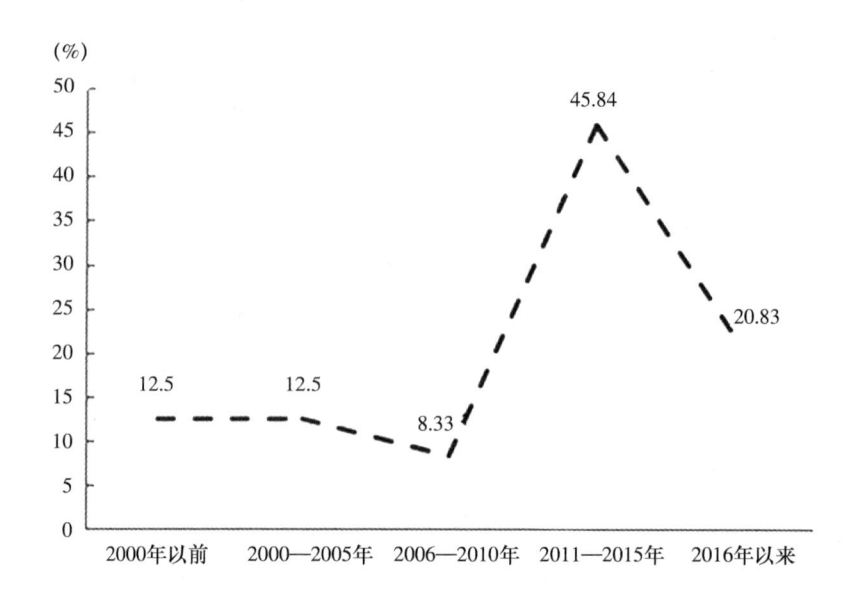

```
(%)
50
45                                        45.84
40
35
30
25                                                20.83
20
15  12.5      12.5
10                      8.33
5
0
  2000年以前  2000—2005年  2006—2010年  2011—2015年  2016年以来
```

图 3-2　企业在中国商务部备案年份分布

三　中资企业股权情况

老挝中资企业的股权占比状况也是了解当地中资企业基本情况的重要内容之一，企业股权包括中国国有控股、中国集体控股、中国私人控股、老挝国有控股、老挝私人控股、外国国有控股、外国私人控股。图 3-3 反映了受访的老挝中资企业股权占比的分布情况。总体上，受访企业的股权大部分属于中国私人控股，占比 57.37%，其次是中国国有控股，占比 33.59%，老挝方面参与控股的部分仅占比 6% 左右，其他国家控股的部分不足 1%，中国集体控股最少。对比中国国有控股和中国私人控股的占比平均值我们可以发现，在"一带一路"倡议下到老挝发展经营的中资企业大部分为私人资本，国有资本为第二大投资力量。这也从另一方面说明，老挝的中资企业基本上是中方独立建设运营的，并不依赖于老挝当地资本或国际资本，中方拥有完全的所有权和较高的主动权。

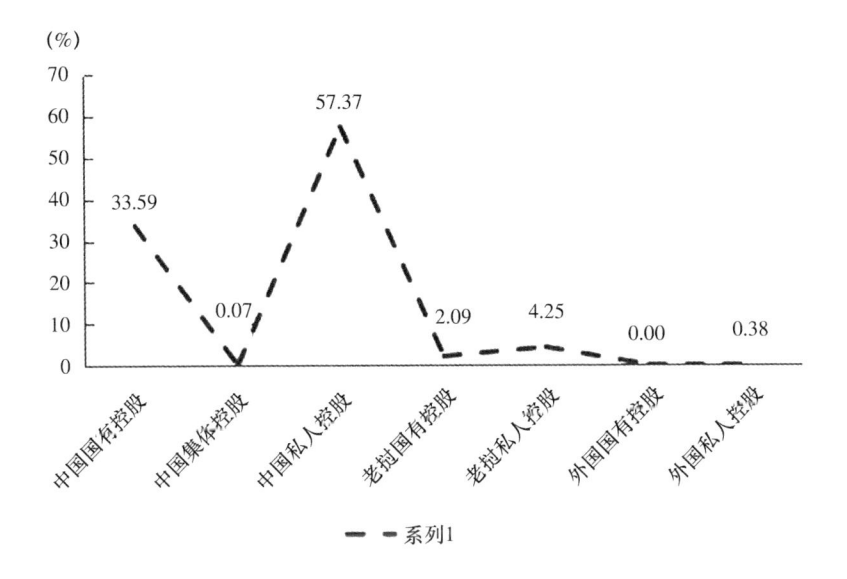

图 3-3 企业股权占比分布

图 3-3 仅仅是对企业现阶段股权分配和占比的反映，我们还从不同维度调查了企业近年来的股权变化情况，以期更全面地呈现老挝中资企业的基本情况。我们将企业分为注册时间超过五年和注册时间低于五年的企业，分别调查了其股权的变化情况，如表 3-1 所示。我们可以看到，在注册时间超过五年的企业中，有 97.5% 的为中国股东一直控股，仅有 2.5% 的为老挝股东一直控股，没有其他国家股东一直参与控股，仅有少量企业曾经由老挝和其他国家股东控股，另外还有一半左右的企业表示其一直没有老挝或者其他国家股东参与控股，分别为 42.5% 和 62.5%。在注册时间低于五年的企业中，有高达 96.77% 的受访企业一直为中国股东控股，仅有 3.33% 的受访企业一直由老挝股东控股，没有其他国家参与控股。

表 3-1　　　　　　　　企业的股权变化状况　　　　　　（单位:%）

	中国股东股权变化				老挝股东股权变化				其他国家股东股权变化			
	一直控股	以前控股	一直不控股	一直没有	一直控股	以前控股	一直不控股	一直没有	一直控股	以前控股	一直不控股	一直没有
注册超过五年	97.50	0.00	0.00	2.50	2.50	7.50	47.50	42.50	0.00	2.50	35.00	62.50
注册低于五年	96.77	0.00	0.00	3.23	3.33	0.00	40.00	56.67	0.00	0.00	41.94	58.06

表 3-2 呈现的是企业有无中国母公司对于其股权变化的影响情况。我们看到，在有中国母公司的企业中，有 97.5% 的受访企业表示其一直由中国股东控股，仅有 2.56% 的企业一直由老挝股东控股，仅有少量企业表示曾有老挝或者其他国家股东控股。在没有中国母公司的企业中，有 96.77% 的企业表示由中国股东一直控股，仅有 3.23% 的受访企业表示其有老挝股东控股，但没有其他国家股东参与控股。

表 3-2　　　　　　　企业母公司的股权变化状况　　　　　（单位:%）

	中国股东股权变化				老挝股东股权变化				其他国家股东股权变化			
	一直控股	以前控股	一直不控股	一直没有	一直控股	以前控股	一直不控股	一直没有	一直控股	以前控股	一直不控股	一直没有
有中国母公司	97.50	0.00	0.00	2.50	2.56	5.13	51.28	41.03	0.00	2.50	40.00	57.50
无中国母公司	96.77	0.00	0.00	3.23	3.23	3.23	35.48	58.06	0.00	0.00	35.48	64.52

综合表 3-1 和表 3-2 的数据我们看到，绝大部分受访企业是一直由中国股东控股，仅有少量的企业曾经由老挝或其他国家股东控股，一直由老挝和其他国家股东控股的企业极少。通过调查，我们发

现注册时间的长短和受访企业有无中国母公司这两个因素，与老挝的中资企业的股权分布情况相关度不高，总体上，在老挝的中资企业都有着较高的主动权和决定权。

相关企业母公司的类型与企业股权分布有一定的关联。图3-4呈现的是企业母公司的类型分布情况。我们可以看到，有近六成的企业母公司为国有企业（57.5%），另有两成企业的母公司为私营企业（20%），另有5%为股份有限公司，5%为有限责任公司，5%为私营合伙，剩下少部分企业母公司分别为国有与集体联营、国有联营和股份合作等。

综合受访企业的股权分布情况，我们发现，大部分的私人资本倾向于直接到老挝投资建立公司，少部分为私营企业在老挝开设子公司，而老挝的中国国有性质的公司则几乎都是国内的国有企业在老挝的分公司。

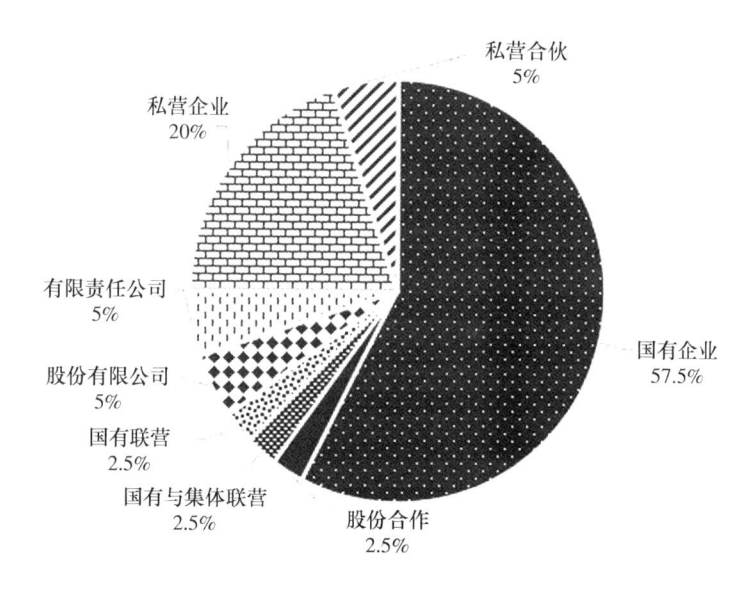

图3-4 企业母公司类型百分比分布

四 中资企业母公司与是否在经济开发区交互情况

为进一步了解受访企业母公司具体的情况，我们细化了分析维度，把是否位于经济开发区这一影响企业发展的要素列入分析探讨中。如表3-3所示，我们从企业母公司是否处在经济开发区、老挝经开区的维度出发，分析了不同类型企业的分布情况。

表3-3　　　　　　　是否在经开区中资企业母公司类型　　　　（单位:%）

	国有	股份合作	国有联营	国有与集体联营	有限责任公司	股份有限公司	私营企业	私营合伙
不在经开区	60.00	2.86	2.86	2.86	5.71	2.86	17.14	5.71
老挝经开区	66.67	0.00	0.00	0.00	0.00	33.33	0.00	0.00

不在经济开发区的企业中，国有企业占六成（60%），私营企业占比近两成（17.14%），有限责任公司、私营合伙企业、股份有限公司和股份合作企业等其他性质企业也均有少量占比。在老挝经开区的企业中，同样以国有企业为主，占比近七成（66.67%），其余均为股份有限公司（33.33%）。通过纵向对比，我们发现，不论是否在经开区，国有企业都是最主要的企业母公司类型，非经开区的受访企业中，次多的母公司类型为私营企业，而处在老挝经开区的企业中，次多的母公司类型为股份有限公司。通过分析可知，老挝经济开发区的建设处于推进阶段，当地政府采取诸如土地租金、税收等优惠政策吸引外资企业入驻，但是由于投资基础设施有限、经济开发区聚集效应尚未形成等因素，入驻的中资企业仍以国有企业为主，其次是少数有实力的股份有限公司。

第二节 生产经营状况

老挝的生产经营环境是中资企业发展的根本,本节主要从中资企业销售情况、竞争压力来源、近五年来竞争方式变化等方面进行分析。

一 中资企业每周平均营业时间分布

老挝中资企业每周平均营业时间的分布情况如图 3-5 所示,每周平均营业时间为 31—50 小时的企业占比逾三成(32.39%),每周平均营业 51—70 小时的企业占比近三成(29.58%),每周平均营业 90 小时以上的企业占比逾两成(21.13%),每周平均营业 71—90 小时的企业占比不到两成(14.08%),每周平均营业时间少于 30 小时的企业比例较低,仅占受访企业的 2.82%。在调查中发现,老挝中资企业中很大一部分是服务业,实行每周六天工作制,每天工作时间为八小时,企业按工作时间支付工资,以保证企业正常营业,所以有超过三成的企业每周工作时间为 31—50 小时。老挝籍员工普遍没有加班的习惯,但是企业为提高效率,以支付加班工资的形式鼓励员工加班,因此,有近三成的企业每周工作时间达到 51—70 小时。

二 中资企业销售情况分布

老挝中资企业产品的主要销售市场状况,如表 3-4 所示,主要包括企业所在地(企业所在的同一城市或地区)、老挝国内、中国以及国际市场。与企业销售市场相关的企业指标分别是注册时间、是否在经济开发区、是否在商务部境外投资备案和是否加入老挝中国商会,通过这些指标呈现不同维度下的企业产品销售市场的分布情况。从注册时间的维度来看,注册时间超过五年的企业有四成的产品市场在本地(40%)和老挝国内(40%),销往国际市场的比例稍高于一

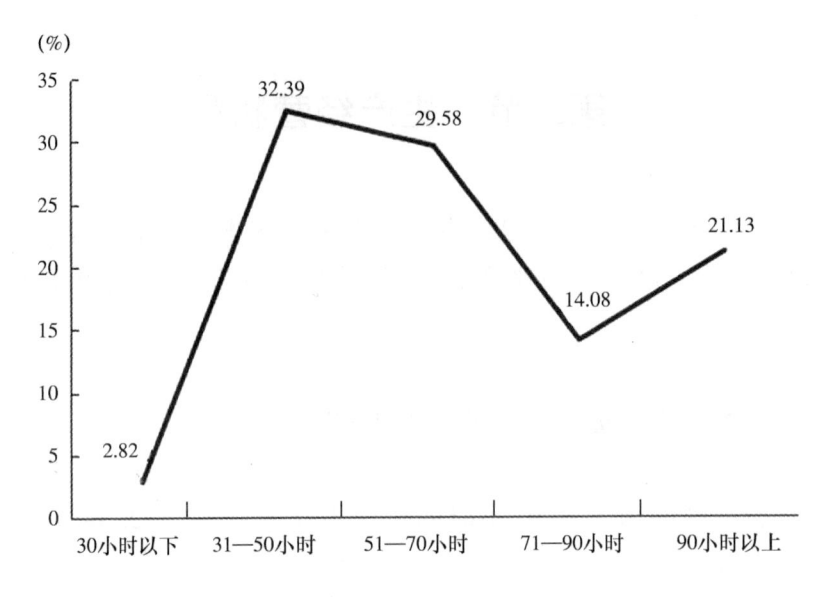

```
(%)
35
         32.39
30            29.58
25
20                        21.13
15       14.08
10
 5  2.82
 0
  30小时以下 31—50小时 51—70小时 71—90小时 90小时以上
```

图 3-5 企业每周平均营业时间分布（单位：小时）

成（12.5%），出口中国的销售比例则不到一成（7.5%）。注册时间低于五年的企业以本地市场为主，销售占比超过一半（54.84%），企业产品在老挝国内市场的占比不到三成（25.81%），销往中国和国际市场的占比平均不到一成（均为9.68%）。总体来看，注册超过五年的企业，其产品不仅在本地销售，还销往整个老挝国内市场，而注册低于五年的受访企业的产品超过一半只在本地市场销售，进入老挝全国市场的产品较少。而从这两个维度上来看，所有受访企业的产品出口比例均不高。

从企业是否位于经开区这一维度上来分析相关数据，我们可以看到，不在经开区的企业，近五成（47.62%）产品销往本地市场，另外近四成（38.10%）销往老挝国内市场，仅有不到一成产品出口中国和国际市场（分别占比6.35%和7.94%）。位于老挝经开区的企业的市场则以出口国际市场为主，占比高达六成（60.00%），本地市场的销售比例仅有两成（20%），出口中国市场的占比亦为两成（20.00%）。

表 3-4　　　　　　　企业产品的主要销售市场状况　　　　　（单位:%）

	本地	老挝国内	中国	国际
注册时间超过五年	40.00	40.00	7.50	12.50
注册时间低于五年	54.84	25.81	9.68	9.68
不在经开区	47.62	38.10	6.35	7.94
老挝经开区	20.00	0.00	20.00	60.00
其他	66.67	0.00	33.33	0.00
商务部境外投资备案	41.94	41.94	6.45	9.68
未在商务部境外投资备案	54.55	24.24	9.09	12.12
加入老挝中国商会	40.00	45.71	5.71	8.57
未加入老挝中国商会	51.43	22.86	11.43	14.29

从是否在商务部境外投资备案来看，在商务部境外投资备案的企业，其产品的销售市场以本地和国内市场为主，占比都超过四成（均为41.94%），只有极小部分出口到中国（6.45%）或进入国际市场（9.68%）。未在商务部备案的企业中，销售市场在本地的企业占比超过一半（54.55%），销售市场在老挝国内的占比超过两成（24.24%），销售市场在中国和国际市场的占比均仅有一成左右（分别占9.09%和12.12%）。

从是否加入老挝中国商会的维度看，加入老挝中国商会的企业的销售市场以本地和老挝国内为主，本地市场占比为40.00%，老挝国内市场占比为45.71%，出口中国市场的占比仅为5.71%，出口国际市场的占比为8.57%。未加入老挝中国商会的企业，其产品销售市场集中在本地（51.43%），在老挝国内市场销售的占比逾两成（22.86%），出口中国和国际市场的产品比加入老挝中国商会的企业要多一点，分别达到11.43%和14.29%。

综合以上几个维度分析，我们可以发现，除位于老挝经开区这一因素之外，注册时间的长短、是否在商务部备案和是否加入老挝中国商会等因素对于企业产品的销售市场及销售份额影响并不明显。在老挝经开区的企业绝大部分产品进入了国际市场，而在其他维度下的企业产品销售市场差异很小，其产品大都集中销往本地和老挝国内，少量得以进入国际市场，极少销往中国市场。另外，我们还注意到，在本地市场的销售量方面，注册低于五年、未在商务部备案以及未加入老挝中国商会的企业的销售份额均超出注册超过五年、备案以及加入老挝中国商会的企业10个百分点。相反，在老挝国内市场的销售方面，前者又比后者低了近20个百分点。对此我们可以总结出，注册时间短、没有在商务部备案或未加入老挝中国商会企业的产品在本地市场销售状况稍好，而在老挝整个国内市场上，则是注册时间长、有备案和加入老挝中国商会的企业销量稍好。这一特殊的数据变化是否与企业具体的产品性质、老挝当地的政策条件、不同市场的不同需求有关系，有待在今后的调查中持续关注。

关于老挝中资企业主营产品的市场份额分布，如表3–5所示，市场包括本地市场、老挝国内市场、中国市场以及国际市场。就本地市场来看，市场份额小于1%的企业最多（28.57%），其次分别是市场份额为1%—10%和11%—20%的企业，占比分别为21.43%和17.86%。从老挝国内市场来看，略高于一成（11.76%）的企业在该类市场的份额为31%—50%，另外市场份额小于1%、1%—10%、11%—20%、21%—30%和71%—100%的企业均占比17.65%。就中国市场来看，市场份额小于1%和介于1%—10%的企业均占比四成（40.00%），其余两成企业（20.00%）的市场份额为71%—100%。就国际市场来说，六成（60.00%）企业的市场份额为31%—50%，另外四成（40.00%）企业的市场份额小于1%。

表3-5　　　　　　　企业主营产品的市场份额分布　　　　　　（单位:%）

	小于1%	1%—10%	11%—20%	21%—30%	31%—50%	51%—70%	71%—100%
本地	28.57	21.43	17.86	10.71	10.71	3.57	7.14
老挝国内	17.65	17.65	17.65	17.65	11.76	0.00	17.65
中国	40.00	40.00	0.00	0.00	0.00	0.00	20.00
国际	40.00	0.00	0.00	0.00	60.00	0.00	0.00

企业在老挝的定价方式也是全面分析当地中资企业生产经营状况重要因素之一。表3-6呈现的是在不同维度上，中资企业在老挝的定价方式分布情况。定价方式分为市场定价、成本加成、根据进口商品定价、政府定价、同买方议价定价以及其他方式；企业类型的划分维度分别是注册时间、是否在经济开发区、是否在商务部境外投资备案以及是否加入老挝中国商会。在产品销售中，更多的中资企业选择多种方式为其产品定价。

表3-6　　　　　　　企业在老挝的定价方式分布　　　　　　（单位:%）

	市场定价	成本加成	根据进口商品	政府定价	买方议价	商业联盟	其他方式
注册超过五年	64.10	12.82	2.56	7.69	5.13	0.00	7.69
注册低于五年	67.74	12.90	3.23	3.23	6.45	3.23	3.23
不在经开区	69.35	11.29	3.23	6.45	4.84	0.00	4.84
老挝经开区	20.00	40.00	0.00	0.00	20.00	0.00	20.00
其他	66.67	0.00	0.00	0.00	0.00	33.33	0.00
商务部境外投资备案	64.52	6.45	3.23	9.68	9.68	0.00	6.45
未在商务部境外投资备案	65.63	18.75	3.13	3.13	0.00	3.13	6.25
加入老挝中国商会	62.86	14.29	2.86	2.86	11.43	0.00	5.71
未加入老挝中国商会	70.59	11.76	2.94	8.82	0.00	2.94	2.94

从中资企业的注册时间来看，绝大部分企业采用市场定价方式，注册时间超过五年的企业中，有超过六成（64.10%）的企业通过市

场定价，实行成本加成的企业略多于一成（12.82%），采取政府定价和其他方式的企业接近一成（均为7.69%），没有企业采取商业联盟定价。注册时间低于五年的企业中，采用市场定价的企业占比也超过六成（67.74%），一成多（12.90%）的企业通过成本加成的方式定价，由买方议价的企业占比不足一成（6.45%），根据进口商品、政府定价、商业联盟和其他方式定价的企业占比较少（均为3.23%）。

就中资企业是否在经济开发区而言，不在经济开发区的企业，采用市场定价的企业占比超过六成（69.35%），通过成本加成方式定价的企业占一成多（11.29%），采用政府定价、买方议价、其他方式定价的企业占比较少，没有企业选择商业联盟定价的方式。在老挝经开区的企业中，有四成（40.00%）选择成本加成的方式定价，采用市场定价、买方议价和其他方式定价的企业占比均为两成（20.00%），没有企业采用政府定价、根据进口商品和商业联盟定价。调查发现，在老挝经开区的企业，相较于没在经开区的企业而言，较少依赖于市场定价，而更多地采用成本加成的方式定价。

就中资企业是否在商务部境外投资备案来看，已备案企业中，采取市场定价的企业占比超过六成（64.52%），通过政府定价和买方议价的企业占比均约为一成（均为9.68%），以成本加成和其他方式定价的企业占比不到一成（均为6.45%）。未备案企业中，超过六成（65.63%）的企业选择市场定价方式，略少于二成（18.75%）的企业通过成本加成定价，以根据进口商品定价、政府定价和商业联盟方式定价的企业占比均不到一成（均为3.13%）。

就是否加入老挝中国商会这一维度来看，加入中国商会的企业中，采用市场定价方式定价的企业占比逾六成（62.86%），以成本加成和买方议价方式定价的企业占比均为一成左右（分别为14.29%和11.43%），通过其他方式、根据进口商品定价和政府定价方式定价的企业占比不多，没有企业采用商业联盟方式定价。未加入老挝中国商会的企业中，绝大部分企业（70.59%）采用市场定价方式定价，一成左右的企业通过成本加成和政府定价方式（分别为 11.76% 和 8.82%），没有企业采用买方议价方式定价，商业联盟、根据进口商品和其他方式定价的企业占比相同（均为 2.94%）。

表 3-7 反映的是企业产品出口类型分布情况。根据企业出口产品的类型，受访企业划分为原始设备制造商（买主提出要求，企业加工后贴上买主品牌出口）、原始品牌制造商（母公司或本企业提出要求，自行设计、加工后贴上自有品牌出口）以及其他类型。同时，依据多个维度划分企业，指标为注册时间、是否在经开区、是否在商务部境外投资备案以及是否加入老挝中国商会。

表 3-7　　　　　　　　企业产品出口类型分布　　　　　　　（单位：%）

	原始设备制造商	原始品牌制造商	其他
注册时间超过五年	66.67	22.22	11.11
注册时间低于五年	0.00	75.00	25.00
不在经开区	45.45	36.36	18.18
老挝经开区	0.00	100.00	0.00
其他	100.00	0.00	0.00
商务部境外投资备案	33.33	66.67	0.00
未在商务部境外投资备案	55.56	22.22	22.22
加入老挝中国商会	40.00	60.00	0.00
未加入老挝中国商会	50.00	25.00	25.00

从企业注册时间维度看，注册时间超过五年的受访企业中，接近七成（66.67%）是原始设备制造商，逾两成（22.22%）为原始品牌制造商，其余为其他类型。注册时间低于五年的企业中，没有原始设备制造商，但有近八成（75.00%）为原始品牌制造商，其余两成多（25.00%）属于其他类型。

从企业是否在经济开发区的维度看，不在经济开发区的受访企业中，有近半数（45.45%）的企业属于原始设备制造商，近四成（36.36%）的企业属于原始品牌制造商，其余不到两成（18.18%）的企业属于其他类型。在老挝经济开发区的受访企业则全部为原始品牌制造商。既不在经开区也不在老挝经开区的受访企业都属于原始设备制造商。

从中资企业是否在商务部境外投资备案的维度看，在商务部有境外投资备案的企业中，近七成（66.67%）的企业属于原始品牌制造商，逾三成（33.33%）的受访企业为原始设备制造商。而未在商务部境外投资备案的企业中，超过一半（55.56%）的企业属于原始设备制造商，逾两成（22.22%）的企业属于原始品牌制造商，逾两成（22.22%）的企业属于其他类型。

从是否加入老挝中国商会的维度看，加入老挝中国商会的企业中，四成（40.00%）的企业属于原始设备制造商，其余六成（60.00%）为原始品牌制造商。未加入老挝中国商会的受访企业中，从事原始设备制造的企业占一半（50.00%），逾两成（25%）为原始品牌制造商，其余两成多（25.00%）为其他类型。

三　中资企业竞争压力

对老挝中资企业所面临竞争压力的评估指标主要包括三个方面，即竞争压力来源、市场竞争状况变化以及竞争方式变化。

表3-8反映了不同行业企业的主要压力来源。如表3-8所示，在工业企业中，六成多（64.29%）的受访企业表示主要竞争压力来自外资同行，不到四成（35.71%）的企业表示主要竞争压力来自老挝同行。在服务型企业中，六成多（62.50%）的企业表示竞争压力主要来自外资同行，其余不到四成（37.50%）的企业的竞争压力来自老挝同行。从表中我们可以看出，在老挝的中资企业中，不论是工业企业还是服务型企业，其竞争压力同样主要来自外资同行。

表 3-8　　　　　　不同行业企业竞争压力的主要来源　　　（单位:%）

	老挝同行	外资同行
工业	35.71	64.29
服务业	37.50	62.50

为了更全面地了解"一带一路"倡议实施以来老挝中资企业所处的竞争环境及面临的竞争现状，我们还从行业类别、商务部备案与否以及是否加入老挝中国商会三个维度，考察 2013—2018 年老挝中资企业竞争状况的变化情况（如表 3-9 所示）。总体来看，绝大部分受访企业认为竞争更加激烈，只有少部分受访企业认为竞争状况没有变化或者企业近五年来更好经营了。

从不同行业的维度来看，有不到七成（66.67%）的受访工业企业认为竞争更加激烈，仅有不足两成（19.05%）的企业表示所面临的竞争状况没有变化，另有一成多（14.29%）的受访企业认为更好经营。从事服务业的中资企业，有近两成（17.02%）认为竞争状况没有变化，超过七成（72.34%）的受访企业认为市场竞争变得更加激烈，认为更好经营的受访服务业企业超过一成（10.64%）。调查发现，虽然两个行业面临的竞争都更为激烈，但自评服务业的市场竞争更激烈的企业占比比工业行业的要稍高，自评更好经营和没有变化的工业企业均比服务业企业稍多，服务行业面临的竞争比工业行业稍为激烈。

从企业是否在商务部境外投资备案的维度来看，不论受访企业是否在商务部备案，均有七成受访企业表示，老挝当地的市场竞争有变得更为激烈的趋势。有 20% 的有备案企业认为更好经营了，而未备案企业中持相同观点的仅有 6.45%，这一数据差异表明，在商务部备案与否对于企业在当地生产经营活动有一定影响。商务部境外投资备案政策的目的主要是解决企业资金、人员、物资合规进出和企业合法利益保护等问题，这在一定程度上有助于提升企业竞争力。

表 3–9　　2013—2018 年企业的竞争状况变化情况　　（单位：%）

	更好经营	没有变化	竞争更激烈
工业	14.29	19.05	66.67
服务业	10.64	17.02	72.34
商务部境外投资备案	20.00	10.00	70.00
未在商务部境外投资备案	6.45	22.58	70.97
加入老挝中国商会	12.12	15.15	72.73
未加入老挝中国商会	8.82	20.59	70.59

在是否加入老挝中国商会的维度上，加入老挝商会的企业中，有超过七成（72.73%）的企业认为竞争更加激烈了，不足两成（15.15%）的企业认为近五年来的竞争状况没有变化，逾一成（12.12%）的企业认为更好经营了。未加入老挝中国商会的企业中，有七成以上（70.59%）企业认为竞争更加激烈了，两成（20.59%）的企业认为竞争状况没有变化，不到一成（8.82%）的企业认为更好经营了。调查发现，随着越来越多外资企业赴老挝投资，在老中资企业无论是否加入中国商会，普遍面临着越来越激烈的竞争，但近五年企业竞争状况无变化和更好经营这两项指标显示，老挝中国商会对成员单位的日常生产经营有一定的积极作用，与未加入中国商会的企业相比，加入老挝中国商会的企业对自身面临的竞争持有更加积极的态度。

表 3–10 反映的是 2013—2018 年老挝中资企业的竞争方式变化情况。从企业类型的维度看，在工业企业中，接近四成（38.10%）的受访企业认为近五年来质量竞争更激烈了，超过一成（14.29%）的企业认为价格竞争更激烈，近四成（38.10%）的企业认为竞争方式没有变化，少数企业（4.76%）认为广告战更激烈。在服务业企业中，近四成（37.50%）的企业认为质量竞争更激烈，超过三成（31.25%）的企业认为价格竞争更激烈，超过二成（25.00%）的企业认为竞争方式没有变化，仅有极少数（2.08%）的企业认为广告战更激烈。

表 3-10　　　　2013—2018 年企业的竞争方式变化情况　　　（单位:%）

	没有变化	价格竞争更激烈	质量竞争更激烈	广告战更激烈	其他
工业	38.10	14.29	38.10	4.76	4.76
服务业	25.00	31.25	37.50	2.08	4.17
商务部境外投资备案	26.67	26.67	40.00	0.00	6.67
未在商务部境外投资备案	27.27	27.27	36.36	6.06	3.03
加入老挝中国商会	29.41	32.35	32.35	2.94	2.94
未加入老挝中国商会	29.41	20.59	41.18	2.94	5.88

调查发现,工业企业和服务业企业对 2013—2018 年价格竞争的体验和评价存在较大差距。与服务型企业相比,工业企业的经营成本及产品定价相对稳定,为了增加订单而大幅度调整价格的可能性相对小得多,因此,工业企业认为价格竞争更激烈的占比不足服务型企业的 1/2。

从商务部备案与否这一维度上来看,在商务部境外投资备案的企业中,有四成(40.00%)企业认为质量竞争更加激烈,认为价格竞争更激烈和没有变化的企业占比相同,均占 26.67%,没有一家企业感受到来自广告战的竞争压力。未在商务部境外投资备案的企业中,有不到四成(36.36%)的企业认为质量竞争更激烈,相同比例的企业认为价格竞争更激烈和没有变化,均占 27.27%,少数企业(6.06%)认为广告竞争更激烈了。

从是否加入老挝中国商会的维度看,加入老挝中国商会的企业中,认为价格竞争更激烈和质量竞争更激烈的企业占比相同,均占 32.35%,近三成(29.41%)的企业认为没有变化。未加入老挝中国商会的企业中,超过四成(41.18%)的企业认为质量竞争更激烈,二成(20.59%)的企业认为价格竞争更激烈,近三成(29.41%)的企业认为没有变化。总体上看,大部分中资企业认为质量竞争更激烈,由此可见,越来越多的企业认同以质量取胜的竞争方式,面对越来越激烈的竞争,中资企业唯有不断提升产品及服务质量,才能在未来的竞争中立于不败之地。

四 老挝中资企业销售状况

表3-11反映了老挝中资企业通过互联网和移动互联网销售渠道的营业额与通过传统渠道的营业额的比较结果。其中采用行业类型和是否在商务部境外投资备案两个维度的指标来分析。

表3-11　　企业的互联网和移动互联网销售渠道营业额与
传统渠道营业额比较　　　　　　　　（单位:%）

	互联网更高	传统渠道更高	差不多	不清楚
工业	0.00	50.00	50.00	0.00
服务业	20.69	72.41	3.45	3.45
商务部境外投资备案	11.76	76.47	11.76	0.00
未在商务部境外投资备案	30.77	61.54	0.00	7.69

如表3-11所示,在工业企业中,半数(50.00%)的企业通过传统渠道获得更高的营业额,另外一半(50.00%)企业通过互联网和移动互联网渠道与通过传统渠道获得的营业额差不多。在服务型企业中,超过七成(72.41%)的企业以传统渠道获得更高的营业额,仅有二成(20.69%)企业以互联网和移动互联网渠道的营业额更高,极少数企业的两种渠道营业额差不多或是不清楚。从是否在商务部境外投资备案的维度看,已备案企业中,近八成(76.47%)企业的传统渠道营业额更高,互联网和移动互联网渠道营业额更高和两种渠道营业额差不多的企业占比相同,均为一成多(11.76%);未在商务部境外投资备案企业中,逾六成(61.54%)企业的传统渠道营业额更高,三成(30.77%)企业的互联网和移动互联网渠道营业额更高。调查发现,在老挝的中资企业中,倚重互联网和移动互联网销售产品和服务渠道的企业不多,除去工业企业由于其产品性质而基本

不采用互联网渠道销售之外,这一现象与中资企业自身的运营决策以及老挝当地电商的发展情况均有一定关系。从老挝中资企业的角度来看,虽然他们可能愿意采用互联网销售渠道,但受限于市场份额、技术因素以及生产效率等客观条件的限制,大部分的受访企业表示传统渠道销售带来的营业额更高。

表3-12反映了老挝中资企业投放电视广告的情况。从企业类型维度上看,在老挝中资企业中,工业企业未在市场上投放过电视广告;服务型企业中,逾两成(24.49%)的企业在市场上投放过电视广告,七成多(75.51%)的企业没有在市场上投放过电视广告。从是否商务部境外投资备案的维度上看,备案企业中有两成多(26.09%)在市场上投放过电视广告,未投放过电视广告的企业占七成多(73.91%);未备案企业中有两成多(21.74%)投放了电视广告,另有近八成(78.26%)没有投放电视广告。

表3-12　　　　　　　　企业投放电视广告情况　　　　　　（单位:%)

	是	否
工业	0.00	100.00
服务业	24.49	75.51
商务部境外投资备案	26.09	73.91
未在商务部境外投资备案	21.74	78.26

关于中资企业未投放电视广告的原因,如图3-6所示,超过五成(56.76%)的企业表示不需要采用电视广告的宣传形式,另有逾三成(32.43%)的企业是因为老挝的电视广告宣传效果不理想,另有少部分企业表示因为电视广告费用支出太高以及电视台收取的非正规费用过高。调查发现,绝大部分老挝的中资企业根据自身生产和经营情况,较少采用投放电视广告宣传和促销其产品和服务,一是有的企业在生产经营中有稳定的客户和合作伙伴,没有采用电视广告的需求;二是有的企业,特别是工业企业,其产品主要是大型设备、大型

工程建造及相关原料生产，而非电视广告的受众主体——普通民众日常需求的产品，所以受访工业企业都没有投放电视广告。

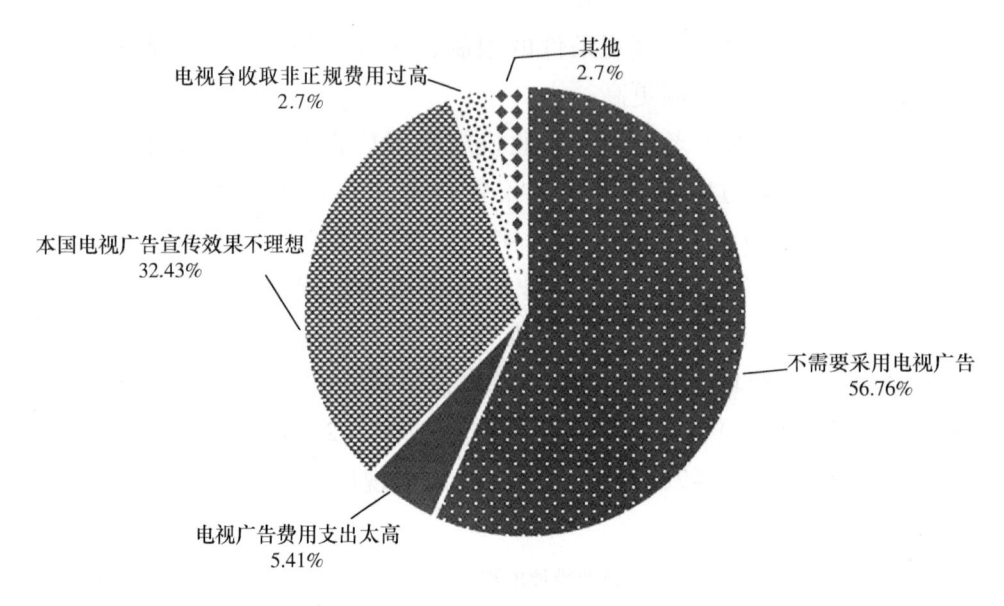

图 3-6 未投放电视广告的原因

五 中资企业承担老挝各类项目情况以及政府履约程度

这一部分我们分别从企业注册时长、企业运营时长以及老挝方面履约情况三方面调查分析了老挝中资企业在老挝承担各类项目的基本情况。

表 3-13 所呈现的是企业注册时长与承担老挝各类项目的情况。总体来看，没有企业参与到老挝的公路、火电及航运项目当中。在建筑和电力项目领域，注册时长对于中资企业承担老挝建筑和电力相关项目的影响不大，在注册时间超过五年和注册时间低于五年的企业中，均有一成左右（分别是12.50%和16.13%）的企业承担建筑、电力项目。在铁路领域，注册时间超过五年的企业中有六成（60.00%）承担铁路项目，注册时间不足五年的企业没有承担铁路项目。在水电领域，注册时间超过五年的企业中有六成（60.00%）

承担了水电项目，注册时间低于五年的企业中有两成（20.00%）承担了水电项目。总体上，企业注册时长与其对于老挝当地的铁路和水电项目参与度呈正相关，建筑、电力领域则是一个例外，注册时间低于五年的企业参与程度稍高。这种情况的诱因主要有两点：一方面，就铁路和水电这类大型工程项目而言，注册时间较长的企业先入为主，更具竞争力；另一方面，老挝建筑业和电力业的大规模建设起步较晚，对所有企业来说都是全新的挑战，与注册时间超过五年的企业相比，注册时间低于五年的企业可能拥有后发优势。

表 3-13　　企业注册时长与承担老挝各类项目情况　　（单位:%）

	注册时间超过五年		注册时间低于五年	
	是	否	是	否
建筑、电力项目	12.50	87.50	16.13	83.87
公路项目	0.00	100.00	0.00	100.00
铁路项目	60.00	40.00	0.00	100.00
水电项目	60.00	40.00	20.00	80.00
火电项目	0.00	100.00	0.00	100.00
航运项目	0.00	100.00	0.00	100.00
其他项目	40.00	60.00	80.00	20.00

表 3-14 反映了企业运营时长与承担老挝各类项目的情况。没有企业参与到公路、火电和航运项目中。运营时间低于五年的企业能够参与的项目类别较少，仅有一到两成企业能够承担关于建筑、电力相关项目和水电项目。而在运营超过五年的企业中，大部分能够参与的项目为建筑、电力和铁路项目以及水电项目，针对各类项目的参与度均比运营时间低于五年的企业高。值得注意的是，运营时间低于五年的企业比运营时间超过五年的企业更多参与除表中列举项目之外的相关项目中，关于运营时间低于五年的企业所参与项目的具体类型，值得我们在今后的调查中继续关注。

表3-14　　　　　企业运营时长与承担老挝各类项目情况　　　　（单位:%）

	运营时间超过五年		运营时间低于五年	
	是	否	是	否
建筑、电力项目	16.67	83.33	11.43	88.57
公路项目	0.00	100.00	0.00	100.00
铁路项目	50.00	50.00	0.00	100.00
水电项目	50.00	50.00	25.00	75.00
火电项目	0.00	100.00	0.00	100.00
航运项目	0.00	100.00	0.00	100.00
其他项目	50.00	50.00	75.00	25.00

综合表3-13和表3-14的数据来看，影响老挝中资企业对于当地各类项目的参与情况的主要因素是企业注册时间和运营时间的长短。在调查中我们发现，除了由于当地政策或者中资企业自身能力局限等原因而没有参与承担的项目之外，注册和运营时间超过五年的企业对于同类项目的参与度更高，即企业注册得越早，运营得越久，在积累了自身经验和资质的前提下，对于争取相关项目会比注册运营低于五年的企业更有优势，我们可以推测，老挝合作方在选择中资企业时，对企业进行评估的重要指标之一便是注册和运营的时间长短。另外，对在老挝的中资企业来说，注册和运营时间也是这些企业在老挝市场竞争当中所必需的资质之一。

图3-7反映的是老挝中资企业对老挝政府合同履约程度的评价。不到一半（44.44%）的受访企业认为老挝政府履约程度尚可，不需要催促就能准时履约；同样占比（44.44%）的企业表示老挝政府履约程度不太好，需要经常催促；另外一成以上（11.11%）的企业认为老挝政府履约程度一般，需要3—5次的催促后能正常完成合同。总体上，老挝政府可通过提高合同履约能力，营造更好的营商环境。

履约程度尚可，不需要催促准时履约 44.44%

履约程度不太好，需要经常催促 44.44%

履约程度一般，需要3—5次催促能正常完成合同 11.11%

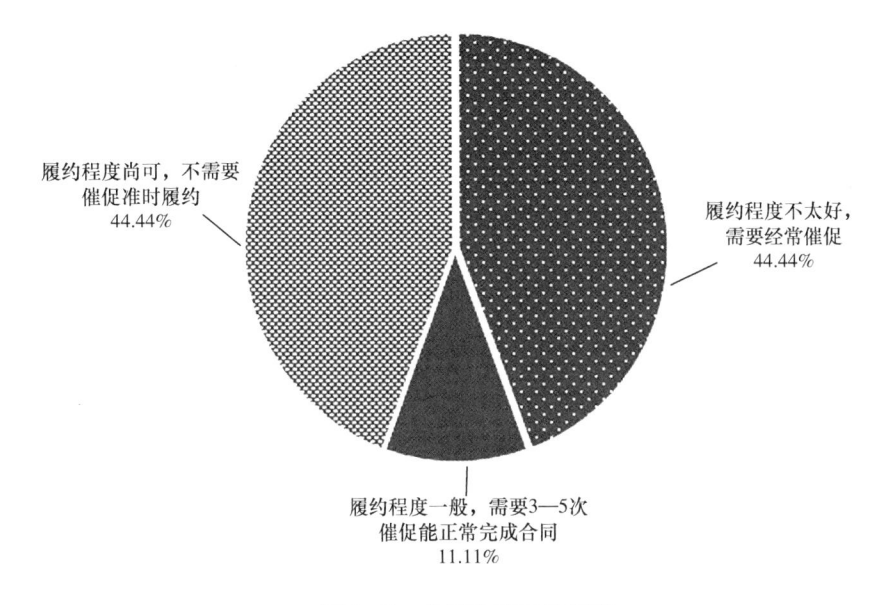

图3-7 老挝政府履约程度

第三节 自主程度与融资状况分析

本节主要分析中资企业相较于母公司的自主程度和描述中资企业融资状况。通过分析中资企业在产品生产、产品销售、技术开发、新增投资、员工雇用方面的自主程度以及融资来源和未采取贷款的原因，进一步了解中资企业在老挝的实际经营状况。

一 中资企业自主程度

表3-15呈现的是不同行业类型的企业自主程度，主要体现在产品生产、产品销售、技术开发、新增投资以及员工雇用等五个方面。如表3-15所示，就产品生产或服务供应而言，在工业企业中，85.71%的企业拥有六成以上的自主权，其中，42.86%的企业在产品生产或服务供应方面完全自主。在服务业企业中，81.25%的企业拥有60%以上的自主权，其中，37.50%的企业在产品生产或服务供应

方面完全拥有自主权。由此可知，无论是工业企业还是服务型企业，都在产品生产和服务供应方面拥有很大的自主权。

关于产品或服务销售，在工业企业中，80.95%的企业拥有六成以上的自主权，其中，33.33%的企业在产品或服务销售方面完全自主。在服务业企业中，83.34%的企业拥有六成以上的自主权，其中，31.25%的企业在产品和服务销售方面完全自主。总体上，工业企业和服务型企业在产品或服务销售方面自主权很大。

关于技术开发，在工业企业中，80.95%的企业拥有六成以上的企业自主程度，其中，52.38%的企业完全拥有自主开发技术的权力。在服务业企业中，79.16%的企业拥有六成以上的自主开发权，其中，39.58%的企业在技术开发方面完全自主。

表3-15　　　　　　　　不同行业类型的企业自主程度　　　　　　（单位:%）

	行业类型	0—19%	20%—39%	40%—49%	50%—59%	60%—69%	70%—79%	80%—89%	90%—99%	100%
产品生产	工业	9.52	0.00	0.00	4.76	9.52	9.52	14.29	9.52	42.86
	服务业	4.17	2.08	4.17	8.33	4.17	6.25	8.33	25.00	37.50
产品销售	工业	19.05	0.00	0.00	0.00	4.76	14.29	9.52	19.05	33.33
	服务业	6.25	4.17	0.00	6.25	4.17	8.33	10.42	29.17	31.25
技术开发	工业	9.52	4.76	0.00	4.76	0.00	4.76	9.52	14.29	52.38
	服务业	14.58	2.08	2.08	2.08	2.08	8.33	10.42	18.75	39.58
新增投资	工业	30.00	0.00	0.00	0.00	0.00	25.00	5.00	10.00	30.00
	服务业	25.00	4.17	2.08	2.08	6.25	6.25	6.25	12.50	35.42
员工雇用	工业	4.76	0.00	0.00	0.00	0.00	0.00	14.29	23.81	57.14
	服务业	4.08	4.08	0.00	2.04	0.00	10.20	8.16	18.37	53.06

针对新增投资，在工业企业中，70%的企业拥有六成以上的企业自主权，其中，30%的企业在新增投资方面完全自主。在服务业企业中，66.67%的企业拥有六成以上的自主权，其中，35.42%的企业在

新增投资方面完全自主。

关于员工雇用，在工业企业中，95.24%的企业拥有六成以上的企业自主权，其中57.14%的企业在员工雇用方面完全自主。在服务型企业中，89.79%的企业拥有六成以上的自主权，其中，53.06%的企业在员工雇用方面完全自主。

表3-16反映了是否在商务部境外投资备案与企业自主程度的关系。就产品生产或服务供应而言，在商务部备案的企业中，由备案这一维度，调查分析企业相关自主程度的分布情况。总体来看，没有在商务部备案的企业在各方面都有着比有备案企业更高的自主性，尤其是在企业的新增投资上，有43.33%的有备案企业表示其在这方面的自主性最弱（0—19%自主）。综合来看，我们可以得出，中资企业在商务部有无备案对于企业在各方面的自主程度影响是很明显的。从表3-16可以看到，未在商务部备案的企业在产品生产和销售、技术开发、新增投资以及员工雇用几个方面所拥有的自主性均远高于

表3-16　　　　在商务部备案与否与企业自主程度的关系　　　（单位:%）

	是否备案	0—19%	20%—39%	40%—49%	50%—59%	60%—69%	70%—79%	80%—89%	90%—99%	100%
产品生产	是	13.33	3.33	6.67	6.67	3.33	10.00	20.00	23.33	13.33
	否	0.00	0.00	0.00	3.03	6.06	6.06	3.03	18.18	63.64
产品销售	是	16.67	6.67	0.00	3.33	6.67	6.67	13.33	30.00	16.67
	否	3.03	0.00	0.00	6.06	3.03	15.15	6.06	21.21	45.45
技术开发	是	20.00	6.67	3.33	3.33	3.33	6.67	16.67	16.67	23.33
	否	6.06	0.00	0.00	3.03	0.00	6.06	6.06	18.18	60.61
新增投资	是	43.33	3.33	3.33	3.33	6.67	6.67	6.67	13.33	13.33
	否	9.38	0.00	0.00	0.00	3.13	18.75	6.25	9.38	53.13
员工雇用	是	9.68	3.23	0.00	3.23	0.00	9.68	12.90	22.58	38.71
	否	0.00	0.00	0.00	0.00	0.00	6.06	9.09	18.18	66.67

在商务部有备案的企业。

最后，我们调查了受访企业是否加入老挝中国商会对企业各方面自主性的影响，如表3-17所示。

表3-17　　加入老挝中国商会与否与企业自主程度关系　　（单位:%）

	是否加入	0—19%	20%—39%	40%—49%	50%—59%	60%—69%	70%—79%	80%—89%	90%—99%	100%
产品生产	是	6.06	0.00	3.03	6.06	6.06	6.06	9.09	21.21	42.42
	否	5.71	2.86	2.86	8.57	5.71	8.57	11.43	17.14	37.14
产品销售	是	6.06	3.03	0.00	3.03	3.03	3.03	6.06	33.33	42.42
	否	14.29	2.86	0.00	5.71	5.71	14.29	14.29	20.00	22.86
技术开发	是	6.06	6.06	3.03	3.03	0.00	6.06	3.03	18.18	54.55
	否	17.14	0.00	0.00	2.86	2.86	8.57	17.14	17.14	34.29
新增投资	是	30.30	0.00	0.00	3.03	3.03	6.06	0.00	12.12	45.45
	否	23.53	5.88	0.00	0.00	5.88	17.65	11.76	11.76	23.53
员工雇用	是	2.94	2.94	0.00	2.94	0.00	8.82	8.82	8.82	64.71
	否	5.71	2.86	0.00	0.00	0.00	5.71	11.43	28.57	45.71

总体来看，表3-17表现出了两个较为明显的趋势。首先，在调查中表示自身在相应方面有完全自主性（100%自主）的企业加入商会的均比没加入商会的企业多一到两成，所以我们可以推测，加入了老挝中国商会的企业在调查中的各方面均比没加入商会的企业有更高的自主性。其次，特别地，在新增投资方面，加入了老挝中国商会的企业和没加入商会的企业均有近三成表示其在新增投资方面的自主性最低（0—19%）。

最后，综合以上三个维度的调查，我们可以得出，所有受访企业在员工雇用方面都有着较高的自主性，工业企业在技术开发方面的自主性比服务业企业更高，在商务部有备案的企业在相关方面的自主性比没有备案的企业要低，加入了老挝中国商会的企业在各方面均比没加入商会的企业有更高的自主性。

二 老挝中资企业融资状况分析

在本小节中,我们希望通过调查分析在老挝中资企业的融资来源以及受访企业在申请贷款方面的相关状况,从而得出对于老挝中资企业融资状况较为全面的分析,以期帮助在老挝的中资企业更好地经营、发展,更好地参与到"一带一路"的建设中去。

图3-8呈现的是受访企业的融资来源分布情况。

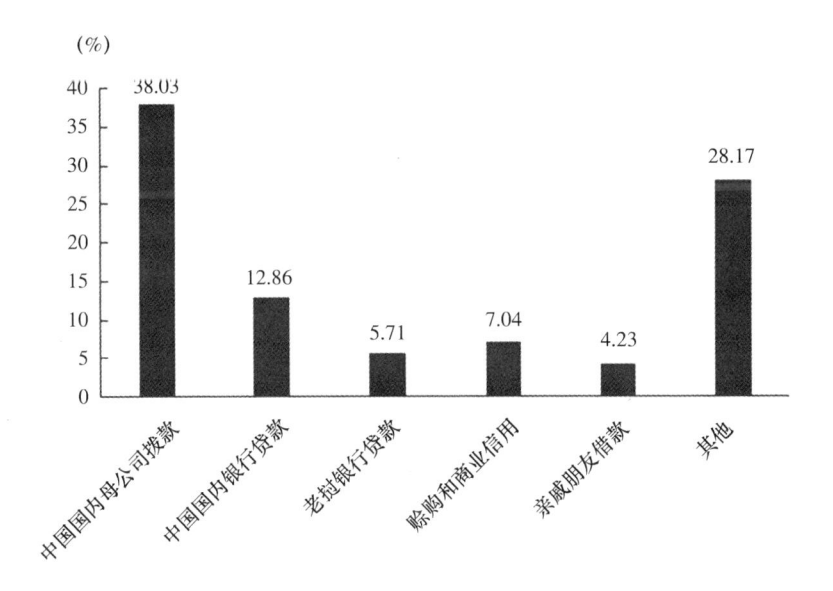

图3-8 企业融资来源分布

我们看到,最多的企业融资来源是由受访企业的中国国内母公司直接向其拨款,占受访企业融资方式的38.03%,另有12.86%的受访企业表示是从中国国内银行贷款来进行融资的,另有少部分企业依次采用赊购和商业信用的方式、向老挝银行贷款以及向亲戚朋友借款等方式融资。值得注意的是,有28.17%的企业选择了其他方式融资,对于老挝中资企业的其他融资方式有待今后继续深入调查。可以推测,大部分的企业不论是由中国母公司拨款还是向中国国内银行贷款,使用的都是中方资本而不依赖于外资，这就能最大限度地保证企业资金来源的稳定，从而使在老挝的中资企业能够正常、独立地进行相关生产运营活动。

银行贷款是企业融资的另一个重要组成部分，但从图3-8中我们发现，采用申请贷款来进行融资的受访企业只有一成多，所以我们继续调查了受访企业没有申请贷款的原因，如图3-9所示。受访企业没有申请贷款的最主要原因是企业主观上没有申请贷款的需求，其次是贷款申请程序复杂，第三位的原因是银行利率过高，还有少部分原因为缺乏申请贷款的必要信息，担保要求过高，公司资产、实力不够，以及难以负担，等等。除去企业主观上不需要申请贷款这一原因之外，我们看到让企业选择不申请贷款的主要原因是贷款申请程序复杂以及银行利率过高，从而一定程度上会打乱企业的相关生产经营安排，降低其生产运营的效率，并且过高的利率对于本身就需求融资的企业来说是更大的负担，一定程度上阻碍着老挝中资企业的发展，所以在调查中较少有企业选择申请贷款来进行融资。

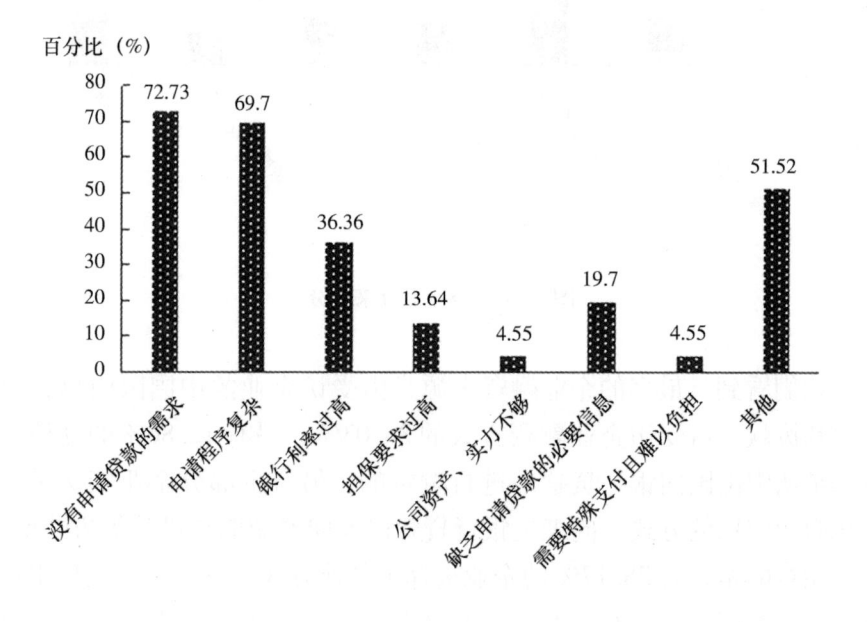

图3-9 企业未申请贷款的原因分布

第 四 章

老挝营商环境和中国企业投资风险分析

当今世界的发展趋势是全球经济一体化和区域化，这种趋势造成资本、技术、人员、信息等主要生产因素超出国界，在全球范围内流动。任何国家或经济体都无法回避这个趋势所带来的挑战，只有通过改革和开放才能适应经济全球化的历史浪潮，并获得生存发展的空间。在全球化的时代大背景下，发展中或欠发达的国家、经济体均需要通过改革，不断优化调整国内体制结构，从而吸引国外资本投入和推动国内资本出境。在不断参与全球资源的配置过程中，实现资本和产品的全球性流动。

中国自改革开放后积极融入世界发展的大环境中，为加强与其他国家的区域合作，于2013年提出了"一带一路"倡议。"一带一路"倡议旨在促进区域经济要素有序自由流动、资源高效配置和市场深度融合，推动沿线各国融入全球经济圈。随着倡议的提出，中国企业再度迎来了走出国门的良机。中国和老挝山水相连，两国在政治安全和经济发展方面有着一定程度的依存关系。同时，老挝作为中国"一带一路"倡议的积极合作伙伴，凭借其毗邻中国的地理优势、同中国市场的经济互补性，以及低廉的生产要素价格吸引着中国资本的投入。对中国企业而言，巨大的机遇也意味着高度的风险。怎样规避风险，鼓励和帮助中国企业在老挝更好地进行投资和规划发展，是"一带一路"倡议下需要关注的重要问题。境外投资风险的高低与东道国营商环境指数息息相关，优质的营商环境能为外资企业提供良好的发展环境，同时，也是吸引和留住外国资本的重要条件。因此，对赴老挝投资的中国企业而言，全面了解老挝营商环境，进行投资风险分析是保障投资效益的必要环节。

本章从中资企业视角来分析其在老挝投资的营商环境及经营风险。对老挝营商环境的考察从三个层面展开，即基础设施供给情况、公共服务供给情况，以及中资企业对公共服务治理的评价。最后，结合营商环境分析中资企业对未来一年在老挝投资经营的风险预见。因为所处的区位和所属的行业不同，中资企业对基础设施和公共服务供给的需求也各有偏向，所以本次调查将中资企业按区位和行业两种分类方式进行比较分析。

第一节 老挝基础设施的供给情况分析

在老中资企业的生产经营在很大程度上受当地基础设施水平的影响，而老挝政府提供的基础设施服务质量有着明显的区位特征和行业特色。本次调查分别统计中资企业水、电、网、建筑申请情况和使用状况的相关数据，从中资企业视角分析老挝基础设施供给的规范性、稳定性和便利性。

一 中资企业对基础设施供给的申请情况

供水、供电、网络覆盖，以及审批建筑用地是生产经营最为需要的基础设施供给项目。按照受访企业是否位于开发区来看，企业用水申请如表4-1所示，位于老挝经济开发区和不在经济开发区提交用水申请的占比接近，分别为20%和17.46%。相比之下，需要专门用水的中资企业可能更倾向选择易于申请用水的经济开发区。地处其他地区的企业都没有提交过用水申请，可知一般性居民用水即可满足企业经营。

就老挝中资企业用电申请而言，不在开发区和其他地区的企业提交用电申请的比例接近，分别是30.65%和33.33%。仅有20%的开发区企业提交过用电申请，用电申请比例较前两个地区都低 10 个百分点左右。老挝经济开发区用电申请不高的原因之一是当地经开区还在建设中，很多有工业用电需求的企业还未入驻开发区。总体来看，有三分之一的企业有工业用电需求，说明老挝的劳动密集型产业占比也接近三成。另外，老挝电网建设滞后很大程度上也限制了企业的用电需求。

就网络申请来看，不在开发区和其他地区的企业有近七成提交了用网申请，具体表现为 69.84% 和 66.67%。经济开发区的企业全都申请了网络的使用许可，由此可见开发区的网络覆盖率高。总体而言，中资企业的网络申请占比都较高，网络在企业经营中具有越发重要的地位。

在中资企业提交的建筑申请情况中，位于开发区的企业提交建筑申请许可的仅有 20%，不在开发区的企业有 34.92% 提交了建筑申请。不在开发区有建筑申请需求的企业比开发区多了 14.92 个百分点，这可能是因为不在开发区企业以密集型产业为主，因此有更高的建筑用地需求。其他地区的企业百分之百都提交过建筑用地申请。

表 4-1　按是否位于开发区划分的企业提交水、电、网、建筑申请比例

（单位:%）

	水		电		网		建筑	
	是	否	是	否	是	否	是	否
不在经开区	17.46	82.54	30.65	69.35	69.84	30.16	34.92	65.08
老挝经开区	20.00	80.00	20.00	80.00	100.00	0.00	20.00	80.00
其他	0.00	100.00	33.33	66.67	66.67	33.33	100.00	0.00

总体来说，位于开发区的企业在用水、用网方面的申请需求高于不在开发区的企业，而不在开发区企业则在用电、建筑用地申请方面有着更多需求。地处其他地区的企业对用电和建筑用地申请需求较

大。中资企业对基础设施供给的需求受两个因素的影响,即地区基础设施供给能力和企业的产业类型。另外,无论位于什么地区,中资企业提交用水、用电和建筑申请的比例不超过四成,而用网申请提交比例至少占近七成。

从表4-2可以看出,无论企业是属于工业还是服务业,相比政府对网络的管制,水、电和建筑的管理则存在明显的不规范问题。总体上,水、电和建筑项目三项申请的提交比例都没有达到各行业总数的一半。具体而言,管理不规范的严重程度依次表现为以下情况:最严重的是水的供给管理问题,具体表现为只有22.73%的工业企业提交过用水申请,而服务业企业的用水申请比例更低,仅有14.29%。其次是电力供给的管理问题,具体表现为只有36.36%的工业企业提交过用电申请,服务业企业仅有27.08%的比例。最后是建筑项目审批管理的问题,具体表现为只有40.91%的工业企业提交过建筑项目申请,而服务业企业仅占34.69%。

表4-2　　　　按行业划分的企业提交水、电、网络、建筑申请比例　　　（单位:%）

	水		电		网		建筑	
	是	否	是	否	是	否	是	否
工业	22.73	77.27	36.36	63.64	63.64	36.36	40.91	59.09
服务业	14.29	85.71	27.08	72.92	75.51	24.49	34.69	65.31

对比工业企业和服务业企业提交的水、电和建筑项目申请比例,可以发现,服务业企业提交的各项申请比例都稍低于工业企业。服务业企业在用水、用电和建筑项目申请比例中分别低了8.44个、9.28个和6.22个百分点。这主要是因为工业在生产经营中更需要依赖水、电力的供应,以及建筑项目用地的使用。

在基础设施供给申请中,只有用网申请比例超过了企业总数的一半。工业企业的用网申请达到了63.64%,而75.51%的服务业企业提交过用网申请。这一占比相差11.87个百分点,服务业企业生产经营中更多地依赖于网络资源的供应。

综合以上数据分析,我们可以发现政府对水、电以及建筑项目审批管理存在明显的不规范现象。相对而言,网络资源的管理较为严格,但还是存在不够规范的问题。总体上,老挝基础设施的管制与审批存在的不规范问题比较严重。

二 基础设施供给的质量水平

基础设施供给的质量水平包括基础设施的耐用性和稳定性两个方面。高质量的基础设施供给是吸引外来投资和保障企业生产经营的硬件前提。断水、断电、断网的发生率最能直观反映政府基础设施供给的能力水平。本部分通过对不同行业类型企业的相关数据采集,分析描述老挝基础设施供给的质量水平。

从行业类型划分来看,企业断水、断电、断网的发生率如表4-2所示。

表4-3　　　　按行业划分的企业发生断水、断电、断网情况　　（单位:%）

	断水		断电		断网	
	是	否	是	否	是	否
工业	27.27	72.73	81.82	18.18	68.18	31.82
服务业	32.65	67.35	87.76	12.24	75.51	24.49

从表4-2中可以看到,无论是工业企业还是服务业企业,发生断电和断网的情况都十分频繁,相比之下,断水的情况发生率较低。总体而言,老挝的基础设施供给中断的情况较为普遍。基础设施供给问题的严重程度依次表现为:最严重的是断电问题,81.82%的工业企业发生过断电情况,服务业企业的断电情况更为普遍,发生率达到了87.76%;其次是断网问题,68.18%的工业企业发生过断网情况,服务业企业断网情况的发生率更高,达到了75.51%。工业企业和服务业企业断电和断网的发生率略有不同,但区别不大。

相较而言,企业断水的情况发生率较低,接近七成的企业没有出现过断水问题。具体表现为,工业企业没有遇到断水问题的有72.73%,服务业企业没有发生过断水问题的有67.35%。

综合上述分析,我们可以知道老挝的电力和网络供应频繁发生中断,虽然水力供应相对稳定,但也存在部分中断的问题。总的来说,基础设施供应的质量水平不高,普遍的基础设施供给中断问题给企业的生产经营造成不小困扰。

三 基础设施供给的廉政水平

基础设施供给的廉政水平指行政部门在审批基础设施使用权的过程中出现腐败现象的严重程度。较高的廉政水平既可以增进政府治理的效能,又能为企业提供健康、公平的经营环境。本部分将根据企业在水、电、网络,以及建筑项目申请过程中的非正规支付情况,分析老挝基础设施供给的廉政水平状况。

表4-3体现了不同行业类型的企业在提交水、电、网、建筑项目申请过程中的非正规支付比例情况。

表4-4　　按行业划分的企业提交水、电、网络、建筑申请的非正规支付比例　　（单位:%）

	水		电		网络		建筑	
	是	否	是	否	是	否	是	否
工业	20.00	80.00	14.29	85.71	15.38	84.62	44.44	55.56
服务业	28.57	71.43	38.46	61.54	8.11	91.89	64.71	35.29

从表4-3中可以看出,在工业企业和服务业企业在提交基础设施使用申请过程中存在不同程度的腐败问题。申请基础设施使用权中腐败问题的严重程度依次具体表现如下。首先,最严重的是建筑项目申请。在提交建筑项目申请时,工业类企业非正规支付的比例有44.44%,服务业企业非正规支付的比例高达64.71%,二者相差近

20个百分点，相比之下服务业企业面临更为严峻的腐败问题。其次，用水和用电申请中存在一定程度的腐败问题。具体表现为，工业企业非正规支付情况的发生率低于服务业企业，在申请水力和电力资源的使用过程中分别有20%和14.29%的工业企业发生过非正规支付。服务业企业在提交用水和用电申请过程中非正规支付的比例分别为28.57%和38.46%。在电力使用申请中，服务业企业遇到腐败问题更普遍的。最后，腐败问题最小的是网络许可的审批。在网络使用申请过程中，因申请使用许可产生非正规支付的工业企业有15.38%，服务业企业有8.11%。

综合以上分析，我们可以看到老挝政府在基础设施供给均存在不同程度的腐败问题，尤其是建筑项目申请过程中的非正规支付问题突出。总体上，服务业企业面临的腐败问题相对严峻。基础设施使用申请审批的规范程度对外资企业的经营和发展有着深远影响，老挝政府基础设施供给的廉政水平有待提高。

第二节 老挝公共服务供给分析

公共服务供给是指政府为维护市场秩序和社会秩序所从事的行政管理行为。优质的公共服务供给条件有利于优化营商环境，而营商环境的指数水平与外资的引进效率成正比。因此，本节将根据受访的中资企业反馈数据，从投资管理行政部门的廉政水平、劳动力市场的规制能力，以及劳动力供给的配置效率三个层面展开对老挝公共服务供给的分析。

一 行政管理部门的廉政水平

政府公共服务部门的廉政水平体现出该国的法制健全程度，同时，廉政水平也是影响企业营商环境的重要因素之一。税务机关和进出口管理机构属于两个与外资企业经营紧密相关的政府职能部门。本部分通过受访企业反馈的税务机关检查与非正规支付、进出口许可与非正规支付两方面的相关数据，分析与外资企业经营相关的老挝行政管理部门的廉政程度。

首先，对税务机关廉政水平的分析。不同行业类型企业被税务机关检查的状况，以及在此过程中非正规支付比例的情况如表4-4所示。

表4-5　　按行业划分的企业税务机关检查与非正规支付比例　　（单位:%）

	税务机构走访或检查		税务机构非正规支付	
	是	否	是	否
工业	71.43	28.57	20.00	80.00
服务业	83.67	16.33	60.00	40.00

通过表4-4，我们可以发现大多数企业接受过税务机关的检查，相比之下绝大多数的服务业企业接受过检查。相当数量的企业在接受检查的过程中出现过非正规支付，服务业企业在接受检查的过程中面临着更为普遍的腐败问题。具体表现为：一是有七成以上（71.43%）的工业企业接受过税务机关检查，服务业企业接受税务机关检查的比例高出前者12.24个百分点，占比达到了83.67%；二是在接受过税务机关检查的企业中，两成的工业企业需要非正规支付，服务业企业则恰好有六成需要非正规支付，后者比前者高出40个百分点。可见，服务业企业在接受税务机关检查时，产生非正规支付的情况相对普遍。

根据表4-4的数据，我们可以看出无论是工业企业还是服务业企业，大部分企业接受过税务机关检查。在检查过程中，非正规支付现象总体来说比较普遍，这个问题在服务业企业之中更为突出。总体上，老挝的税务机关廉政水平令人担忧。

其次，对进出口管理机构廉政水平的分析。表4-5反映了不同行业类型的企业提交进出口许可申请的状况，以及在此过程中非正规支付比例的情形。

表 4-6　按行业划分的企业进出口许可申请与非正规支付比例　（单位:%）

	进口许可申请		进口许可申请中非正规支付	
	是	否	是	否
工业	68.18	31.82	50.00	50.00
服务业	28.57	71.43	50.00	50.00

从表 4-5 可知，只有部分企业提交过进出口许可申请，在提交申请的过程中非正规支付的境况也相对普遍。具体表现为：一是，有 68.18% 的工业企业提交过进出口许可申请，仅有 28.57% 的服务业企业提交过进出口许可申请，后者比前者低 39.61 个百分点，相比之下服务业企业较少提交进出口许可申请，而大多数工业企业提交过相关申请；二是，在提交申请的过程中无论是工业企业还是服务业企业非正规支付比例都刚好是一半。由此可见，在提交进出口许可申请的过程中，非正规支付现象普遍存在。

结合表 4-5 的数据分析，我们可以发现，大多数工业企业均提交过进出口许可申请，相对而言服务业企业则较少提交该类申请。在申请过程中，所有企业都面临着普遍的非正规支付问题，因此，老挝进出口管理机构的廉政水平有待提高。

二　劳动力市场的规制能力

劳动力市场规制政策是行政部门为保障劳动力市场有序运行，依据法律法规所制定的相关行为准则。合理的劳动力市场规制政策有利于吸引海外企业投资，也有助于外资企业投资后的生产经营。本部分从企业的行业类型和企业是否位于经济技术开发区两个维度，通过分析中资企业受老挝劳动力市场规制政策影响的程度，反映出老挝政府对劳动力市场规则的规制能力。

首先，按企业的行业类型的角度分析。图 4-1 体现了工业和服务业两种行业类型的企业受劳动力市场规制政策影响的程度。

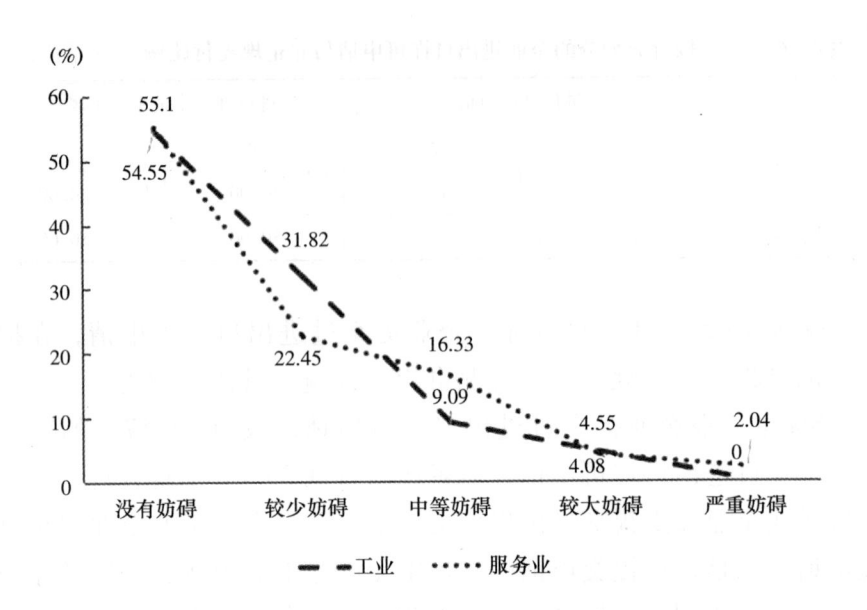

图 4-1　不同行业类型劳动力市场规制政策影响程度

由图 4-1 可知，劳动力市场规制政策对绝大部分企业的经营没有造成很大妨碍，但是仍有极少数的服务业企业受劳动力市场规制政策的严重制约。企业受劳动力市场规制政策影响的程度逐级表现如下。第一，在没有妨碍程度级别，工业企业占比 54.55%，服务业企业占比 55.1%。二者数值相近，都超过了各自行业总数的一半。第二，在较少妨碍程度级别，工业企业有 31.82%，服务业企业有 22.45%。第三，在中等妨碍程度级别，工业企业占比 9.09%，服务业企业占比 16.33%。第四，在较大妨碍程度级别，工业企业有 4.55%，服务业企业有 4.08%。第五，在严重妨碍程度级别，工业类企业占比为零，服务业企业有 2.04%。

综合上述分析，我们可以发现劳动力市场规制政策对绝大部分企业的生产经营影响不大，相比之下工业企业更为显著地不受该因素的限制，但极少数的服务业企业经营仍受到劳动力市场规制政策的严重妨碍。

其次，按企业是否位于开发区的角度分析。图 4-2 体现了从企业是否位于经济技术开发区的维度，劳动力市场规制政策对企业生产经营的影响。

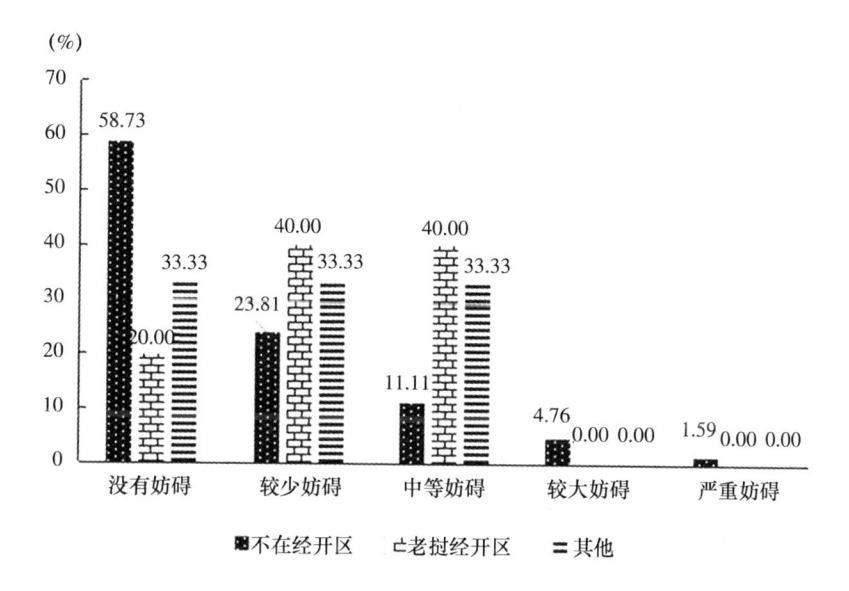

图 4-2　是否在经开区企业与劳动力市场规制政策妨碍生产经营的程度

通过图 4-2 可知，从企业是否位于开发区来看，劳动力市场规制政策对企业的生产经营有着很大的影响。劳动力市场规制政策对企业生产经营的影响程度分析的具体情况如下。第一，在没有妨碍程度级别，非开发区企业占比 58.73%，老挝开发区企业占比刚好是两成，其他企业占比 33.33%。超过半数的非开发区企业不受该因素的制约，相比之下老挝开发区企业比其他企业更为明显受此因素的影响。第二，在有较少妨碍程度级别，老挝经开区企业占比最高，恰好是四成，其他企业占比 33.33%，非经开区企业占比 23.81%。第三，在中等妨碍程度级别，老挝开发区企业占比高达四成，其他企业有 33.33%，非经开区企业有 11.11%。第四，在较大和严重妨碍程度级别，分别仅有 4.76% 和 1.59% 的非经开区企业受该因素制约。老挝开发区企业和其他企业均不存在受此因素较大或严重程度的限制。

结合以上数据分析，我们可以发现，企业生产经营中还是在一定程度上受到劳动力市场规制政策的影响，但是总体上对企业发展没有较大制约。多数非开发区企业不受该因素限制，但是仍有极少数非开发区企业受到此因素的较大妨碍，在严重程度上高于老挝开发区企业和其他企业。另外，大多数的老挝开发区企业和其他企业受到该因素一定程度的影响，但是影响程度主要集中在较少妨碍和中等妨碍级别，这两类企业都不存在受此因素较大程度或严重程度的制约。

三 劳动力资源的配置效率

企业的生产经营与劳动力素质水平息息相关。合理、高效的劳动力供给配置能解决资本与劳动力资源的相互需求，实现二者的良性互动。劳动力资源的供给状况可以体现出该国在公共服务供给方面的资源配置能力。因此，本部分将从员工素质、管理人员招聘难度、专业技术人员招聘难度以及技能人员招聘难度四个维度，分析老挝劳动力素质对中资企业经营的影响程度，并借此反映出老挝劳动力供给的配置效率。

第一，从员工素质的角度分析。

如图4-3所示，从员工素质层面来看，员工素质对当前企业的生产经营均有着较大影响，总体而言工业企业受该因素制约的程度更为严重。逐级具体分析如下：一是员工素质对企业没有影响的情况，工业企业有9.09%，服务业企业有26.53%，后者更多地不受该因素制约；二是员工素质对企业生产经营有较少影响的情况，工业类企业有36.36%，服务业有30.61%；三是员工素质对企业产生中等影响的情况，工业企业占到9.09%，服务业企业占到26.53%，服务业企业更为显著地受该因素的限制；四是员工素质对企业有较大影响的情况，工业企业有31.82%，服务业企业有12.24%，相比之下服务业企业更多的受该因素的影响；最后是员工素质对企业产生严重影响的情况，工业企业有13.64%，服务业企业有4.08%。

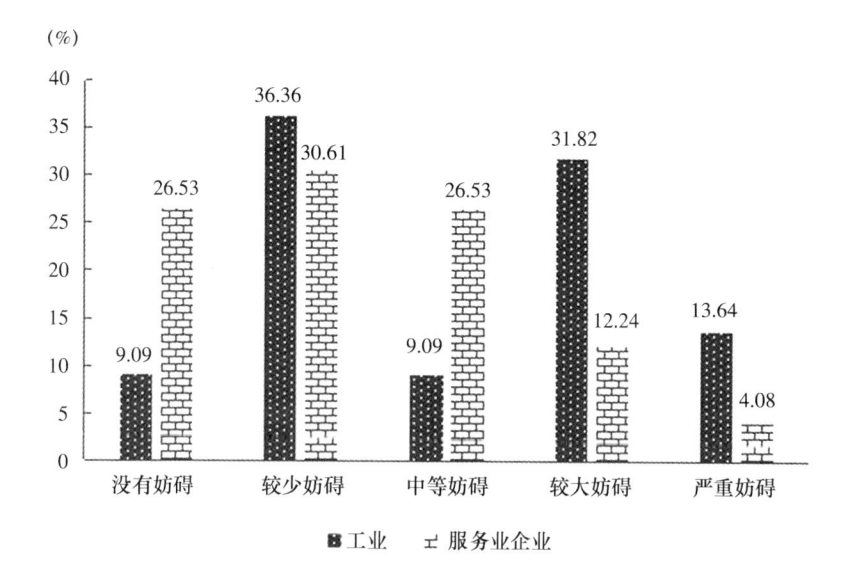

```
(%)
40 ┤
35 ┤        36.36
30 ┤              30.61                              31.82
25 ┤  26.53              26.53
20 ┤
15 ┤                                                           13.64
10 ┤  9.09               9.09                 12.24
 5 ┤                                                                  4.08
 0 ┴─────────────────────────────────────────────────────────────────
    没有妨碍   较少妨碍   中等妨碍   较大妨碍   严重妨碍
              ■ 工业    ▨ 服务业企业
```

图 4-3　不同行业类型员工素质妨碍生产经营的程度

根据图 4-3 的分析结果，我们可以知道总体上员工素质对大多数企业的经营有不同程度的妨碍，相对而言，服务业企业发展更少受员工素质影响，员工素质问题在数量占比和严重程度上均对工业企业造成了很大影响。

第二，从管理人员招聘难度的角度分析。

如图 4-4 所示，从管理人员招聘难度的层面来看，管理人才缺乏的问题对企业的生产经营有着相当的影响，没有女高管的企业在此问题上的困难更为突出。逐级具体分析如下。一是没有妨碍级别，有女性高管的企业占到 38.89%，没有女性高管的企业占 14.29%。二者差异显著，近四成有女性高管的企业不受该因素的制约。二是有较少妨碍级别，有女性高管的企业占 19.44%，没有女性高管的企业占 22.86%。三是有中等妨碍级别，有女性高管的企业占 11.11%，没有女性高管的企业占到 28.57%。二者占比存在一定差异，没有女性高管的企业更多地受该因素的制约。四是较大妨碍级别，有女性高管的企业占比 27.78%，没有女性高管的企业占比 22.86%。最后是严重妨碍级别，有女性高管的企业仅占

2.78%，没有女性高管的企业占11.43%。

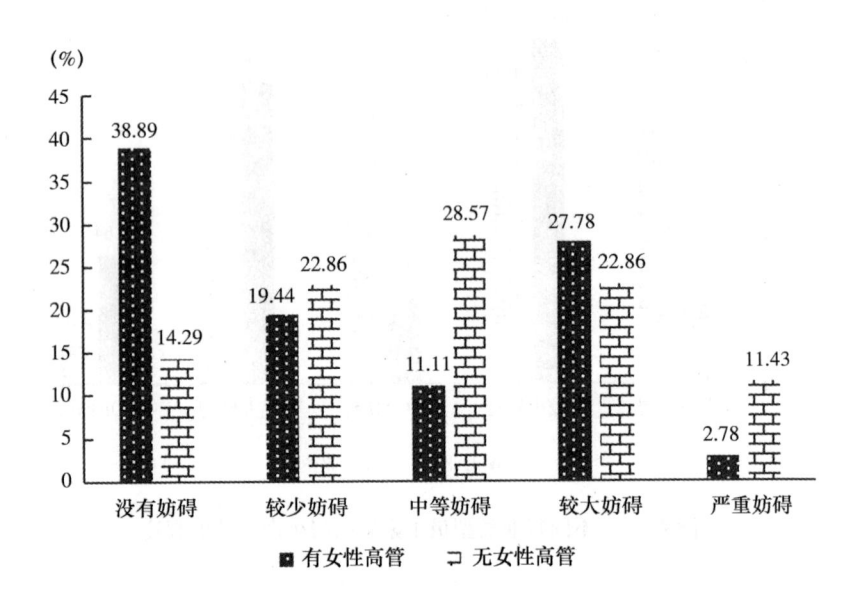

图 4-4　有无女性高管与管理人员招聘难度妨碍生产经营的程度

综合上述分析，我们可以知道管理人员招聘的难度对多数企业的生产经营存在影响，虽然近四成有女性高管的企业完全不受该因素的限制，但是有女性高管的企业近三成受到此因素较大程度的妨碍。而没有女性高管的企业则更多地因管理人才缺乏的问题影响生产经营，尤其是超过一成的此类企业因该问题严重妨碍到生产经营。

第三，从专业技术人员招聘难度的角度分析。

如图4-5所示，从专业技术人员招聘难度的层面来看，专业技术人员对企业的生产经营有着严重的影响，服务业企业更为明显地存在专业技术人才不足的问题。逐级具体分析如下。一是没有妨碍级别，工业企业有22.73%，服务业企业有14.29%。二者相差8.44个百分点，服务业企业受该因素制约的问题更为明显。二是有较少妨碍级别，工业企业有18.18%，服务业企业有28.57%。二者相差10.39个百分点，更多的服务业企业受到该因素较少的妨碍。三是有中等妨碍级别，工业企业有 13.64%，服务业企业占到 12.24%。四是较大妨碍级别，工业企业有 27.27%，服务业企业有 28.57%。最后是严重妨碍级别，工业企业有 18.18%，服务业企业有 16.33%。

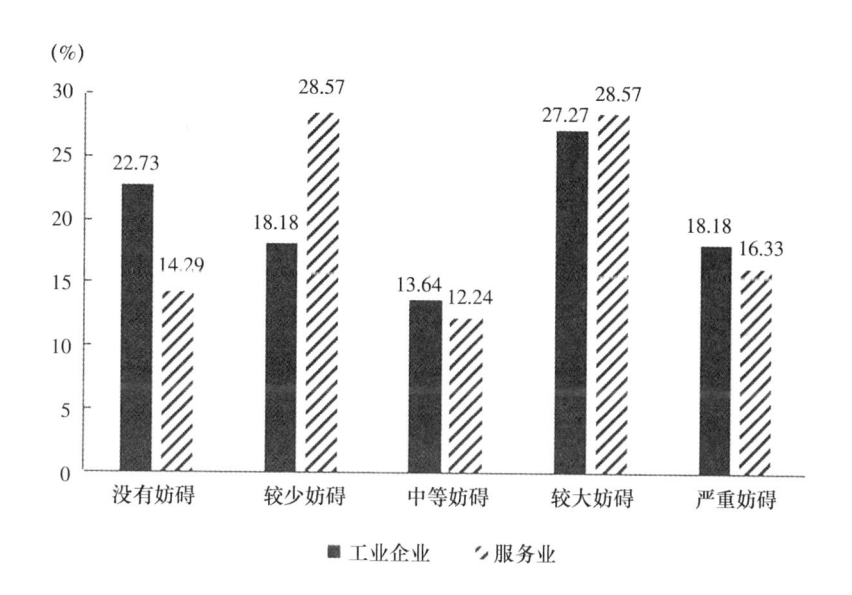

图 4-5　不同行业类型专业技术人员妨碍生产经营的程度

结合上述分析可知，专业技术人员招聘的困难对绝大多数企业的生产经营有着不同程度的妨碍。服务业企业发展更为显著地因为专业技术人员不足的问题影响生产经营。工业行业和服务业行业均有接近半数的企业在专业技术人员招聘问题上面临较大困扰。

第四，从技能人员招聘难度的角度分析。

如图 4-6 所示，从技能人员招聘难度的层面来看，技能人员不足对企业的生产经营有着很大的影响，工业企业这个问题上的表现更为突出。逐级具体分析如下。一是没有妨碍程度级别，工业企业有 18.18%，服务业企业有 26.53%。二者相差约 8 个百分点，工业企业更为显著地受该因素的制约。二是有较少妨碍程度级别，工业企业有 13.64%，服务业企业有 20.41%，后者更明显的受该因素一点妨碍程度的影响。三是有中等妨碍程度级别，工业类企业有 27.27%，服务业企业占到 20.41%，前者更多的受此因素中等程度的限制。四是较大妨碍程度级别，工业企业占比 31.82%，服务业企业占比 22.45%，工业企业在受该因素较大程度制约的情况更突出。最后是严重妨碍程度级别，工业企业有 9.09%，服务业企业有 10.2%。

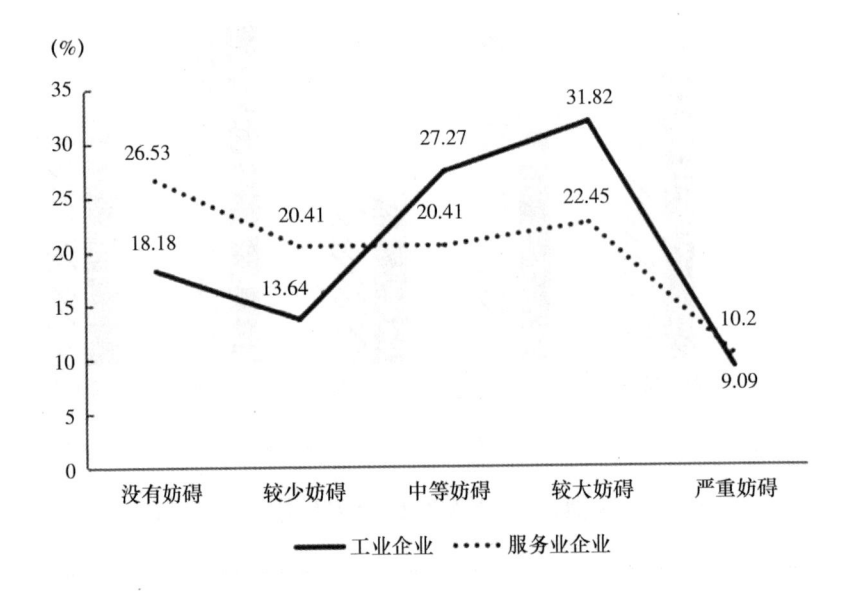

图 4-6　不同行业类型技能人员招聘难度妨碍生产经营的程度

通过图 4-6 的分析结果，我们可以发现，绝大多数企业的生产经营因技能人员的不足受到不同程度的影响，与服务业企业相比，工业企业更为容易受此问题的困扰。

综合上述分析可知，总体上员工素质对绝大部分企业的生产经营有着不同程度的限制，工业企业的经营因劳动力素质受到严重阻碍的问题十分突出。另外，大多数企业在招聘管理人员、专业技术人员和技能人员时都遇到了不同程度的困难。具体而言，专业技术人才的不足对服务业企业的生产经营妨碍较多，技能人员的不足对工业企业生产经营的阻碍更大。整体员工素质的水平不足和各类专业人员的招聘困难说明老挝政府对劳动力资源的配置水平不高。

第三节 中资企业对老挝公共服务治理的评价

高质量的公共服务治理是对基础设施供给和公共服务供给的有效保障，优质的公共服务治理能为外来投资商提供良好的营商环境。公共服务治理涉及诸多因素，每个层面的因素都具有重要影响。本节将根据政府的税务管理、管制与审批、政治形势控制力，以及廉政水平四个层面分析中资企业对老挝公共服务治理的评价。

一 中资企业对税务机构的管理的评价

税率的高低直接影响到企业生产经营的成本，税收征收政策也对企业经营有着重要影响。政府对税收政策法规的执行力和税款征收活动体现出政府的税务管理能力。本部分将从不同行业类型的企业角度，分别描述税率因素对企业经营的影响状况，以及税收征收对企业生产经营的影响情况。

首先，税率对企业经营的影响。如图4-7所示，从企业的行业类型来看，多数企业不同程度受到该因素的制约，服务业企业更多地受此因素的影响，但是超过一成（13.64%）的工业企业受到此因素的严重妨碍。税率因素对企业生产经营的影响逐级具体分析如下。一是没有妨碍程度级别，工业企业的比例为45.45%，服务业企业比例为33.33%。二者数值相差12.12个百分点，工业企业更多地不受该因素的制约。二是较少妨碍程度级别，工业企业的比例为27.27%，服务业企业比例为41.67%。二者占比相差14.4个百分点，超过四成的服务业企业受该因素的影响。三是中等妨碍程度级别，工业企业有9.09%，服务业企业比例为12.5%。四是在较大妨碍程度级别中，工业企业占比为4.55%，服务业企业的比例为8.33%。最后是严重妨碍程度级别，工业企业有13.64%，服务业企业占比4.17%。

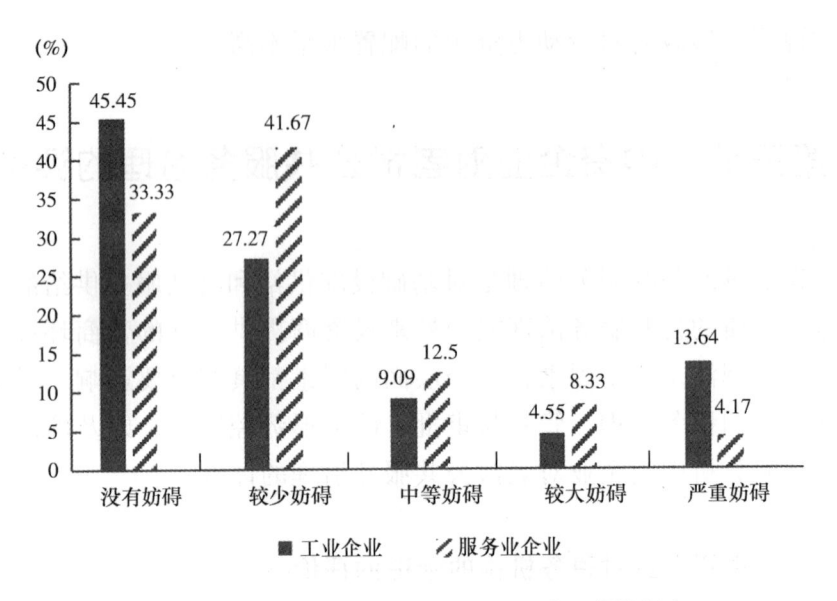

图 4-7　按行业划分的税率妨碍企业生产经营的程度

综合图 4-7 数据分析可知，在老挝经营的多数中资企业不同程度受到税率的限制。服务业在受税率影响问题上更为显著，但是超过四成的服务业企业仅受到该因素较少制约。工业企业在受该因素妨碍的严重程度较高，超过一成的工业企业因为税率问题导致生产经营受到较为严重的影响。

其次，税收征收对企业经营的影响。如图 4-8 所示，从企业的行业类型来看，超过半数的工业企业没有受到税收的影响，而多数服务业企业不同程度受到该因素的妨碍。税收对企业生产经营的影响逐级分析如下。一是没有妨碍程度级别，工业企业的比例为 57.14%，服务业企业比例为 41.67%。二者数值相差 15.47 个百分点，多数服务业企业没有受到该因素的制约。二是较少妨碍程度级别，工业企业的比例为 9.52%，服务业企业比例为 35.42%。二者占比相差 25.90 个百分点，服务业企业在此妨碍级别明显较多。三是中等妨碍程度级别，工业企业占比为 19.05%，服务业企业比例为 18.75%。四是较大妨碍程度级别，工业企业有 9.52%，服务业企业为 0，工业企业更多地受此因素较大妨碍。最后是严重妨碍程度级别，工业企业占比为 4.76%，服务业企业比例为 4.17%。

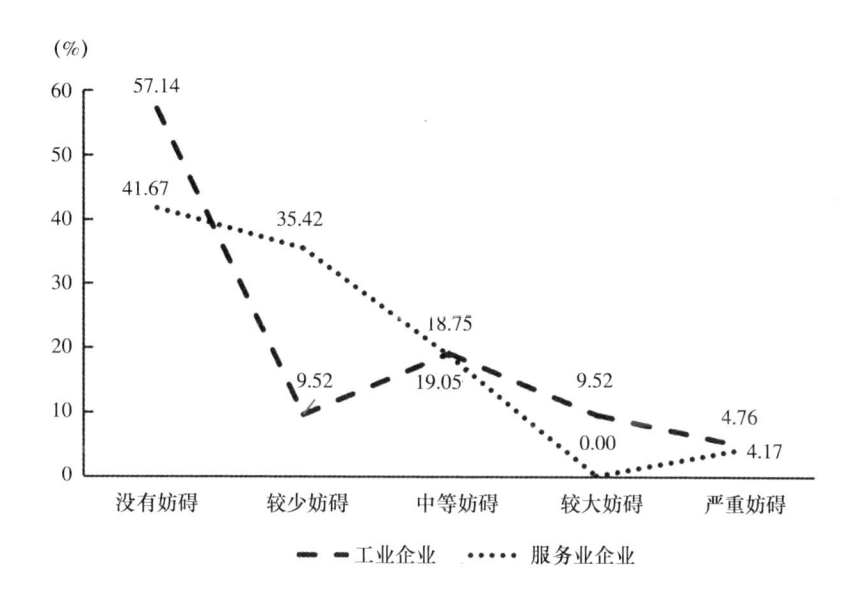

图 4-8　按行业划分的税收征收妨碍企业生产经营的程度

结合图 4-8 数据分析可知，大部分中资企业的生产经营不同程度受税收征收的阻碍。大部分服务业企业面对的税收问题更为突出，但是就问题的严重程度而言，税收对工业企业的经营产生较大阻碍的问题更加严重。

二　中资企业对政府审批管理的效率的评价

东道国政府对外商投资项目的管制和审批过程直接反映出政府的管理水平和服务效率。同时，高效的政府管理与审批能力也是外资企业运行效率的保障条件之一。在企业经营的申请批准中，工商许可申请和土地许可申请较为重要。其中，工商许可是企业获得合法经营权的前提，而土地使用权的政策是外商投资选择的重要参考性因素。因此，本部分首先对老挝政府的管制与审批能力进行总体描述分析，然后针对上文的两个许可申请进行具体的数据分析。

第一是对政府管制与审批的分析。如图4-9所示,从企业的行业类型来看,大多数企业不同程度受到政府管制与审批的影响,服务业企业在数量和严重程度上更多地受该因素的制约。政府管制与审批因素对企业生产经营的影响逐级具体分析如下。一是没有妨碍程度级别,工业企业的比例为38.1%,服务业企业比例为31.25%,相比之下工业企业更多不受该因素的限制。二是较少妨碍程度级别,工业企业的比例为19.05%,服务业企业比例为39.58%。二者占比相差20.53个百分点,接近四成的服务业企业经营受该因素较小程度的妨碍。三是中等妨碍程度级别,工业企业占比为9.52%,服务业企业比例为16.67%,服务业企业经营受该因素中等程度的妨碍更多。四是较大妨碍程度级别,工业企业占比为23.81%,服务业企业比例为8.33%。二者相差15.48个百分点,工业企业受该因素较大妨碍的问题更明显。最后是严重妨碍程度级别,工业企业有9.52%,服务业企业占比4.17%。

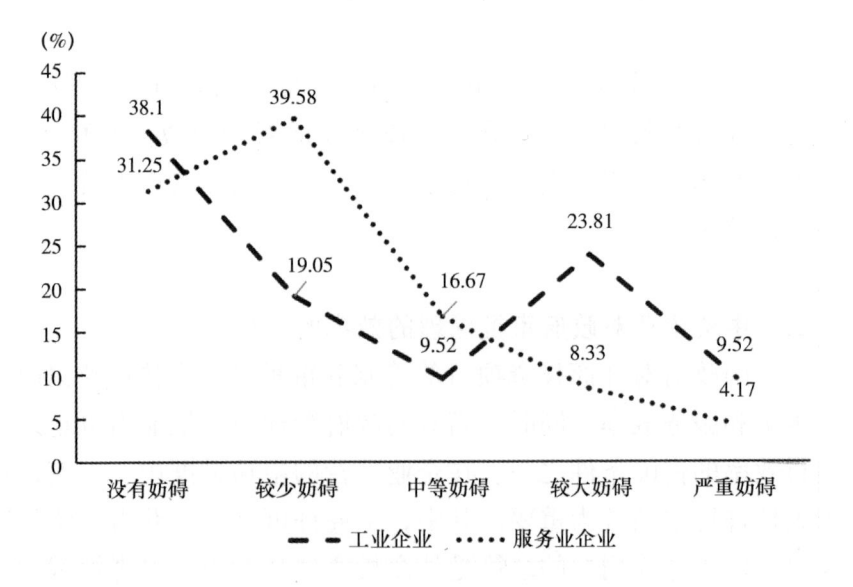

图4-9 按行业划分的政府管制与审批妨碍企业生产经营的程度

根据图 4-9 数据分析，我们可以看出，大部分中资企业经营时不同程度上受到政府管制与审批因素的限制。相对而言服务业企业在数量上较多地受该因素制约，但主要集中在较少妨碍程度级别。工业企业在政府管制与审批问题上严重受到妨碍的程度更深，此问题对三成多的工业企业生产经营造成了较大困难。

第二是对工商许可申请的分析。如图 4-10 所示，从企业的行业类型来看，工商许可申请对多数企业的生产经营没有造成困扰，相对而言较多的服务业企业因工商许可申请而对经营产生妨碍。工商许可对企业生产经营的影响逐级具体分析如下。一是没有妨碍程度级别，工业企业的比例为 72.73%，服务业企业比例为 59.18%。二者数值相差 13.55 个百分点，大部分工业企业都不受该因素的制约。二是较少妨碍程度级别，工业企业的比例为 13.64%，服务业企业比例为 22.45%。二者占比 8.81 个百分点，服务业企业在此问题上受较小妨碍的数量更多。三是中等妨碍程度级别，工业企业占比为 9.09%，

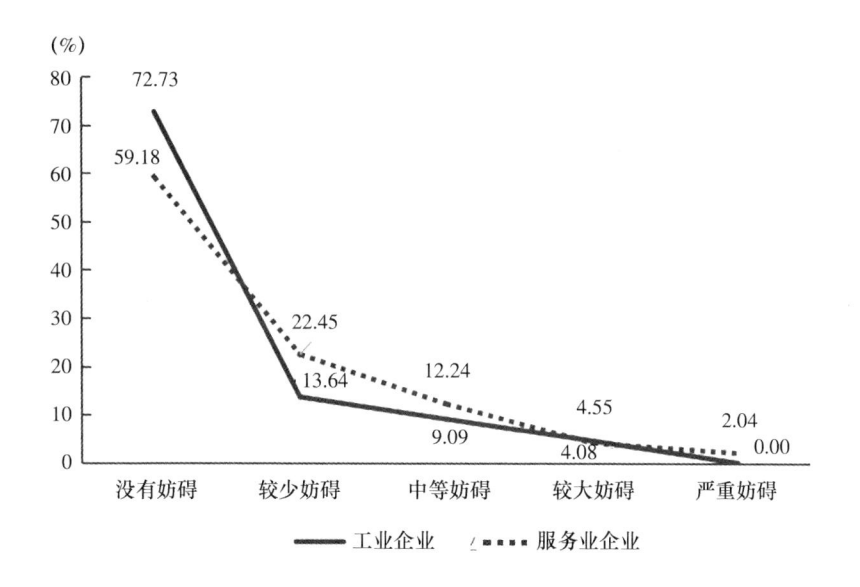

图 4-10 按行业划分的工商许可妨碍企业生产经营的程度

服务业企业比例为12.24%。四是较大妨碍程度级别，工业企业有4.55%，服务业企业占比4.08%。最后是严重妨碍程度级别，工业企业不占比，服务业企业比例为2.04%。

综合图4-10数据分析可知，大部分中资企业的生产经营都不受工商许可申请的妨碍，工业企业在数量和严重程度上均十分显著地不受该问题的制约。

第三是土地许可申请对企业经营的影响。如图4-11所示，从企业的行业类型来看，大多数企业的生产经营没有受到土地许可申请的妨碍。土地许可对企业生产经营的影响逐级具体分析如下。一是在没有妨碍程度级别，工业企业的比例为71.43%，服务业企业占比68.09%。可见，无论是工业企业还是服务业企业，大部分企业不受该因素的制约。二是在较少妨碍程度级别，工业企业有4.76%，服务业企业占比25.53%。二者占比相差20.77个百分点，部分服务业企业更多地受该因素的较小程度的影响。二是中等妨碍程度级别，工业企业占比为14.29%，服务业企业占比2.13%。二者相差12.16个百分点，工业企业

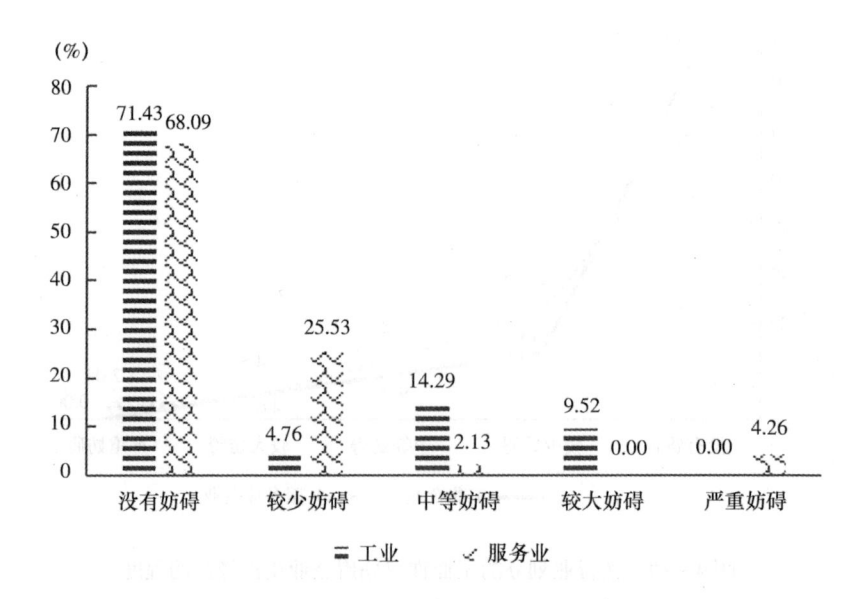

图4-11 按行业划分的土地许可妨碍企业生产经营的程度

受该因素中等程度妨碍的数量更多。四是在较大妨碍程度级别，工业企业占比为9.52%，服务业企业不占比。最后，在严重妨碍程度级别中，工业企业不占比，服务业企业比例为4.26%。

结合图4-11数据分析，我们可以发现，土地许可申请问题对大部分中资企业没有造成困难，总体而言，无论是数量还是严重程度上服务业企业因土地许可申请而产生的问题都大于工业企业。

三 中资企业政治局势稳定程度的评价

东道国的政治形势直接关系到外来投资商的生命和财产安全，和平稳定的政治局势是保障企业正常生产经营的前提。本次调查根据受访企业在老挝经营过程中受到政局影响程度的数据反馈，分析老挝政府对国内政治形势的控制能力。

如图4-12所示，从企业行业类型的角度来看，无论是工业企业还是服务业企业，绝大多数企业的生产经营基本上没有因为政治局势受到妨碍。政局对企业生产经营的影响逐级具体分析如下。一是没有

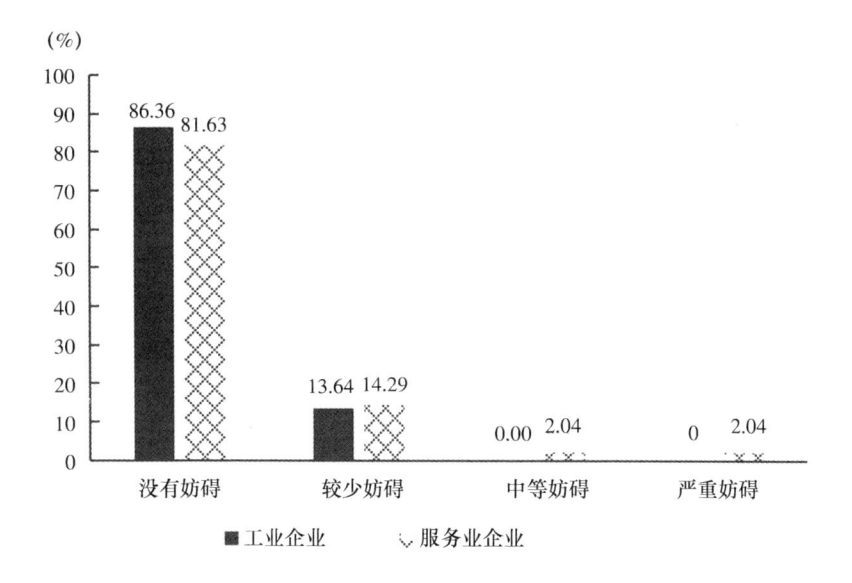

图4-12 按行业划分的政治不稳定妨碍企业生产经营的程度

妨碍程度级别，工业企业的比例为86.36%，服务业企业有81.63%。二者数值相近，绝大多数企业发展都没有因此问题妨碍生产经营。二是较少妨碍程度级别，工业企业的比例为13.64%，服务业企业比例为14.29%。三是中等妨碍程度级别，工业企业占比为0，服务业企业比例为2.04%。最后是严重妨碍程度级别，工业企业占比为0，服务业企业比例为2.04%。

结合图4-12数据分析可知，政治形势对绝大多数中资企业的生产经营过程没有造成经营问题，只有极少数服务业企业的生产经营因为政治不稳定而受较大影响。老挝的政治局势总体上呈现出和平稳定的态势。

四 中资企业政府治理的廉政水平的评价

廉政水平是国家法制和政府治理能力的集中体现。高效廉洁的政府是吸引和推动海外投资发展的重要政治保障。本次调查根据受访企业在老挝经营过程中多大程度上受到政治腐败影响的数据反馈，分析老挝政府的廉政水平。

如图4-13所示，从企业行业类型的角度来看，无论是工业企业还是服务业企业，大多数企业的生产经营不同程度地受到政治腐败的影响。政治腐败对企业生产经营的影响逐级具体分析如下。一是在没有妨碍程度级别，工业企业31.82%，服务业企业占比25%，政治腐败妨碍工业企业的生产经营的问题更为突出。二是在较少妨碍程度级别，工业企业占比13.64%，服务业企业占比43.75%。二者占比差异显著，超过四成的服务业企业受该因素的较小程度的制约。三是是中等妨碍程度级别，工业企业占比40.91%，服务业企业占比16.67%。二者数值差异较大，腐败问题对工业企业达到中等程度妨碍的问题突出。四是在较大妨碍程度级别中，工业企业占比4.55%，服务业企业占比8.33%。五是在严重妨碍程度级别，工业企业占比9.09%，服务业企业占比6.25%。

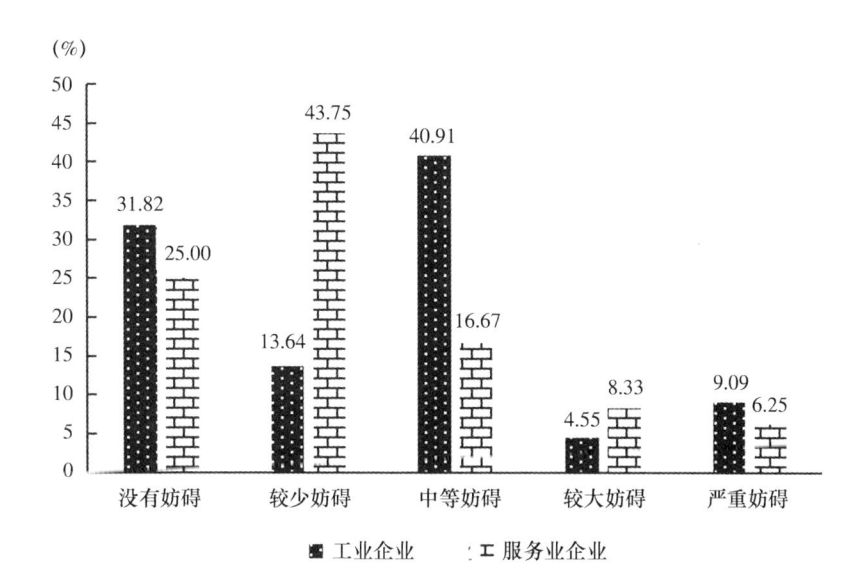

```
(%)
50
45                    43.75
40        40.91
35  31.82
30        25.00
25
20              16.67
15  13.64
10                          8.33   9.09
 5                    4.55        6.25
 0
   没有妨碍  较少妨碍  中等妨碍  较大妨碍  严重妨碍
         ■ 工业企业    □ 服务业企业
```

图 4-13　按行业划分的腐败妨碍企业生产经营的程度

结合图 4-13 数据分析可知，总体上在老挝经营的大部分中资企业不同程度受到政治腐败的影响。具体而言，腐败问题对更多的服务业企业妨碍程度较小，工业企业则较多地受到该问题中等程度妨碍。另外，工业和服务业企业均有超过一成的企业因为政府腐败而面临较大生产经营困难。老挝政府治理的廉政水平总体有待改善。

第四节　投资风险分析

企业在进行投资前一般都会进行投资风险分析，尽可能规避未来经营可能承担的风险。将在老中资企业按所属行业、所处区域，以及有无女性任职高管三个维度进行分开比较，可以发现中资企业在投资可行性考察、安全生产成本和政治环境的稳定指数三个层面都有差异。

一 中资企业投资前可行性考察

中资企业在老挝进行投资前的可行性考察,是企业规避投资风险的一个重要举措。本部分通过企业进行投资考察的占比和考察类型的分布两个内容,分析中资企业对老挝营商环境的评价。

首先是投资可行性考察情况。表4-6反映了企业在投资决策前是否进行过投资可行性考察的情况。

从总体上来看,近九成的中资企业在投资老挝之前做过可行性考察。考察状况具体表现为以下情况。第一,从企业类型的角度来看,进行过可行性考察的工业企业和服务业企业分别有90.48%和89.58%。工业和服务业两种类型的企业进行可行性考察的比例相近,企业类型与投资考察的状况不存在相关性。第二,从企业是否位于经济开发区的角度来看,非开发区的企业有88.71%的比例进行过可行性考察,而位于老挝开发区企业和其他企业则百分之百进行过可行性考察。第三,从企业有无女性高管的角度来看,有女性高管的企业进行过投资考察的比例为85.71%,没有女性高管的企业考察的比例为94.12%,可见没有女性高管的企业进行过可行性考察的相对更多。

表4-7　　企业是否进行过投资老挝的可行性考察状况　　（单位:%）

	有可行性考察	无可行性考察
工业	90.48	9.52
服务业	89.58	10.42
不在经开区	88.71	11.29
老挝经开区	100.00	0.00
其他	100.00	0.00
有女性高管	85.71	14.29
无女性高管	94.12	5.88

综上所述,我们可以发现受访的老挝中资企业非常重视投资的可

行性考察，只有极少数的企业投资前未做可行性考察。企业是否进行投资前可行性考察与企业类型关系不大，但与是否位于经济技术开发区和有无女性高管存在一定相关性。

其次是投资考察类型。受访的中资企业投资前可行性考察类型如表4-7所示。

表4-8　　　　　　　　企业投资老挝前考察类型　　　　　　（单位:%）

	市场竞争调查		老挝外国直接投资法律法规		老挝宗教、文化和生活习惯		老挝劳动力素质		其他方面	
	否	是	否	是	否	是	否	是	否	是
工业	0.00	100.00	21.05	78.95	26.32	73.68	26.32	73.68	100.00	0.00
服务业	6.98	93.02	25.58	74.42	32.56	67.44	30.23	69.77	93.02	6.98
不在经开区	3.64	96.36	23.64	76.36	30.91	69.09	27.27	72.73	96.36	3.64
老挝经开区	0.00	100.00	50.00	50.00	25.00	75.00	50.00	50.00	75.00	25.00
其他	33.33	66.67	0.00	100.00	33.33	66.67	33.33	66.67	100.00	0.00
有女性高管	0.00	100.00	16.67	83.33	23.33	76.67	26.67	73.33	93.33	6.67
无女性高管	9.38	90.63	31.25	68.75	37.50	62.50	31.25	68.75	96.88	3.13

通过表4-7可以看出，绝大多数企业的投资可行性考察类型比较全面。总体而言，一是企业对市场竞争调查最为重视，只有很少的企业未进行过此类调查；二是企业对老挝法律法规、文化和文化习惯、劳动力素质三个项目的调查也较为重视，有超过半数的企业进行过此类考察。

考察类型数量分布的具体情况如下。第一，从企业类型的角度分析，所有工业企业进行过市场竞争调查，该类企业对法律法规、文化习惯和劳动力素质调查的占比都超过七成，工业企业对这三种项目的考察重视程度都高于服务业企业。但是在其他类型考察方面，服务业占比6.98%，而工业企业则完全没有进行过类似考察。第二，从企业是否位于经济技术开发区的角度分析，位于老挝开发区的企业最为重视市场竞争调查，百分之百的企业进行过该类调查。同时，此类企业对文化习惯和其他方面的调查重视程度都高于非开发区企业和其他企业。相比之下，非开发区企业也最为重视市场竞争调查，此类企业对该项考察的占比为96.36%。非开发区企业对法律法规和劳动力素质调查也很重视，这两项考察的占比都超过七成。其他企业百分之百进行过法律法规调查，该类企业在市场竞争、文化习惯和劳动力素质的调查也相对重视，进行过相关调查的数量占比都是66.67%。第三，从企业有无女性高管的角度分析，有女性高管的企业全都进行过市场竞争调查，该类企业比较重视法律法规、文化习惯和劳动力素质，这三项占比也都超过了七成，并且各项占比均高于没有女性高管的企业。

根据以上分析，我们可以看到绝大多数企业的投资考察较为全面，但是企业对各类型考察的重视程度又有所区别。企业是否位于经开区与企业有无女性高管都与考察类型存在一定的相关性，而企业的行业类型与考察类型不存在统计学差异。

二 安全生产的成本投入

企业在生产和经营过程中为实现安全生产所需的投入被称为安全生产成本。但是企业也会因为意外情况产生计划范畴之外的损失，从而增加安全成本的投入。本部分内容分别描述受访企业在2017年度因安全投入产生额外支付和因偷盗问题导致损失的情况。

首先，安全生产额外支付状况。表4-8反映了受访企业在2017年度因安全生产所产生的额外支付情况。

通过表4-8数据分析，总体而言部分企业在2017年度因安全问题产生额外费用支付。具体情况如下。第一，从企业的行业类型角度来看，工业企业有近六成（59.09%）有过安全生产额外支付，而服务业企业安全投入的额外支付比例只有近三成（27.08%）。第二，从企业是否位于经济技术开发区的角度来看，安全额外支付占比最高的是其他地区企业，有66.67%。38.71%的非开发区企业产生过安全额外支付，而位于经开区的企业则没有为安全生产有过额外支付。第三，从企业有无女性高管的角度来看，有女性高管的企业在安全额外支付方面占到近三成（27.78%），没有女性高管的企业额外投入过安全生产成本的数量接近企业总数的半数（47.06%）。

表4-9　　　　　　　　2017年企业安全生产额外支付　　　　（单位:%）

	安全生产有额外支付	安全生产无额外支付
工业	59.09	40.91
服务业	27.08	72.92
不在经开区	38.71	61.29
老挝经开区	0.00	100.00
其他	66.67	33.33
有女性高管	27.78	72.22
无女性高管	47.06	52.94

根据以上分析，我们可以知道一定数量的受访企业为保障安全生产而发生安全额外支付现象。工业企业和没有女性高管的企业此项生产额投入的数量明显高于服务业企业和有女性高管的企业。其他企业安全额外支付的数量也明显高于非经开区企业，而位于经开区的企业则没有相关投入。

其次，企业因偷盗造成损失状况。2017年度受访企业因偷盗问题导致意外损失的情况如表4-9所示。

在受访企业中，相当数量在2017年因偷盗导致意外损失，这部分企业占比接近总数的一半。具体情况如下。第一，从企业的行业类型角度来看，工业企业占比为54.55%，服务业企业占比只有35.42%，相比之下工业企业因偷盗问题产生的意外损失的情况更为普遍。第二，从企业是否位于经济技术开发区的角度来看，其他地区企业占比高达66.67%，非经开区企业占比为43.55%，位于老挝经开区的企业没有过相关损失。其他地区企业和非经开区企业因偷盗产生的意外损失情况非常严重。第三,从企业有无女性高管的角度来看,这两类企业因偷盗产生损失的比例十分接近,都超过了四成,偷盗造成意外损失的情况在两类企业中都较为普遍。

表4-10   2017年企业因偷盗造成损失情况   (单位:%)

	发生过偷盗损失	未发生过偷盗损失
工业	54.55	45.45
服务业	35.42	64.58
不在经开区	43.55	56.45
老挝经开区	0.00	100.00
其他	66.67	33.33
有女性高管	41.67	58.33
无女性高管	41.18	58.82

综合上述分析,我们可以发现受访企业因为偷盗问题造成损失的现象较为普遍。工业企业因此产生意外损失的数量显著高于服务业企业。其他企业产生该类损失的比例也远高于非经开区企业,而经开区企业则没有产生过这类损失。企业高管有无女性与是否发生过此类损失不具有相关性。

三 政治环境的稳定指数

政治环境的好坏影响着宏观经济形势,从而也影响着企业个体的生产经营活动。政治形势是企业确定发展规模、发展速度的重要依据。和平稳定的政治局面能为企业的生产经营提供制度政策保障,是吸引外资的重要政治条件。

受访的中资企业管理者对2017年老挝政治环境的看法如图4-14所示。总体上,绝大多数人对老挝政局持乐观看法,认为老挝在过去一年内政局稳定,在老挝投资相对安全。具体来说体现在以下方面。第一,64.29%的人认为老挝政局比较稳定,超过六成的人对政局持乐观看法。第二，21.43%的人觉得老挝政局比较稳定，投资风险小。第三，认为老挝政局不好说，存在不稳定风险的人占12.86%。第四，只有极少数的人觉得老挝政局不稳，存在党派斗争，需要谨慎投资，持该观点的人仅占1.43%。值得注意的是，调查的受访者中没有人认为老挝党派斗争比较激烈，会经常发生政治冲突。

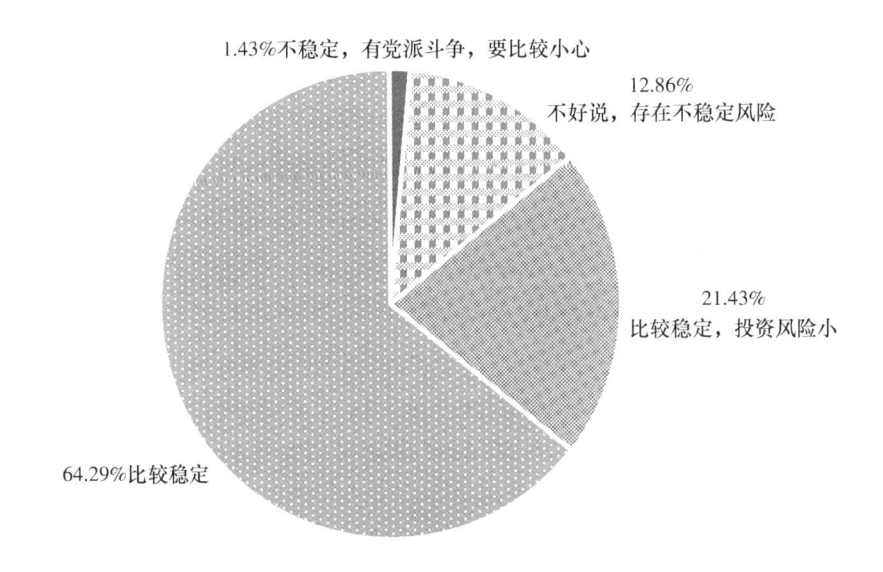

图4-14 中资企业管理层对2017年老挝政治环境的看法

根据上述分析，我们可以发现绝大多数企业管理者认为老挝政局稳定，投资风险小。没有人认为老挝存在或频繁发生政治冲突，极少数人认为老挝政局不稳定，存在党派斗争。另外，还有少部分人觉得政治形势不明朗。总体上，老挝的政治局势稳定，中资企业在老挝投资受政局动荡影响的较小。

四 生产经营的风险系数

企业风险预测是对未来一段时间内的潜在风险因素进行分析，借此指导企业管理者制定风险防范措施。潜在的风险因素包括政治环境的变化、政府政策的限制、管理措施的失误、产品成本的增加、市场竞争上升、借款利率提高等。

表4-10反映了受访企业在未来一年经营的潜在风险因素，以及该因素对生产经营影响的比重。

表4-11　　企业未来一年经营风险主要方面及比重　　（单位：%）

	员工工资增长	市场竞争上升	资源获取难度增加	研发后劲不足	政策限制加强	优惠政策效用降低或到期	政治环境变化	中资企业增多	产品或服务无话语权	其他方面
工业	22.73	63.64	36.36	18.18	45.45	27.27	0.00	50.00	9.09	13.64
服务业	40.82	85.71	18.37	12.24	26.53	12.24	2.04	63.27	6.12	26.53
不在经开区	34.92	77.78	25.40	14.29	30.16	14.29	1.59	61.90	7.94	22.22
老挝经开区	40.00	100.00	20.00	20.00	40.00	40.00	0.00	20.00	0.00	20.00
其他	33.33	66.67	0.00	0.00	66.67	33.33	0.00	66.67	0.00	33.33
有女性高管	41.67	91.67	22.22	13.89	22.22	11.11	0.00	61.11	8.33	27.78
无女性高管	28.57	65.71	25.71	14.29	42.86	22.86	2.86	57.14	5.71	17.14

在受访企业管理者预估的未来一年经营风险因素中，最主要的风险因素分别是市场竞争上升和中资企业增多。具体表现为以下情况。第一，从企业类型的角度来看，工业企业受市场竞争上升影响的比例有63.64%。服务业企业则达到了85.71%，后者比例比前者高22.07个百分点，绝大部分服务业企业受该风险因素的制约。因中资企业增多而受影响的工业企业刚好是总数的一半，服务业则有63.27%。第二，从是否位于经开区的角度来看，位于老挝开发区的所有企业都受市场竞争上升的影响，77.78%的非经开区企业受该因素影响，其他企业则只有66.67%。在该因素上，经开区企业占比最多，高出占比

最低的其他企业约33个百分点。受中资企业增多影响的老挝经开区企业刚好有两成，非经开区企业有77.78%，其他情况企业占到了66.67%。在此项因素上，非经开区企业和其他企业占比接近，经开区企业占比则较二者低40个百分点左右。第三，从企业有无女性高管的角度来看，有女性高管的企业中91.67%受到市场竞争上升的影响，没有女性高管的企业受该因素影响的占比有65.71%。后者比前者低25.96个百分点，有女性高管的企业发展更为显著的受此因素制约。因中资企业增多而受影响的有女性高管的企业占比61.11%，没有女性高管的企业受该因素影响的占比为57.14%。

综合以上数据分析，我们可以看到在未来一年最有可能给企业经营带来风险的因素是市场竞争上升和中资企业增多。这两项潜在风险因素对企业的影响与企业的行业类型、是否位于开发区，以及有无女性高管都有着较为明显的联系。在市场竞争上升因素中，服务业企业、老挝开发区企业和有女性高管企业均预测未来一年内会面临更高的风险。在中资企业增多的风险因素中，服务业企业、非开发区企业和其他企业，以及有女性高管企业均预测未来一年内该风险会对企业经营造成影响。

第五章

老挝中资企业雇用行为与劳动风险分析

随着"一带一路"倡议的实施,中国企业越来越多的走出国门,设立子公司、分公司,投入老挝各个领域,与其他国际企业共同竞争。就目前而言,本国公民能填补劳工空缺。依据中国商务部对外投资和经济合作司发布的国别指南,中老两国经济快速发展,中资企业对老挝投资迈出可喜步伐,两国经济互补性强,建议中资企业赴老挝投资,要特别注意评估相关风险[①]。

中资企业自身在资金、技术、方案等方面有一定优势,但作为所有生产要素中最为重要的人力资源,老挝的中资企业在人事方面也面临着风险和隐患。合理人力资源配置是在老中资企业中长期发展战略中十分重要的一个环节,也是中资企业在老挝市场做大做强的基础和保障。因此,如何让中资企业员工结构更为合理,将企业的劳动风险降至最低,是我们今后需要探讨的重要问题。

本章主要考察了中资企业的雇用行为与劳动风险。依据老挝中资企业调查问卷中所涉及的题目,包括中资企业员工结构、就业与培训等两个板块,通过将企业管理者的回答制成图表进行分析。第一节描述了中资企业的员工构成,进而探讨各层级员工国籍、性别差异,并尝试解释员工内部存在差异的原因;第二节分析了中资企业的雇用行为,对中资企业的中方高管基本情况进行总结,分析中资企业在招聘

---

① 中华人民共和国商务部:《对外投资合作国别(地区)指南 老挝》,2019年版,http://www.ydylnews.net/h-nd-178.html。

中遇到的问题，以及不同中资企业培训次数和内容的情况；第三节探讨了中资企业的劳资纠纷状况，通过对不同类型企业的对比分析来了解在老挝的劳资纠纷及劳动争议解决途径。

第一节 员工构成分析

本节主要是描述中资企业的员工构成情况。在这次调查的企业问卷中，我们将员工类型分为中高层管理员工、技术员工和设计员工、非生产员工以及一线工人或生产员工。其中，非生产员工包括行政工作员工和销售员工。在分析各类员工内部构成中，以性别分类、国籍分类和受教育程度为主，探讨员工内部存在的差异的原因，并分析得出老挝的中资企业员工构成的情况。

一 老挝中资企业员工构成情况

根据表5-1提供的中资企业员工构成可知，员工国籍主要分为老挝籍、中国籍和其他国籍员工。在受访的中资企业中，中国籍员工占比均值为33.77%，老挝籍员工占比均值65.58%，老挝籍员工占比均值比中国籍员工占比均值多近一倍。老挝籍员工占比最大值达97.52%，那么此时其他国家员工占比为2.48%，从构成来看均为中国籍员工。老挝籍员工构成最小值3.33%，而中国籍员工占比96.67%。而其他国籍员工最高占比为42.50%，最低没有。也就是说，不同类型的中资企业根据不同的生产经营状况对员工类型的需求不同，造成了员工在国别上的差异。从性别占比来看，女性员工平均占比略超出四成（40.84%），男性员工平均占全部员工的近六成（59.16%）。由此可知，中资企业员工男女性别比为6∶4，受访中资企业的男女比例较为失衡。我们推测，这可能是由于受访企业所属行业的差异造成的员工性别差异。

表 5-1　　　　　　　　　　企业员工构成　　　　　　　　（单位:%）

各类员工占比	均值	标准差	最大值	最小值
女性员工占比	40.84	24.53	90.00	0.00
老挝员工占比	65.58	21.94	97.52	3.33
中国员工占比	33.77	21.89	96.67	2.48
其他国家员工占比	0.65	5.06	42.50	0.00

表 5-2 反映企业一线工人或生产员工的构成情况。包括一线员工或生产员工占比、一线员工或生产员工中老挝员工占比、一线员工或生产员工中中国员工占比、一线员工或生产员工中其他国家员工占比四方面的情况。从表 5-2 中可知，一线员工或生产员工在企业的占比平均值达三成（32.59%），由于企业类型不同，有的企业员工构成全为一线员工或生产员工，而有的企业则没有雇用相关员工。一方面说明老挝中资企业类型多样，所以员工构成有所不同，标准差体现较为明显（38.08%）。在一线员工或生产员工中，老挝员工占比均值接近八成（77.85%），远超中国员工（21.17%）和其他国家员工（0.98%），说明老挝员工是中资企业一线员工或生产员工的主力军。从另一方面说明，中资企业重视老挝员工的劳动价值，为老挝创造大量就业岗位，在一定程度上缓解了当地就业压力。

表 5-2　　　　　　企业一线工人或生产员工构成　　　　　（单位:%）

	均值	标准差	最大值	最小值
一线员工或生产员工占比	32.59	38.08	100.00	0.00
一线员工或生产员工中老挝员工占比	77.85	25.74	100.00	12.78
一线员工或生产员工中中国员工占比	21.17	25.28	87.22	0.00
一线员工或生产员工中其他国家员工占比	0.98	5.72	33.33	0.00

从中资企业中高层管理员工构成来看，如表 5-3 所示，中高层管理员工均值可达 16.78%。其中，构成占比最大可接近六成

(57.50%),占比最小为0.2%。通过观察标准差(12.32%),可见老挝中资企业对中高层管理员工的需求较集中。其中,企业中高层管理人员构成以中国员工为主(83.46%),老挝员工均值占比超过一成(13.58%)。观察标准差发现,中方员工任中高层管理人员的值较大(27.31%),其中有的企业的中高层可能全由中方员工构成(100%),而有的企业则由老方高层员工任中高层管理员。老挝中高层员工占比标准差低于中方员工(23.15%)。通过对比中高层管理人员中老挝员工和中国员工的占比情况,可以直观感知中国员工在中资驻老企业中担任中高层管理员工占绝对比例。

表5-3　　　　　　　　企业中高层管理员工构成　　　　　　　(单位:%)

	均值	标准差	最大值	最小值
中高层管理员工占比	16.78	12.32	57.50	0.20
中高层管理人员中老挝员工占比	13.58	23.15	68.29	0.00
中高层管理人员中中国员工占比	83.46	27.31	100.00	0.00

表5-4反映企业技术人员和设计人员的构成情况。从整体来看,技术人员和设计人员在企业的占比均值超过两成(21.41%)。有的企业全部由技术人员和设计人员构成,有的企业则没有这类员工。说明不同类型的企业对技术人员和设计人员的需求不同。其中,老挝员工均值占比(32.92%)低于中国员工均值占比(65.16%)。说明中资驻老企业招募的中国技术人员和设计人员较多。

表5-4　　　　　　　企业技术人员和设计人员构成　　　　　　(单位:%)

	均值	标准差	最大值	最小值
技术人员和设计人员占比	21.41	26.37	100.00	0.00
技术人员和设计人员中老挝员工占比	32.92	37.33	100.00	0.00
技术人员和设计人员中中国员工占比	65.16	38.17	100.00	0.00

非生产人员亦称"非直接生产人员",指直接生产人员之外的管理人员、工程技术人员、服务人员和其他人员。从按中资企业非生产员工构成情况来看,如表5-5所示,非生产员工占比均值达三成(33.35%)。其中,老挝非生产员工在中资企业中的人数比例达六成(60.29%),中国员工均值占比接近四成(39.71%)。从表中可以看到,非生产员工占比最大可达100%,即全企业均有非生产员工,有的企业则没有非生产岗位需求,均值占比为0。由此可见,中资企业非生产员工的国籍构成差异明显(36.63%)。

表5-5　　　　　　　　企业非生产员工构成　　　　　　（单位:%）

	均值	标准差	最大值	最小值
非生产员工占比	33.35	36.63	100.00	0.00
非生产员工中老挝员工占比	60.29	36.39	100.00	0.00
非生产员工中中国员工占比	39.71	36.39	100.00	0.00

企业规模是指按有关标准和规定划分的企业规模,一般分为大型、中型、小型三种规模。按企业规模大小划分的企业员工的构成情况,如表5-6所示,在女性员工占比上,小型企业规模的中资企业中女性占比均值达四成(45.82%),同中型和大型企业相比,均值最高。其中,小型企业中女性占比最大超过七成(75%),最低占比不到一成(6.67%)。纵向来看,企业规模大小与女性占比成反比例,规模越大的企业,女性员工占比均值越小。

如表5-6所示,从中高管理层占比来看,企业规模越大,中高管理层占比均值越小。如大型企业中高管理层占比均值低于一成(5.7%)。此外,从标准差差值来看,大型企业中高管理层占比差异较小(4.2%)。这表明大型企业间对中高层员工的选拔较为稳定。通过纵向对比发现,企业规模越小,中高层员工占比越高,如小型规模的企业中高层员工占比为26.61%。

表 5-6　　　　按企业规模大小划分的企业员工构成　　　（单位:%）

	企业规模类型	均值	标准差	最大值	最小值
女性员工占比	小型企业	45.82	18.21	75.00	6.67
	中型企业	41.30	25.80	85.00	2.06
	大型企业	33.90	27.81	90.00	2.24
中高管理层占比	小型企业	26.61	11.00	42.86	6.67
	中型企业	16.52	11.17	57.50	3.33
	大型企业	5.70	4.20	14.42	0.20
技术人员和设计人员占比	小型企业	17.83	25.39	80.00	0.00
	中型企业	27.20	30.76	100.00	0.00
	大型企业	13.04	10.56	35.00	0.00
非生产员工占比	小型企业	37.53	41.50	100.00	0.00
	中型企业	32.09	34.93	100.00	0.00
	大型企业	31.12	36.17	100.00	0.00

从技术人员和设计人员占比来看，如表 5-6 所示，中型企业的该部分员工占比最高（27.2%），小型企业（17.83%）和大型企业（13.04%）两种规模相关员工均值占比都在15%左右。但中型企业的构成稳定性不如其他两种规模的企业。从标准差来看，可以看出中型规模企业的差值超过三成（30.76%）。

从非生产员工占比来看，无论企业规模大小，都有超过三成的员工是非生产员工。其中小型企业非生产员工均值37.53%，中大型企业均值占比差距较小，略超三成（32.09%，31.12%），这说明老挝中资企业对非生产员工的需求较为稳定。

二　企业全部人员流动情况

从表 5-7 提供的企业全部人员流动情况来看，不同类型企业在新增雇用人员、辞职人员、净流入人员三方面存在差异。如表 5-7 所示，新增雇用人员中小型企业新增雇用人员最少，均值占比为

2.18人，最多新增雇用10人，中型企业为7.89人，大型企业成为雇用人员的主力，平均每家企业新增76.13人，最多新增雇用400人。大型企业的情况迥异于中小型企业，这说明大型企业是提供就业岗位的主力。

表5-7　　　　　　　　　企业全部人员流动情况　　　　　　　　（单位：人）

	企业规模类型	均值	标准差	最大值	最小值
新增雇用人员	小型企业	2.18	2.43	10	0
	中型企业	7.89	10.63	46	0
	大型企业	76.13	100.45	400	0
辞职人员	小型企业	1.83	2.55	10	0
	中型企业	5.74	7.89	30	0
	大型企业	41.56	73.29	300	0
净流入人员	小型企业	0.35	1.06	3	-2
	中型企业	2.14	9.84	41	-25
	大型企业	34.56	50.62	168	-6

从辞职人员情况来看，大型企业的波动最为明显，平均每家企业辞职人员41.56人，最多辞职人数300人。小型企业平均每家企业辞职人员1.83人，最多辞职10人，同等情况的还有中型企业，每家企业平均辞职5.74人，最多辞职30人。新增雇用人员人数最大值相比，这说明中小企业基本能够保证流入和流出的人员达到相对均衡。

从净流入人员的情况来看，大型企业净流入员工平均达34.56人。中小型企业均值较小，其中平均每家中型企业净流入员工2.14人，小型企业不到1人。从最小值来看，不同类型的企业都有员工总人数减少的情况。其中，中型企业净流出人数最多有25人，有的大型企业较之前的员工总数少了6人，但新增的情况明显更多，其净流入人数为168人。

表 5-8 是按企业老挝人员流动情况。从新增雇用人员来看，小型企业平均每家企业新增老挝员工 2 人，其中新增最多的为 10 人，最少没有，说明小型企业老挝员工的流动较稳定。中型企业平均每家企业新增老挝员工比小型企业多近 4 人（5.97 人），新增老挝员工数最多的为 30 人，最少的没有。大型企业情况和中小型不同，新增老挝员工均值达 46.63 人，最多新增老挝员工 194 人，大型企业老挝员工流动幅度较大。

表 5-8　　　　　　　　企业老挝人员流动情况　　　　　　　　（单位：人）

	企业规模类型	均值	标准差	最大值	最小值
新增雇用人员	小型企业	2.00	2.47	10	0
	中型企业	5.97	7.74	30	0
	大型企业	46.63	58.27	194	0
辞职人员	小型企业	1.61	2.49	10	0
	中型企业	5.11	7.36	30	0
	大型企业	17.88	17.55	60	0
净流入人员	小型企业	0.41	0.87	3	0
	中型企业	0.86	4.55	16	-15
	大型企业	28.75	43.8	154	-5

从辞职人员情况来看，中小型企业的情况相似，新增均值占比均不到一成，中型企业占比（5.11 人）高于小型企业均值（1.61 人），平均每家大型企业有 17.88 人为辞职人员。最多辞职人员 60 人，远多于中型企业 30 人和小型企业 10 人。

从净流入人员来看，中小型企业的员工流动情况极为稳定，几乎没有什么变化。小型企业最多净流入 3 人，中型企业最多净流入 16 人，略微不同于小型企业的是中型企业最多净流出 15 人，而小型企业最少达到平衡。大型企业的差值达 43.8 人，其中最多净流入 154

人，最多净流出5人，换言之以新增老挝员工为主。

表5-9反映的是企业中国人员流动情况。首先，从新增雇用人员来看，平均每家小型企业新增中国员工均值0.17人，其中新增最多的为2人，最少没有。说明小型企业中国员工较老挝员工的流动性更小。中型企业平均新增中国员工1.91人，新增中国员工数最多的为29人，和新增老挝员工情况接近，最少的没有。大型企业情况和中小型不同，新增中国员工平均达到29.5人，最大值可达300人，最少没有新增，说明大型企业中国员工流动性较大。

表5-9　　　　　　　　企业中国人员流动情况　　　　　　（单位：人）

	企业规模类型	均值	标准差	最大值	最小值
新增雇用人员	小型企业	0.17	0.51	2	0
	中型企业	1.91	6.36	29	0
	大型企业	29.5	74.63	300	0
辞职人员	小型企业	0.21	0.63	2	0
	中型企业	0.60	1.87	10	0
	大型企业	23.69	63.49	250	0
净流入人员	小型企业	-0.06	0.54	1	-2
	中型企业	1.31	6.69	29	-10
	大型企业	5.81	13.46	50	-15

从辞职人员情况来看，如表5-9所示，中小型企业的情况相似。平均每家中型企业辞职0.6人，略高于小型企业均值（0.21人）。但平均每家大型企业辞职23.69人，比中小型企业辞职人数多，也多于老挝员工平均辞职员工人数。

从净流入人员来看，中小型企业的中国员工流动情况极为稳定，几乎没有什么变化。小型企业最多净流入1人，中型企业最多净流入

29 人。在净流出上，小型企业流出中国员工 2 人，中型企业流出 10 人，大型企业流出 15 人。由此可见，大型企业在净流出数量上差异最大。

第二节　雇用行为分析

本节将从中资企业中方高管、招聘和培训三个方面来探讨企业的雇用行为。首先描述分析中方企业的派遣时长及语言水平情况，其次描述在企业招聘中遇到的难题以及企业对员工语言能力和沟通能力的要求，最后对企业组织培训人员规模、次数和培训内容等相关情况进行分析。并对在老中资企业的中方高层、招聘和培训状况进行概括和总结。

企业高管专门指企业的高管人员，具体涵盖企业管理层中担任重要职务、负责企业经营管理、掌握企业重要信息的人员，主要包括经理、副经理、财务负责人、上市企业董事会秘书和公司章程规定的其他人员[1]。

通过对图 5-1 "中国派到老挝高管的平均派遣时间"的分析显示，第一，从中国派遣的高管在老挝的时间以一至三年为多，占到 56.67%。派遣时间为四至五年的次之，占 20%。未满一年和六年以上这两个时限则占比最低。说明中资驻老企业对派遣高管进入老挝实地工作主要是为了考察和为项目在老挝顺利开展把关，或者是因为驻老工作进入新阶段需要派遣高管更新工作，所以派遣时间主要集中在一至三年，或依据项目所需的时间长短而定。第二，派遣四至五年的次之，说明有的驻老中资企业人员流动性不大，派遣的高管所在岗位比较重要且稳定。

---

[1] Gareth Magowan：《66 天学会做高管：跨国企业这样带团队》，金城出版社 2015 年版。

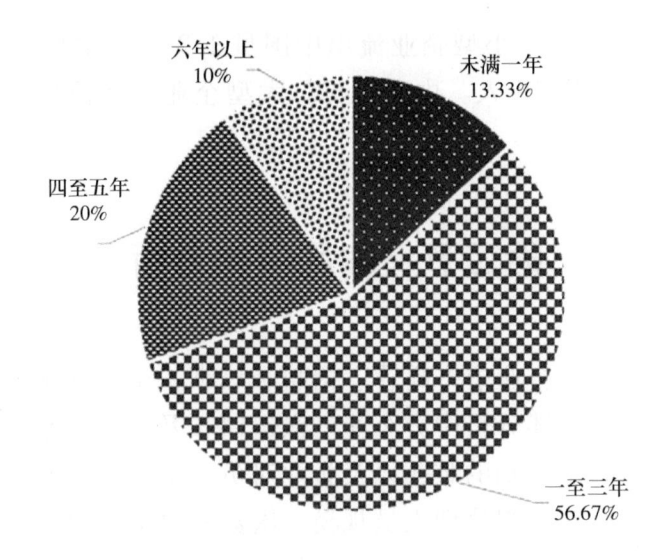

图 5-1 中国派到老挝高管的平均派遣时间

表 5-10 反映的是企业高管英语流利程度情况。通过对表 5-10 的观察，工业领域企业中英语非常流利的高管接近两成（18.18%），可以交流占比最大，占比达四成（40.91%）。完全不会的有两成（22.73%），会一点的接近两成（18.18%）。整体而言，工业领域高管的英语程度普遍可以交流（59.09%）。服务业领域高管相较于工业领域高管，英文程度在可以交流及以上程度不到五成（48.97%）。其中，流利和非常流利两个程度占比相同（12.24%）。完全不会英语的高管占 16.33%，会一点的超过三成（34.69%）。不在经开区的企业高管的英语程度多为可以交流（30.16%）和会一点（28.57%）两种程度。在老挝经开区的中企高管英语程度为非常流利的占到多数达四成（40%），可以交流及以上程度的占六成（60%）。其他地区企业集中在会一点（66.67%）这个程度。可以交流及以上程度略高于三成（33.33%）。由此可见，不同领域和行业的中资企业高管对英语的掌握程度有所差别。

表 5 – 10　　　　　　　　　企业高管英语流利程度　　　　　　　（单位:%）

	完全不会	会一点	可以交流	流利	非常流利
工业	22.73	18.18	40.91	0.00	18.18
服务业	16.33	34.69	24.49	12.24	12.24
不在经开区	19.05	28.57	30.16	9.52	12.70
老挝经开区	20.00	20.00	20.00	0.00	40.00
其他	0.00	66.67	33.33	0.00	0.00

企业高管老挝语流利程度如表 5 – 11 所示，工业企业高管的老挝语集中在会一点这个程度，占四成（40.91%），完全不会超过三成（31.82%）。可以交流及以上流利程度的工业企业高管占比不到三成（27.28%）。整体而言，工业领域高管的老挝语的流利程度较低，说明老挝语并非工业领域企业高管入驻老挝的绝对要求。

表 5 – 11　　　　　　　　　企业高管老挝语流利程度　　　　　　　（单位:%）

	完全不会	会一点	可以交流	流利	非常流利
工业	31.82	40.91	13.64	9.09	4.55
服务业	4.08	51.02	28.57	6.12	10.20
不在经开区	14.29	49.21	22.22	6.35	7.94
老挝经开区	0.00	40.00	40.00	0.00	20.00
其他	0.00	33.33	33.33	33.33	0.00

服务业企业高管老挝语的流利程度以会一点为主，占比超过五成（51.02%）。可以交流及以上程度占比达四成（44.89%）。但相较于工业企业，完全不会程度的服务业高管占比仅 4.08%。服务业企业高管老挝语的流利程度普遍比工业企业高，这一点突出了服务行业的特点。

不在经开区的企业高管的老挝语流利程度为会一点近五成（49.21%），可以交流程度占两成以上（22.22%）。老挝经开区的中国企业高管老挝语流利程度集中在会一点和可以交流，均占四成（40%），不同的是经开区没有完全不会老挝语的高管。由此可见，经济开发区中资企业高管和老挝人的交往相较其他地区企业更为密切。在其他地区企业，高管的老挝语流利程度平均分布在"会一点""可以交流"和"流利"三个程度（33.33%）。

二 中资企业对员工的培训情况

表5-12反映的是企业培训人员规模与次数情况。2018年培训的老挝员工人数均值达到94.07人。其中，培训老挝员工人数最多的企业培训员工数的达1393个，而最少的仅培训1人，不同企业差异较大。由此可见，培训作为一种系统化的智力投资，中资企业做得比较到位。

表5-12　　　　　　　　企业培训人员规模与次数

	均值	标准差	最大值	最小值
2018年培训的老挝员工人数	94.07	207.69	1393	1
2018年培训的次数	12.70	25.24	150	1
工业企业员工培训次数	18.89	39.18	150	1
服务业企业员工培训次数	9.76	14.64	56	1
不在任何经济开发区的企业员工培训次数	12.67	25.87	150	1
本国经济开发区的企业员工培训次数	0.00	0.00	0	0
其他企业员工培训次数	5.00	4.36	10	2
有自身工会的企业员工培训次数	18.77	40.19	150	1
没有自身工会的企业员工培训次数	10.86	18.92	93	1

2018年培训的次数平均达到12.7次，其中培训最频繁的企业超过150次，最少的仅1次，说明不同企业的培训频率差异较大。在工业企业，企业员工培训次数平均18.89次，接近服务业企业（9.76次）的两倍。观察标准差，同均值一样，工业企业培训次数的差值

39.18 次也远大于服务业（14.64 次），体现出行业培训的差异性。

不在任何经济开发区的企业员工培训次数均值 12.67 次，与 2018 年培训次数均值较为接近。其中最多培训 150 次，最少 1 次。其他企业员工培训次数以平均 5 次为主，行业培训频率较为集中（4.36 次）。最多培训 10 次，最少培训 2 次，说明其他企业培训较为稳定且均衡。

有自身工会的企业员工培训平均次数 18.77 次，多于没有自身工会的企业员工培训平均次数（10.86 次），体现在最大值上有自身工会的培训次数达 150 次，比没有自身工会的企业（93 次）多。由此可见，工会在组织培训上对企业有一定影响。

表 5-13 反映的是企业对员工培训的类型分布。工业企业十分看重培训员工的安全生产，有超过九成（94.44%）的企业开展培训。超过八成（83.33%）的企业会培训员工工作专用技能。有三分之一的企业（33.33%）开展员工的管理与领导能力的培训。超过两成（22.22%）的企业会开展人际交往与沟通技能和职业道德与责任心培训，超过一成（11.11%）的企业会开展写作能力和计算机或一般 IT 使用技能培训。而英语读写和其他能力的培训均不到一成（5.56%）。由此可见，与工业企业的行业性质有关，企业重视安全生产以图避免安全生产事故的发生。

服务业企业最看重员工工作专用技能，因此开展提升工作专用技能培训的企业占七成（69.23%），培训职业道德与责任心的企业超六成（64.10%），培训安全生产的企业接近六成（58.97%），开展人际交往与沟通技能培训的企业超五成（53.85%）。由此可见，责任心与职业道德是服务业企业关注的重点，关乎企业健康成长。

不在经开区的企业最注重培养员工的工作专用技能（74.51%）和安全生产（70.59%），而在老挝经开区的企业认为培养员工人际交往与沟通技能、职业道德与责任心、工作专用技能、安全生产同样重要，均超过 50%。其他地区企业都（100%）会开展工作专用技能、管理与领导能力和安全生产培训。

表 5-13　　　　　　　　企业对员工培训的类型　　　　　　　（单位:%）

	管理与领导能力	人际交往与沟通技能	写作能力	职业道德与责任心	计算机或一般IT使用技能	工作专用技能	英文读写	安全生产	其他能力
工业	33.33	22.22	11.11	22.22	11.11	83.33	5.56	94.44	5.56
服务业	35.90	53.85	10.26	64.10	23.08	69.23	10.26	58.97	10.26
不在经开区	33.33	43.14	7.84	50.98	17.65	74.51	7.84	70.59	7.84
老挝经开区	25.00	50.00	25.00	50.00	25.00	50.00	25.00	50.00	0.00
其他	100.00	50.00	50.00	50.00	50.00	100.00	0.00	100.00	50.00
有自身工会	23.08	23.08	15.38	30.77	7.69	84.62	7.69	92.31	0.00
无自身工会	38.64	50.00	9.09	56.82	22.73	70.45	9.09	63.64	11.36

有无自身工会在一定程度上影响培训类型。有自身工会的企业更加看重安全生产相关培训（92.31%），无自身工会的企业有六成（63.64%）开展相关培训。两类企业对工作专用技能都很关注，其中有自身工会的企业开展培训的占八成以上（84.62%），无自身工会也超过七成（70.45%）。无自身工会的企业对职业道德与责任心（56.82%）和人际交往与沟通技能（50%）的培训也很关注。从纵向看，不论如何分类，多数企业会针对提高员工安全生产和工作专用技能开展培训。

图 5-2 反映的是公司没有正规培训的原因情况。如图 5-2 所示，认为不需要正规培训的占比达五成（50%），超两成（21.43%）的企业是因为老挝没有机构提供培训，对培训没有概念的企业占一成以上（14.29%），占比相同的还有培训质量太低这一原因。由此可见，没有开展培训的企业以自身缺乏对员工各项技能培训的意识为主。

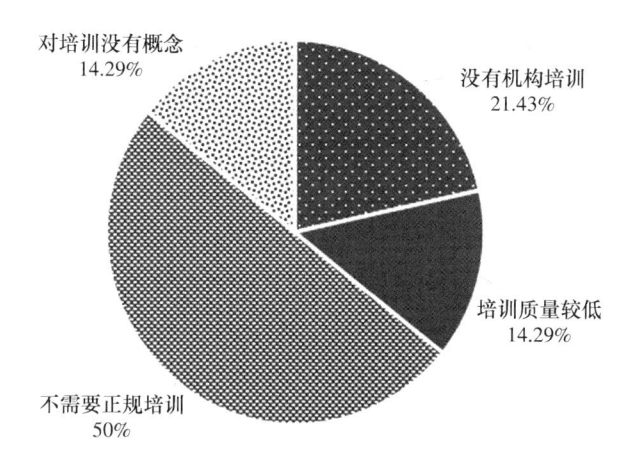

图 5-2 公司没有正规培训的原因

三 2018 年老挝中资企业招聘遇到的问题

2018 年企业招聘遇到的问题类型,主要由求职者过少、缺乏所需技能、期望薪酬过高、对工作条件不满、交流困难五方面组成。如表 5-14 所示,在工业领域,企业招聘遇到的主要问题是求职者缺乏所需技能,占比超过七成(77.27%)。在交流上存在困难的企业达 36.36%,由于交流困难会引起工作传达效率低下甚至出现错误的问题,或给部分企业带来困扰。在工业领域中资企业在老挝较少出现(18.18%)求职者过少的问题。

在服务业领域,同样面临缺乏所需技能的难题,占比超过八成(81.63%)。求职者过少的情况也存在,其占比和交流困难占比相同(36.73%)。期望薪酬过高的问题超过三成(33.33%)。对工作条件不满的情况在服务业领域相对较少,接近两成(18.37%)。

是否在老挝经开区的企业遇到的招聘问题各有不同,不在经开区的企业认为主要问题是缺乏所需技能(84.13%),面临应聘者薪酬期望过高问题,企业超过三成(35.48%),但在老挝经开区的企业未遇到这一问题。由此可见,经济开发区的中资企业或许开出令应聘者满意的薪资或者高于不在经开区的企业。不在经开区的企业则面临应聘者对薪酬期望过高问题,占比超过三成(35.48%)。也有超过三成(30.16%)不在经开区的企业面临遇到求职者过少的问题。

有自身工会的企业中,超过八成(85.71%)的企业认为应聘者缺乏所需技能是主要问题,无自身工会的企业中有七成(78.95%)面临同样问题。有自身工会企业存在交流困难问题的超四成(42.86%),而存在求职者过少问题的企业占比超一成(14.29%)。从纵向来看,不论如何划分,中资企业在招聘中遇到的主要问题就是求职者缺乏所需技能以及交流困难的问题。

表5-14　　2018年企业招聘遇到的问题类型　　（单位:%）

	求职者过少	缺乏所需技能	期望薪酬过高	对工作条件不满	交流困难
工业	18.18	77.27	27.27	31.82	36.36
服务业	36.73	81.63	33.33	18.37	36.73
不在经开区	30.16	84.13	35.48	23.81	36.51
老挝经开区	40.00	40.00	0.00	0.00	40.00
其他	33.33	66.67	0.00	33.33	33.33
有自身工会	14.29	85.71	38.46	35.71	42.86
无自身工会	35.09	78.95	29.82	19.30	35.09

根据图5-3对企业高管认为语言沟通能力的重要性的走向分析,企业高管认为沟通能力最重要超四成(46.48%),认为很重要的企业超三成(30.99%),认为重要的超一成(11.27%),认为最不重要(7.04%)的企业略多于不太重要(4.23%)的企业,但均在一成以下。认为中文听说能力在重要及以上程度的企业超过六成(66.21%)。有接近两成(19.72%)的企业认为中文听说能力最不重要。认为英文听说能力最不重要的企业超四成(46.48%),认为英文听说能力在重要及以上程度的企业也超过四成(40.85%)。由此可知,企业高管认为员工独立使用中文能力的重要性高于英文,这也和中资企业的国别背景有关。

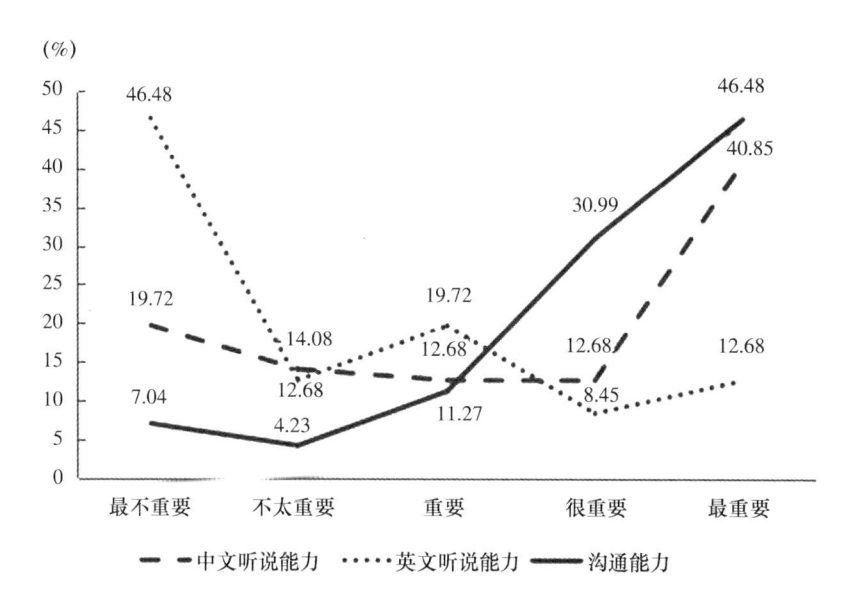

```
(%)
50 ┤  46.48                                              46.48
45 ┤                                                    40.85
40 ┤
35 ┤
30 ┤                                        30.99
25 ┤
20 ┤  19.72         19.72
15 ┤          14.08       12.68
10 ┤  7.04    12.68              12.68  8.45      12.68
 5 ┤          4.23        11.27
 0 ┼────────┬──────┬──────┬──────┬──────
       最不重要  不太重要  重要   很重要  最重要
       ── 中文听说能力  ⋯⋯ 英文听说能力  ── 沟通能力
```

图 5-3　企业高管认为语言沟通能力的重要性

图 5-4 关注的是企业高管认为员工相关能力的重要性问题。整体来看，企业高管最为看重的两个能力是员工具备团队合作能力（56.34%）及工作所需相关技能（50.7%）。在团队合作方面，不到 6% 的企业认为员工团队合作能力不太重要或最不重要。在独立工作能力上，企业高管需要员工在不同位置各尽所能。因此，超过九成（92.96%）的企业认为，员工独立工作的能力重要性在重要及以上程度。有近四成（39.44%）企业高管认为，时间管理能力最重要。没有企业高管认为时间管理能力不太重要，但有 7.04% 的企业高管认为该能力最不重要。具备问题解决能力的重要性在重要及以上的企业高管达九成（91.54%）。企业高管认为员工的相关技能不太重要和最不重要的占比相同（5.63%）。认为重要（18.31%）和很重要（19.72%）的企业占比接近。

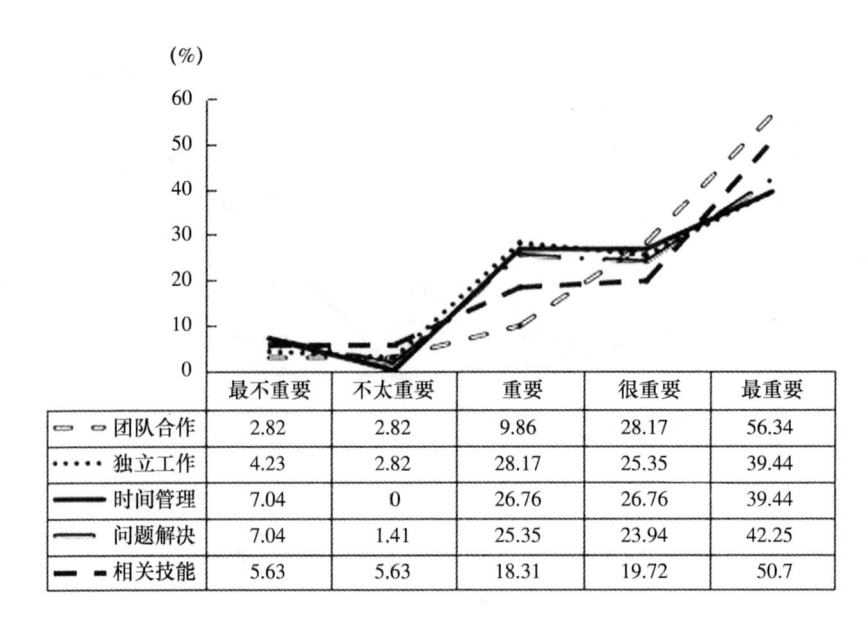

	最不重要	不太重要	重要	很重要	最重要
团队合作	2.82	2.82	9.86	28.17	56.34
独立工作	4.23	2.82	28.17	25.35	39.44
时间管理	7.04	0	26.76	26.76	39.44
问题解决	7.04	1.41	25.35	23.94	42.25
相关技能	5.63	5.63	18.31	19.72	50.7

图 5-4　企业高管认为员工相关能力的重要性

第三节　劳资纠纷及处理效果分析

劳动争议是指劳动关系的当事人之间因执行劳动法律、法规和履行劳动合同而发生的纠纷，即劳动者与所在单位之间因劳动关系中的权利义务而发生的纠纷。本节主要探讨中资企业中发生劳动纠纷的类型和解决方式。本节将按照工业和服务业、国有控股和非国有控股、有自身工会和无自身工会三个维度来进行对比分析，并概括在老中资企业发生劳资纠纷的类型和处理方式以及其形成原因。

图 5-5 反映的是中资企业最长劳动争议的持续时间。从调查情况来看，九成（97.14%）以上中资企业与当地劳工没有发生劳动争议。有 2.86% 的企业在老挝发生劳动争议的持续时间在一周内。由此可知，中资企业进入老挝时，要熟悉相关规章制度才能避免劳动争议出现或者在较短时间内解决劳动争议。

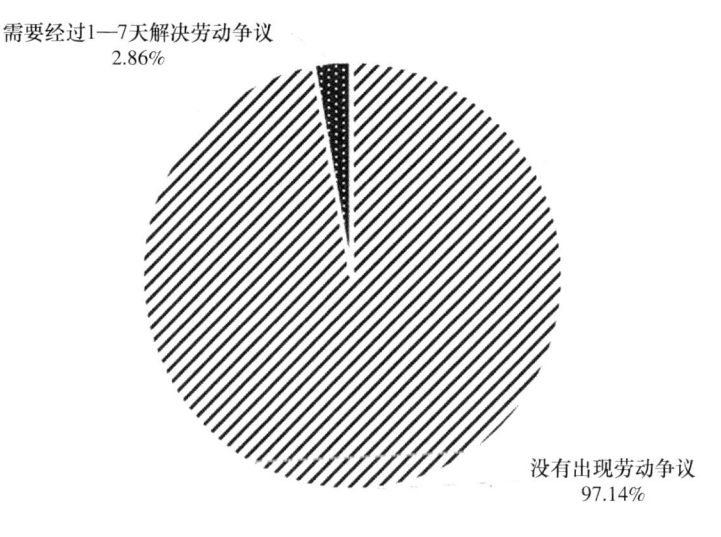

需要经过1—7天解决劳动争议
2.86%

没有出现劳动争议
97.14%

图 5-5 最长劳动争议的持续时间

劳动争议人数反映劳动争议的严重情况。如图5-6所示，影响最大的劳动争议涉及人数和劳动争议时长一样，超过九成（97.14%）的企业不涉及劳动争议，仅2.86%的企业影响最大的劳动争议涉及人数在0—50人。从人数角度看，绝大多数中资企业在老挝的工作造成的劳动争议情况较少，只有少数企业涉及人数在50人及以内。

表5-15反映的是企业产生的劳动争议原因。第一，在工业领域，所有产生劳动争议的企业都有其他原因，但具体原因尚不明确。有五成企业（50%）发生劳动争议原因是劳动者不满现有的安全生产条件。在服务业领域，出现劳动争议的唯一原因是企业主和劳工发生工资纠纷（100%）。不在经开区的企业和工业领域的情况相同，有五成（50%）原因是安全生产。由此可见，安全生产关乎员工生命安全，进而成为影响劳资关系的主要原因之一。侧面说明，老挝中资企业应该在安全生产上花费更多精力。就有无女性高管的企业产生劳动争议的原因来看，有女性高管的企业全部争议原因为其他。而无女性高管的企业，由工资纠纷、安全生产条件和其他原因造成劳动争议的各占五成（50%）。有自身工会的企业没有产生过劳动争议，无

影响最大涉及0—50人的劳动争议 2.86%

不涉及劳动争议 97.14%

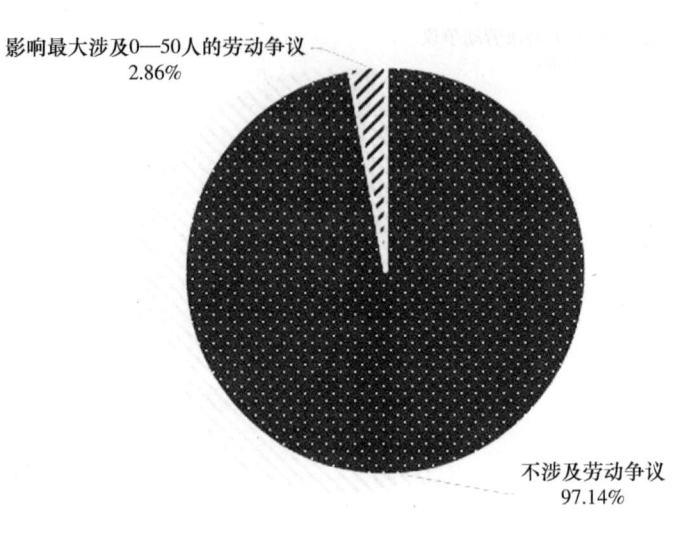

图 5-6 影响最大的劳动争议涉及人数

表 5-15　　　　　企业产生的劳动争议的原因　　　　　（单位:%）

	工资纠纷	社会保障纠纷	劳动合同纠纷	雇用外籍员工引发冲突	不满现有的安全生产条件	环境和资源保护力度不足	其他原因
工业	0.00	0.00	0.00	0.00	50.00	0.00	100.00
服务业	100.00	0.00	0.00	0.00	0.00	0.00	0.00
不在经开区	0.00	0.00	0.00	0.00	50.00	0.00	100.00
其他	100.00	0.00	0.00	0.00	0.00	0.00	0.00
有女性高管	0.00	0.00	0.00	0.00	0.00	0.00	100.00
无女性高管	50.00	0.00	0.00	0.00	50.00	0.00	50.00
有自身工会	0.00	0.00	0.00	0.00	0.00	0.00	0.00
无自身工会	33.33	0.00	0.00	0.00	33.33	0.00	66.67

自身工会的企业，均有三成（33.33%）企业因工资纠纷和不满现有的安全生产条件产生过劳动争议。其他原因引发争议的超过六成（66.67%），说明企业建立自身工会的重要性，给予员工表达诉求的渠道能极大降低劳动争议发生的可能性。因此，建议老挝中资企业认真学习和研究老挝《劳动法》《投资法》《老挝的外资企业的劳动法》《环境保护法》等相关法律法规，以避免上述争议的产生。此外，其他原因是企业发生劳动争议的主要原因，调查的下一步应尽快明晰其他原因的主要内容。

表5-16是企业2016—2018年劳动争议解决途径分布表。从纵向来看，不论如何划分，企业2016—2018年没有通过行业工会、当地警察、中国商会和法律途径解决劳动争议的案例。而是纷纷选择其他途径解决。一则说明，其他途径是更有效的途径，但其他途径是什么未可知，是否正规也未可知。二则说明，所列出的四种解决方式不是老挝中资企业解决劳动争议的优选途径，或者劳动争议的严重性没有到需要通过这四种方式来解决的程度。无论出于何种原因，中资企业需要将其他途径正规化和细化，确保本企业在当地经营的可持续和更广阔的发展空间。

表5-16　　　　企业2016—2018年劳动争议解决途径　　　（单位:%）

	与行业工会谈判解决		当地警察协助解决		中国商会居中调停		法律途径		其他途径	
	是	否	是	否	是	否	是	否	是	否
工业	0.00	100.00	0.00	100.00	0.00	100.00	0.00	100.00	100.00	0.00
服务业	0.00	100.00	0.00	100.00	0.00	100.00	0.00	100.00	100.00	0.00
不在经开区	0.00	100.00	0.00	100.00	0.00	100.00	0.00	100.00	100.00	0.00
其他	0.00	100.00	0.00	100.00	0.00	100.00	0.00	100.00	100.00	0.00
有女性高管	0.00	100.00	0.00	100.00	0.00	100.00	0.00	100.00	100.00	0.00
无女性高管	0.00	100.00	0.00	100.00	0.00	100.00	0.00	100.00	100.00	0.00
有自身工会	无	无	无	无	无	无	无	无	无	无
无自身工会	0.00	100.00	0.00	100.00	0.00	100.00	0.00	100.00	100.00	0.00

第六章

老挝中资企业本地化经营与企业国际形象分析

全球化潮流下,企业的跨地域、跨国界、跨民族、跨种族、跨文化等混合特征日益突出,海外中资企业不仅向世界展示企业形象,更是国际形象的天然公共外交新平台。[①]

本章主要根据老挝中资企业调查问卷中所涉及的四个模块,即老挝中资企业本地化经营程度、老挝中资企业社会责任履行程度、老挝中资企业形象传播及其在老挝的认可度和老挝中资企业的公共外交,对老挝中资企业本地化经营与企业国际形象及相关内容进行分析和描述。首先,关于老挝中资企业本地化经营的程度,主要为三项指标:中资企业供销本地化、生产本地化和雇用本地化,通过细节了解和评估企业本地化经营情况和本地化程度。其次,关于老挝中资企业社会责任履行程度,主要从两个维度进行分析,一是企业履行社会责任的状况描述,二是对不同企业履行社会责任的程度和海外宣传状况的比较。再次,调研老挝中资企业形象传播及其在老挝的认可程度,通过对企业形象宣传状况、企业产品在老挝的认可度的访问,了解中资企业在老挝的宣传状况和宣传效果。最后,描述和分析老挝中资企业的公共外交状况,分析和评价指标包括:中资企业与老挝的政府官员和主要领导的接触和交往频率。

---

① 李志永:《企业公共外交的价值、路径与限度——有关中国进一步和平发展的战略思考》,《世界经济与政治》2012年第12期,第107页。

第一节 本地化经营程度

本节以问卷数据为基础,从中资企业供销本地化、生产本地化和雇用本地化三个方面,详细了解中资企业在老挝的本地化经营情况,分析本地化程度和存在的问题。

一 老挝中资企业供销本地化程度

表6-1反映了老挝中资企业的本地供应商、销售商的交互情况。

表6-1　　　　　　　　老挝供应商、销售商更换数量　　　　　　（单位：家）

	更换过的企业	更换数量	平均值	标准差	最大值	最小值
供应商	20	201	10.05	11.75	30	1
经销商	3	30	10.00	0.00	10	10

在老挝本土供应商变动方面,如表6-1所示,在受访的中资企业中,共计20家中资企业自运营以来更换过老挝本土合作供应商,这20家中资企业共更换过201家老挝供应商,平均每家老挝中资企业更换的老挝供应商数量为10.05家。在这20家企业中,自运营以来更换最多的一家中资企业,至今共更换过30家老挝本土供应商;更换最少的一家中资企业更换过1家老挝本土供应商。标准差为11.75,由此可见,在老挝的中资企业更换过老挝供应商的不多。但在更换过本地供应商的中资企业中,更换数量的差异性较大,最大的相差29家。有的企业更换供应商的数量较多,有的企业较少。

在老挝本土经销商的变动方面,老挝的中资企业更换老挝本地经销商的不多,仅有3家,这3家中资企业更换过的老挝不同经销商共计30家,平均每家中资企业更换过10家老挝本土经销商,实际上每家中资企业都是更换了 10 家老挝经销商。相比较于老挝本土供应商来说，老挝本土经销商与中资企业合作关系更加稳定。

受访中资企业在运营中，除了与老挝本土供应商和经销商合作外，还普遍存在与其他国家的供应商和经销商的合作。如表 6-2 所示，受访中资企业中，非老挝本土的供应商共来自 91 个不同的国家，平均每家中资企业的非老挝供应商来自 2.07 个不同的国家，来源国数量最多的一家企业的供应商来自 20 个不同的国家，最少的来自 1 个国家，标准差为 3.02。数据显示，在非老挝本土供应商方面，中资企业的非老挝本土供应商来源国的数量差异性较大，拥有最多来源国的中资企业比拥有最少来源国的中资企业多 19 个非老挝供应商来源国。

在非老挝经销商方面，受访中资企业的非老挝本土经销商来自 9 个不同的国家，平均每 1 家中资企业拥有 1.13 个国家的非老挝经销商，最多的来源于 2 个国家，最少的来源于 1 个不同的国家，标准差为 0.35，数量差异性不大，最多来源国和最少来源国的企业只差 1 个来源国。

表 6-2　　　　　　　　非老挝供应商、销售商来源国　　　　　（单位：个）

	来源国数量	平均值	标准差	最大值	最小值
供应商	91	2.07	3.02	20	1
经销商	9	1.13	0.35	2	1

以上统计数据显示，老挝中资企业作为跨国企业，其本土化和国际化存在巨大的反差：一方面，中资企业在老挝的本土化供销程度不高，对非老挝本土供应商的依赖程度较大，这一定程度上反映了老挝本土工业发展不足；另一方面，在老挝中资企业无论是在生产环节还是在销售环节，既需要其他国家的分工配合，又有较大的选择余地。

如表 6-3 所示，所有受访中资企业拥有 516 个来自中国的供应商，平均每家企业有 12.29 家中国供应商，但企业之间差异性较大。

其中最多的一家中资企业拥有 99 家中国供应商，最少的企业只拥有 1 家中国供应商。受访中资企业拥有的中国经销商共 38 家，平均每 1 家企业有 4.75 家中国经销商，其中，最多的一家中资企业拥有 20 家中国经销商，最少的企业仅拥有 1 家中国经销商。显然，老挝的中资企业生产所需原材料主要来自中国，相比之下，企业对中国销售商的依赖程度并不高。

表 6 - 3 中国的供应商、经销商数量 （单位：家）

	中国的供应商、经销商数量	平均值	标准差	最大值	最小值
供应商	516	12.29	22.25	99	1
经销商	38	4.75	6.88	20	1

表 6 - 4 反映了城市类型与经济纠纷的交互情况。根据表中数据可见，位于首都万象的受访中资企业中，有一成（10.00%）的企业与供应商有过经济纠纷，但没有一家受访企业与经销商发生过经济纠纷。位于商业城市的受访中资企业与供应商和经销商之间都没有发生过经济纠纷。中资企业经济纠纷与其所处城市类型之间没有明显的关联性，即中资企业的经济纠纷并不受所处城市类型的影响。

表 6 - 4 城市类型与经济纠纷情况 （单位:%）

	与供应商经济纠纷		与经销商经济纠纷	
	是	否	是	否
首都城市	10.00	90.00	0.00	100.00
商业城市	0.00	100.00	0.00	100.00

表 6 - 5 反映了中资企业供销商本地化程度。如表中数据所示，平均每 1 家中资企业有 7.97 家老挝供应商，明显少于企业平均拥有的非老挝供应商数量（11.58 家）。在销售方面，平均每 1 家中资企业的老挝本土经销商数量为 12.65 家，而企业平均拥有的非老挝经销

商数量却少得多，仅有 1.95 家。通过这组数据比较，可见大多数中资企业供应商的本地化水平不高，非老挝供应商的数量是老挝供应商数量的 1.45 倍，这主要是由于老挝本地供应商的不足所致；相比之下，中资企业的销售本地化水平较高，老挝销售商数量是非老挝销售商的 6.49 倍。

表6–5　　　　　　　　　中资企业供销商本地化程度

		数量均值	标准差	最大值	最小值
老挝	供应商	7.97	20.27	99	0
	经销商	12.65	24.46	68	0
非老挝	供应商	11.58	24.62	99	0
	经销商	1.95	4.81	20	0

图 6–1 显示了中资企业的老挝供应商数量百分比分布，如图 6–1 所示，受访中资企业中，有 35.71% 的企业没有老挝本土供应商，有 50% 的企业老挝供应商数量在 10 家以下，有 14.29% 的企业老挝供应商在 10 家以上。在非老挝供应商方面，有 38.03% 的中资企业没有非老挝供应商，有 39.43% 的中资企业有 1—10 家非老挝供应商，有 22.54% 的中资企业有 10 家以上的非老挝供应商。由此可见，中资企业对老挝供应商和非老挝供应商的需求差异明显。

在销售商方面，如图 6–2 所示，受访的中资企业中，50% 的企业没有老挝本土销售商，没有非老挝本土销售商的企业占比高达 60%。有 50% 的中资企业有老挝本土销售商，其中有 1—10 家和 10 家以上的企业各占一半，均为 25%。35% 的企业非老挝本土销售商在 1—10 家，5% 的企业非老挝本土销售商在 10 家以上。总的来说，有老挝本土销售商的企业数量和没有老挝本土销售商的企业数量基本持平。

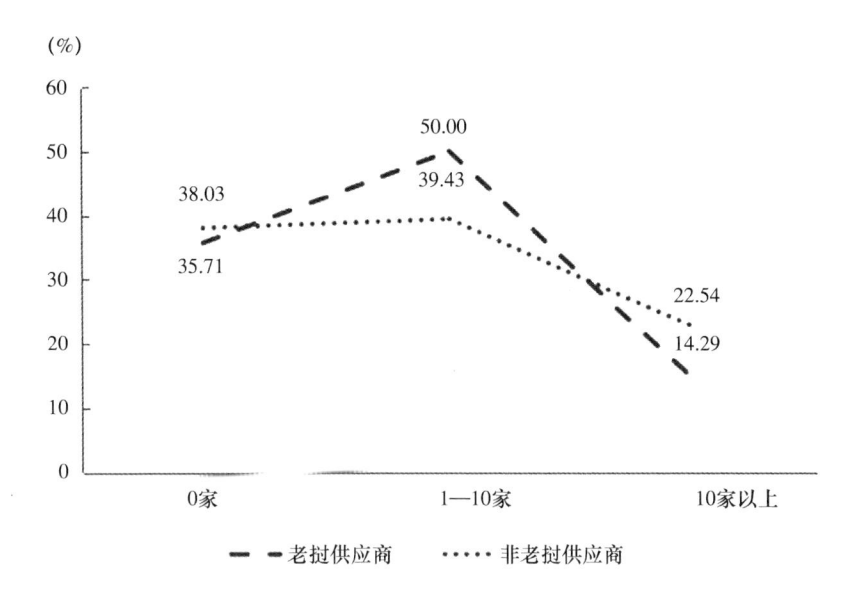

图 6-1　老挝及非老挝供应商数量分布

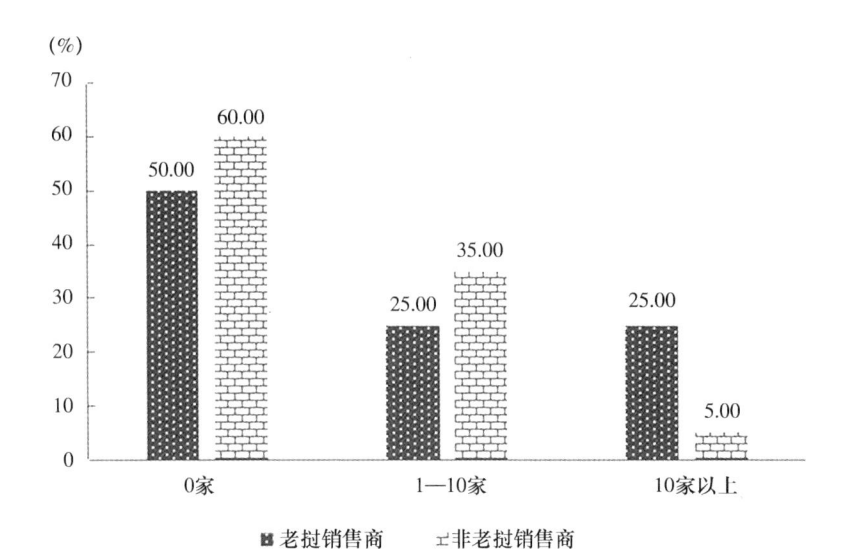

图 6-2　老挝及非老挝销售商数量分布

中资企业与老挝供销商合作的开始时间，如图6-3所示，在2000—2005年之间，与老挝本土供应商合作的企业数量不足受访企业的一成（8.89%），合作时间在2006—2010年的企业占比为两成（20.00%），2011—2015年开始合作的企业占比略超过三成（31.11%），合作开始于2016年的企业占比高达四成（40%）。由此可见，中资企业与老挝供应商保持超过10年的长期稳定合作的较少，更多的合作始自2011年。

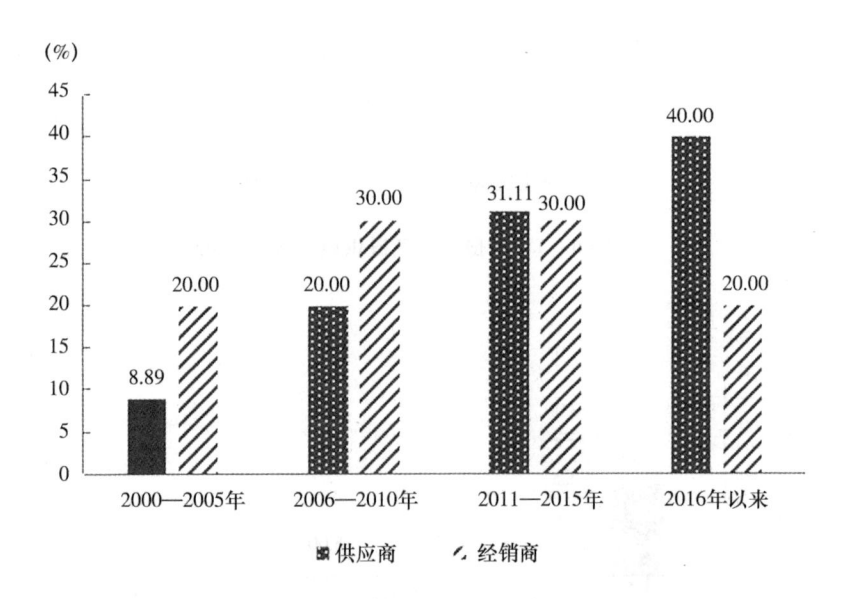

图6-3 老挝供应商、经销商合作开始时间

在与老挝经销商的合作方面，受访中资企业中，开始合作时间在2000—2005年的占比为两成（20%），这个比例明显高于同时段与老挝供应商开始合作的中资企业占比，在2006—2010年开始合作的企业占比为三成（30.00%），有30%的企业与老挝经销商在2011—2015年开始合作，2016年以来开始合作的经销商占比为两成（20.00%）。

总体上，中资企业与老挝供应商更倾向于一种较为短期的合作，而与老挝经销商更偏向于一种长期的稳定的合作。

二 老挝中资企业的生产本地化程度

关于中资企业生产本地化情况的评估，主要依据企业固定资产即所使用的机器设备的原产国分布数据。老挝中资企业固定资产的来源国主要包括中国、老挝和其他国家。如图6-4所示，受访企业中，企业数量最多是仅使用原产于中国的机器设备，占比略超过四成（40.85%）。其次是使用原产于中国和其他国家机器设备的企业，占比二成多（26.76%），没有新增机器设备的企业占比超过一成（15.49%），使用机器设备原产于中国和老挝的企业占比接近一成（9.86%），仅使用原产于其他国家机器设备的企业占比不到一成（5.63%），所使用的机器设备产地覆盖中国、老挝和其他国家的企业数量较少，仅占1.41%。总体上，有近八成（78.88%）中资企业或多或少使用原产于中国的机器设备，说明中资企业更多地选择原产于中国的机器设备。

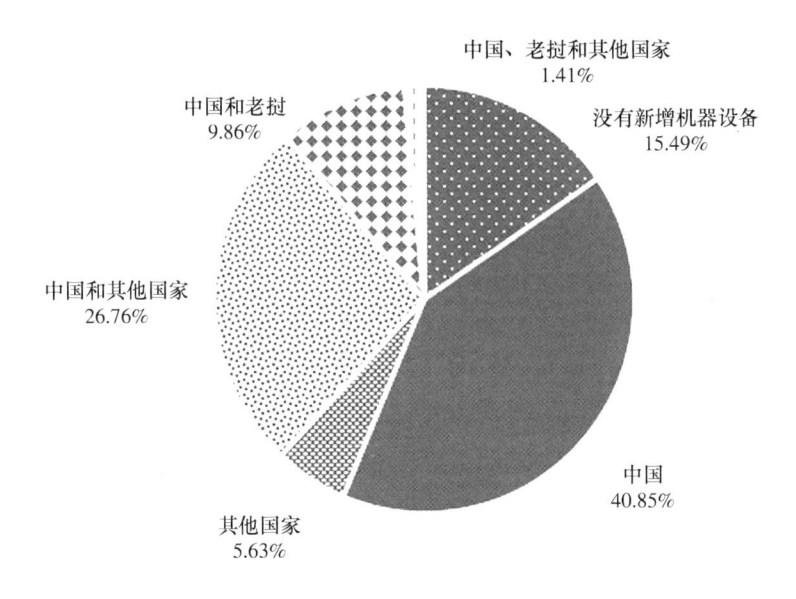

图6-4 企业固定资产来源国

三 老挝中资企业雇用本地化程度

对老挝中资企业的雇用本地化的调查,包括老挝员工总量和不同维度细分的老挝员工数量,如表6-6所示,受访企业的老挝员工数量占员工总数的平均比例超过六成(65.58%),其中,老挝员工占比最高的企业达97.52%,老挝员工占比最低的企业仅有3.33%,企业之间差异性很大。在中高层管理员工中,老挝员工占员工总人数的平均比例为2.12%,其中,老挝中高层管理员工最多的企业占比超过两成(25.00%),有的企业没有老挝中高层管理人员。在技术人员和设计人员中,老挝员工占员工总人数的平均比例为9.84%,其中,老挝技术人员和设计人员占员工总人数的比例最高的超过七成(73.33%)。在非生产员工中,老挝员工占员工总人数的平均比例略超两成(23.56%),占比最高的企业中,非生产员工在老挝员工总占比高达96.67%。在一线员工或生产员工中,老挝员工占员工总人数的平均比例逾两成(25.43%),其中,老挝一线员工或生产员工占比最大的企业高达93.04%。可见,老挝员工在中资企业中,主要是一线员工或生产员工和非生产员工,在企业中从事中高层管理工作及与技术和设计相关工作的明显较少。

表6-6 不同条件下的老挝员工占总体的比例 (单位:%)

	均值	标准差	最大值	最小值
老挝员工占比	65.58	21.94	97.52	3.33
中高层管理员工中的老挝员工占员工总人数的比例	2.12	4.92	25.00	0.00
技术人员和设计人员中的老挝员工占员工总人数的比例	9.84	19.67	73.33	0.00
非生产员工中的老挝员工占员工总人数的比例	23.56	30.00	96.67	0.00
一线员工或生产员工中的老挝员工占员工总人数的比例	25.43	32.31	93.04	0.00
初等教育及以下的老挝员工占员工总人数的比例	14.91	25.91	88.00	0.00
中等教育的老挝员工占员工总人数的比例	34.03	31.02	100.00	0.00
大学本科及以上的老挝员工占员工总人数的比例	12.88	22.29	80.00	0.00

按老挝员工已完成的最高学历划分，如表6-6所示，受过中等教育的老挝员工占员工总人数的平均比例最高，超过三成（34.03%），最高学历为中等教育的老挝员工占比最多的企业高达100%。受过大学本科及以上教育（高等教育）的老挝员工占员工总人数的平均比例略超一成（12.88%），最高学历为高等教育的老挝员工占比最多的企业为80.00%。初等教育及以下的老挝员工占员工总人数的平均比例为14.91%，初等教育及以下的老挝员工占比最多的企业达88.00%。由此可见，中资企业中老挝员工受过中等教育的人数占比最高，受教育程度在初等及以下的老挝员工和受过高等教育的数量的平均水平相近。从雇用本土员工的角度看，中资企业在老挝的本土化程度较高。

第二节 社会责任履行程度

近年来，在老挝的中资企业迅速增多，中资企业在老挝迅速发展的同时，也面临着承担和履行社会责任的问题。企业社会责任的履行效果直接影响到企业自身的品牌和知名度，乃至中国国家形象。本节从企业社会责任的履行项目及其程度、不同行业和不同地区的企业社会责任履行效果、企业社会责任履行中相应的制度建设、福利待遇、海外宣传等角度展开调查，全面分析在老挝中资企业的社会责任履行程度。

一 中资企业各项社会责任的履行情况

中资企业社会责任的履行情况主要指企业各种类别的援助项目的开展情况。如图6-5所示，就援助项目来看，受访企业援助项目比例最高的是直接捐钱，占比接近七成（68.85%），其次是以实物形式的公益慈善捐助，占比近六成（59.02%），再次是教育援助，占比约五成（49.18%），接下来是文体交流活动和基础设施援助，占比均逾三成（分别为32.79%和31.15%）。企业关注最少的是水利设施援助，占比不到一成（8.20%）。其他类别的援助项目占比均为两成左右，相对而言，其中企业关注更多的是社会服务、卫生援助和修建寺庙方面的援助。

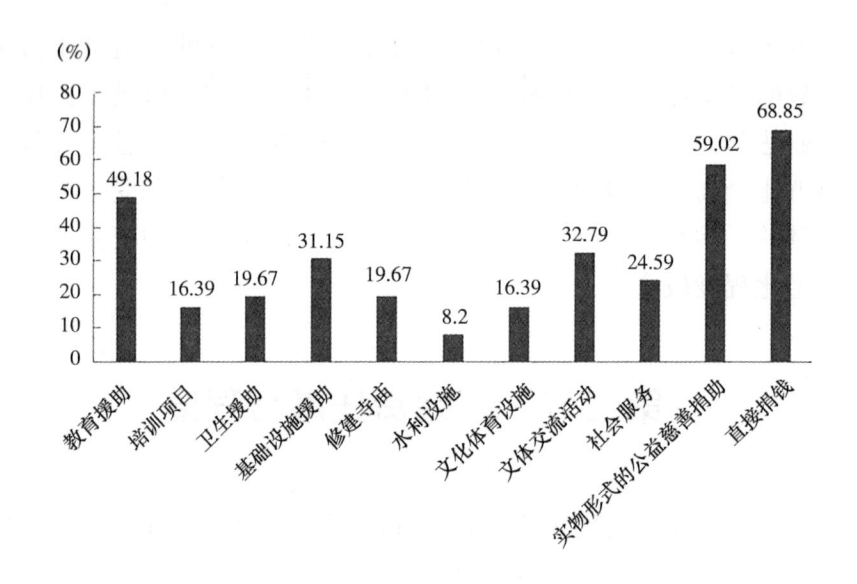

图6-5 企业各项社会责任履行程度

调查发现，直接捐钱和实物形式的公益慈善捐助方式的援助具体操作简单、时间成本更低，从而成为很多中资企业履行社会责任的偏好。

企业是否参加国际标准制定及其参与程度是衡量企业履行社会责任的指标之一。如表6-7所示，所有受访企业中，参与国际标准化制定的企业都没有设置专门社会责任办公室或相应主管，没有建立社会责任、企业公益行为准则的规章制度，没有在公司年度计划中制定年度公益计划，2016—2018年企业社会责任支出变化均无体现。

表6-7　　　　　　2016—2018年企业社会责任履行程度　　　　（单位:%）

	设置专门社会责任办公室或相应主管		建立了社会责任、企业公益行为准则的规章制度		是否在公司年度计划中制订年度公益计划		2016—2018企业社会责任支出变化		
	是	否	是	否	是	否	减少	不变	增加
参与国际标准化制定	无	无	无	无	无	无	无	无	无
没有国际标准化制定	13.64	86.36	14.29	85.71	33.33	66.67	14.29	14.29	71.43
工业	13.64	86.36	14.29	85.71	33.33	66.67	14.29	14.29	71.43
服务业	16.33	83.67	29.17	70.83	28.57	71.43	0.00	35.71	64.29
不在经开区	14.29	85.71	24.19	75.81	30.65	69.35	5.26	31.58	63.16
老挝经开区	20.00	80.00	0.00	100.00	20.00	80.00	0.00	0.00	100.00
其他	33.33	66.67	66.67	33.33	33.33	66.67	0.00	0.00	100.00
有自身工会	28.57	71.43	15.38	84.62	42.86	57.14	0.00	33.33	66.67
无自身工会	12.28	87.72	26.79	73.21	26.79	73.21	6.67	26.67	66.67

在没有参与国际标准化制定的企业中，依旧有接近九成（86.36%）的企业既没有设置专门社会责任办公室或相应主管，也没有建立社会责任、企业公益行为准则的规章制度。但在该部分企业中有略超三成（33.33%）的企业有把公益计划纳入公司年度计划中，并且2016—2018年有超过七成（71.43%）的企业社会责任支出是增加的，这说明有没有参与国际标准化制定对公司的年度公益计划制定和社会责任支出具有较大影响。

按照企业类型划分，受访工业企业中，有近九成（86.36%）没有设置专门社会责任办公室或相应主管，也没有建立社会责任、企业公益行为准则的规章制度。有近三成（33.33%）的企业有把公益计划纳入公司年度计划中，并且2016—2018年有超过七成（71.43%）的企业社会责任支出增加。

服务业企业有超过八成（83.67%）没有设置专门社会责任办公室或相应主管；有略超七成（70.83%）没有建立社会责任、企业公益行为准则的规章制度；接近三成（28.57%）的企业在公司年度计划中制订了年度公益计划；超过六成（64.29%）的企业社会责任支出变化在 2016—2018 年有所增加。与工业企业相比，服务业企业在相关制度的建立方面稍多，但实际投入要比工业企业少。

不在经开区的企业中，近九成（85.71%）没有设置专门社会责任办公室或相应主管，近八成（75.81%）的企业没有建立社会责任、企业公益行为准则的规章制度。有略超三成（30.65%）的企业把公益计划纳入公司年度计划中，并且 2016—2018 年有超过六成（63.16%）的企业社会责任支出增加。

在老挝经开区的企业中，有八成（80%）没有设置专门社会责任办公室或相应主管，该部分企业没有建立过社会责任、企业公益行为准则的规章制度。有两成（20%）的企业把公益计划纳入公司年度计划中，并且 2016—2018 年全部企业的社会责任支出均为增加。与不在经开区的中资企业相比，在老挝经开区的企业相关支出比不在经开区的企业多。

在其他特殊地区的企业方面，有近七成（66.67%）没有设置专门社会责任办公室或相应主管，有近七成（66.67%）企业建立过社会责任、企业公益行为准则的规章制度。超过三成（33.33%）的企业有把公益计划纳入公司年度计划中，并且 2016—2018 年全部企业的社会责任支出增加。

在有自身工会的企业中，有略超七成（71.43%）没有设置专门社会责任办公室或相应主管，超过八成（84.62%）的企业没有建立过社会责任、企业公益行为准则的规章制度。有超过四成（42.86%）的企业把公益计划纳入公司年度计划中，并且 2016—2018 年企业的社会责任支出有近七成（66.67%）为增加。

在无自身工会的企业中，有近九成（87.72%）没有设置专门社会责任办公室或相应主管，超过七成（73.21%）企业没有建立过社会责任、企业公益行为准则的规章制度。有近三成（26.79%）的企业把公益计划纳入公司年度计划中，并且 2016—2018 年以来有近七成（66.67%）的企业的社会责任支出增加。

总的来说，在老挝的中资企业不偏向于建立专门的社会责任办公室或相应制度，中资企业在社会责任履行方面的投入大多较过去三年有所增加。

企业内部的员工福利待遇状况也在一定程度上反映了企业履行社会责任的情况。如表6-8所示，在企业福利待遇方面，在所调查的企业样本中，没有参与国际标准化制定的企业平时有略超七成（72.73%）的员工有加班现象；这些企业超过八成（81.82%）有员工食堂或午餐安排；绝大多数企业提供员工宿舍；有近六成（59.09%）的企业有员工文体活动中心。

表6-8 企业福利待遇比较 （单位:%）

	是否有加班		是否有员工食堂或午餐安排		是否提供员工宿舍		是否有员工文体活动中心	
	是	否	是	否	是	否	是	否
参与国际标准化制定	无	无	无	无	无	无	无	无
没有国际标准化制定	72.73	27.27	81.82	18.18	95.45	4.55	59.09	40.91
工业	72.73	27.27	81.82	18.18	95.45	4.55	59.09	40.91
服务业	73.47	26.53	81.63	18.37	79.59	20.41	32.65	67.35
不在经开区	71.43	28.57	80.95	19.05	85.71	14.29	42.86	57.14
老挝经开区	80.00	20.00	80.00	20.00	80.00	20.00	40.00	60.00
其他	100.00	0.00	100.00	0.00	66.67	33.33	0.00	100.00
有自身工会	71.43	28.57	100.00	0.00	85.71	14.29	85.71	14.29
无自身工会	73.68	26.32	77.19	22.81	84.21	15.79	29.82	70.18

从受访企业类型的维度看，在工业企业中，有七成多（72.73%）的员工有加班现象，服务业企业中也存在相近比例（73.47%）的员工加班现象。在员工食堂或午餐安排方面，工业企业和服务型企业没

有明显差异，所占比例均为八成多一点，工业企业中有员工食堂或为员工提供午餐的占比为81.82%，服务业企业为81.63%。在为员工提供住宿方面，大部分工业企业（95.45%）为员工提供住宿，服务业企业为员工提供住宿的比例不到八成，占比为79.59%。在员工文体活动中心建设方面，近六成（59.09%）的工业企业为员工建立了文体活动中心，相比之下，仅有略超三成（32.65%）服务型企业建立了员工文体活动中心。总体上，工业企业的员工福利明显优于服务型企业。

从企业所在区域的维度看，不在经济开发区的企业中，有逾七成（71.43%）企业存在员工有加班现象，同时这类企业中，超过八成（80.95%）有员工食堂或为员工提供午餐，八成多（85.71%）提供员工宿舍，四成多（42.86%）有员工文体活动中心。位于老挝经济开发区的企业中，八成（80%）的企业存在员工加班现象，八成（80%）的企业有员工食堂或者为员工提供午餐，八成（80%）的企业提供员工宿舍，四成（40%）的企业有员工文体活动中心。两相比较，不在经济开发区和位于经济开发区的企业员工福利差异性不突出。

从企业工会建设的维度看，设立了工会的企业和没有设立工会的企业都普遍存在员工加班现象，占比均超过七成（71.43%和73.68%）。所有设立了工会的企业中，都有员工食堂或提供员工午餐，绝大多数企业提供员工宿舍（85.71%）和文体活动中心（85.71%）。在没有自身工会的企业中，近八成（77.19%）设有员工食堂或提供员工午餐，逾八成（84.21%）提供员工宿舍，不到三成（29.82%）有员工文体活动中心。由是观之，设有工会的企业的整体福利要优于没有工会的企业。

企业与老挝员工的聚餐频繁程度能很好地体现公司和员工的关系。从表6-9中可以看出，没有参与国际标准化制定的企业有95.45%与老挝员工有聚餐。所有受访的服务型企业（100.00%）曾与老挝员工聚餐，工业企业相应的占比为有95.45%。在老挝经济开发区的所有企业都曾与老挝员工聚餐，绝大多数不在经济开发区的企业（98.41%）也曾与老挝员工聚餐。所有无工会的企业（100.00%）曾与老挝员工聚餐，有自身工会的企业这一比例超过九成（92.86%）。通过以上四个维度的对比发现，绝大多数老挝中资企业较为重视与老挝员工聚餐，与老挝员工的聚餐不仅是企业与员工进行沟通的有效方式之一，也是提升老挝员工归属感的积极手段。

表6-9　　　　　　企业与老挝员工聚餐情况比较　　　　（单位：%）

	与老挝员工聚餐	未与老挝员工聚餐
参与国际标准化制定	无	无
没有国际标准化制定	95.45	4.55
工业	95.45	4.55
服务业	100.00	0.00
不在经开区	98.41	1.59
老挝经开区	100.00	0.00
其他	100.00	0.00
有自身工会	92.86	7.14
无自身工会	100.00	0.00

二　中资企业社会责任海外宣传情况和效果分析

针对企业的海外宣传，我们进行了多维度的对比和分析，以便进一步认识老挝中资企业社会责任履行情况。在企业是否选择进行社会责任履行的海外宣传方面，从表6-10中可以看出，在所调查的企业样本中，没有国际标准化制定的企业只有38.10%进行过社会责任的海外宣传，有61.90%的企业对其社会责任未进行过海外宣传。

从企业类型来看，不同类型的中资企业开展企业社会责任海外宣传的比例相差不大，工业企业的比例为38.10%，服务业型企业的比例为36.73%。从企业区位来看，38.71%的不在经济开发区的企业开展过企业社会责任海外宣传，40.00%在老挝经济开发区的企业开展过类似活动。从有无工会的维度看,有自身工会的企业中,超过半数的企业开展过企业社会责任海外宣传,占比为53.85%,没有工会的企业的比例明显低得多,占比为33.33%。总体上,老挝中资企业开展社会责任海外宣传的比例不高,对自身的宣传力度不够,甚至六成以上的企业从未开展过类似的宣传活动,这与中资企业重视履行社会责任的行动形成鲜明对比,企业应该重视和加强本企业履行社会责任的海外宣传,提升自身的海外品牌形象。

表6-10　　　　企业对社会责任进行过海外宣传比较　　　（单位:%）

	对企业社会责任海外宣传过	对企业社会责任未海外宣传
参与国际标准化制定	无	无
没有国际标准化制定	38.10	61.90
工业	38.10	61.90
服务业	36.73	63.27
不在经开区	38.71	61.29
老挝经开区	40.00	60.00
其他	0.00	100.00
有自身工会	53.85	46.15
无自身工会	33.33	66.67

对于中资企业在老挝履行社会责任的评价,我们对比分析了不同国家的企业在老挝履行国际社会责任的效果,数据来源于受访中资企业高管对各国企业国际社会责任(公益活动)的履行效果的评分,打分标注为1—10分,1分为最不被老挝居民接受,10分为最受老挝居民欢迎。如图6-6所示,最受欢迎的企业来自中国、日本和法国,得分均在6分以上,其中,中国企业在老挝当地民众中的接受程度最高,平均分达到8.00分,其次是日本企业(7.20分),法国企业以

6.46分紧随其后。得分在5分以上的企业来自美国、德国和英国，三个国家的企业在老挝本地的受欢迎程度差不多，平均得分分别为5.47分、5.41分和5.11分。得分低于5分的企业来自俄罗斯和印度，其中印度企业得分最低为4.09分。通过对比分析发现，老挝中资企业对自身社会责任的履行效果比较满意，同时也关注到了其他国家企业履行社会责任情况。

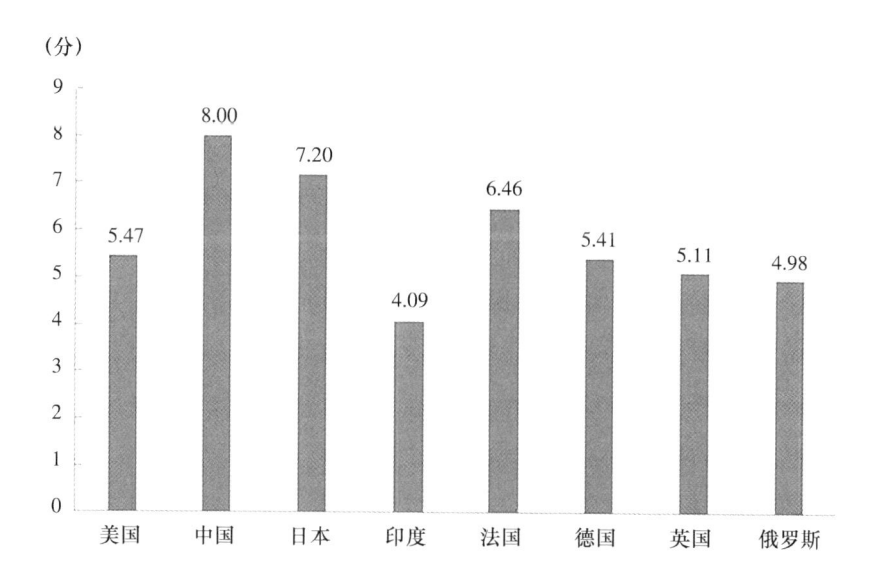

图6-6　各个国家社会责任履行效果对比

第三节　形象传播及在老挝的认可度分析

中资企业的国际形象是中国国家形象的展现，中资企业是中国"一带一路"倡议践行者，"中国制造""中国品牌"成为中国大国实力的重要体现。老挝中资企业的企业国际形象包含了老挝民众对中资企业的生产经营认可度及对中资企业品牌和产品的认可度。中资企业在老挝开展经营，除了全力发展、推广企业之外，还要重视投资对当地造成的影响，例如环境影响。同时还应该积极观察当地的反应，尤其是民众的反应。良好的企业国际形象不仅有利于中国大国战略的向外推广，也为中资企业本地化运作营造良好的营商环境。本节将从中资企业运用的宣传手段、开设的社交媒体公众账号、国家形象在老挝的反应调查、中资企业产品认可度、老挝当地居民对中资企业投资的看法等几个维度进行调查。

一 中资企业形象媒体宣传情况

在实地调查中，我们将老挝中资企业的形象宣传方式分为老挝本国媒体、老挝华人媒体、Facebook或Twitter之类的新媒体、微信公众号等自媒体，或者只做不说五种选择。如图6-7所示，受访中资企业中，通过老挝华人媒体和诸如Facebook或Twitter等新媒体进行宣传的企业都接近四成，均为38.03%。使用老挝本国媒体和微信公众号等自媒体宣传企业形象的占比稍低，均为33.80%。只做不说的企业占29.58%。

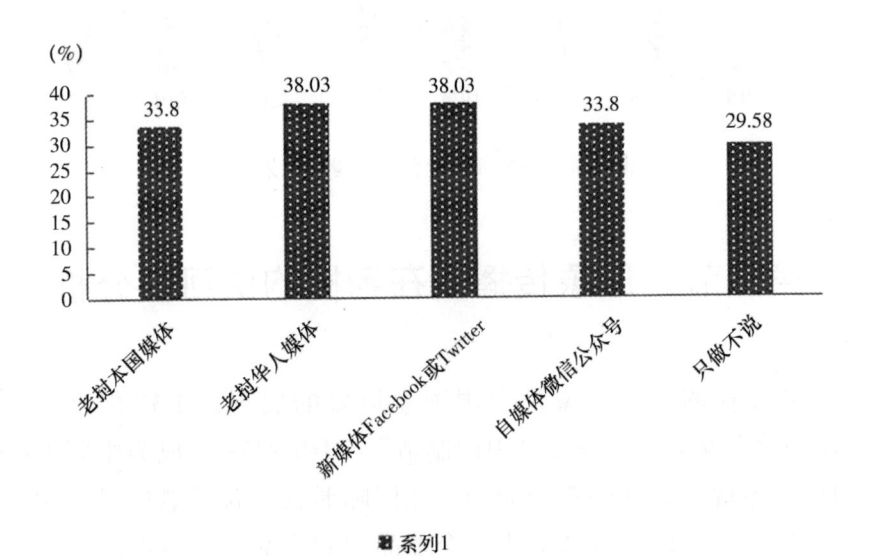

图6-7 企业形象宣传手段对比

调查发现,老挝中资企业进行自身形象宣传的途径比较多样化,对于中国媒体或国外媒体没有特别明显的偏好,能够灵活使用本地各种媒体,与此同时,不重视自身形象宣传的企业为数不少,将近三分之一,其中的原因主要是在老挝的中资企业中,小微企业占了相当的比例,这部分企业认为没有扩大宣传的必要。

在对中资企业使用的对外宣传方式的调查基础上,我们从自媒体公众号的维度做了更深入的调查。如图6-8所示,在所有受访中资企业中,超过一半的企业(50.70%)拥有1—6个公众号,接近一半的企业(47.89%)没有公众账号,极少数的企业拥有6个以上的公众号,占比仅为1.41%。老挝中资企业对是否需要建立自己的自媒体公众号的态度不一,建立公众号的企业主要是为了广告宣传或者组织活动,也有相当一部分企业觉得开通公众号意义不大。但是在自媒体迅猛发展的大趋势下,老挝中资企业有必要进一步认识自媒体,加以利用,加强企业形象的宣传。

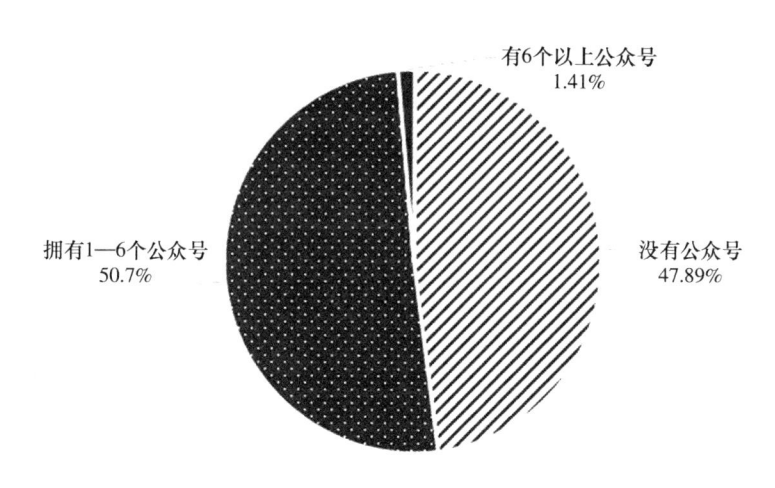

图6-8 老挝中资企业自媒体公众账号数量比较

二 中资企业产品在老挝的认可度

本次调研通过企业高管的视角调查了中资企业产品和企业服务在

老挝的认可程度。如表 6-11 所示,认可度的评分标准为 1—10 分,1 分为最不认可,10 分为最为认可。首先,从注册时间维度上看,注册时间超过五年的企业产品或服务品牌在老挝认可度平均值达到 7.77 分,其中评分最高的企业为满分,评分最低的企业仅 1 分。相比之下,注册时间低于五年的企业产品或服务品牌在老挝的认可度的平均分略高一些,达到 8.06 分,其中评分最高的企业为满分,最低的为 4 分。

表 6-11　　　　　　中资企业产品在老挝的认可度对比

	均值	标准差	最大值	最小值
注册时间超过五年	7.77	1.81	10	1
注册时间低于五年	8.06	1.44	10	4
参与国际标准化制定	无	无	无	无
没有国际标准化制定	8.05	2.26	10	1
工业	8.05	2.26	10	1
服务业	7.83	1.31	10	4
不在经开区	7.85	1.65	10	1
老挝经开区	8.60	1.67	10	6
其他	7.67	2.08	10	6
有自身工会	8.14	1.51	10	6
无自身工会	7.84	1.69	10	1

其次,在企业是否参与国际标准化制定维度上,没有参与国际标准化制定的企业产品或服务品牌在老挝认可度平均值为 8.05 分,其中,认可度最高的企业为满分,最低的仅 1 分,产品或品牌的被认可度普遍很高。

再次，在企业类型维度上，工业企业产品或品牌在老挝认可度略高于服务型企业，工业企业平均得分为 8.05 分，其中评分最高的企业是满分，最低的为 1 分；服务业企业的平均分为 7.83 分，评分最高的企业亦为满分，最低的为 4 分。

然后，在企业所处区域维度上，不在经济开发区的企业产品或服务品牌在老挝的认可度平均分为 7.85 分，其中，评分最高的企业为满分，最低的为 1 分；在老挝经济开发区的企业产品或服务品牌在老挝的认可度平均分为 8.6 分，其中评分最高的企业为满分，最低的为 6 分。在经开区的企业产品或服务品牌的认可度普遍高于不在经开区的企业。

最后，在有无自身工会的维度上，有自身工会的企业产品或服务品牌在老挝的认可度平均达到 8.14 分，其中，认可度最高的企业评分为 10 分，最低的评分为 6 分；没有自身工会的企业相应的平均分略低，为 7.84 分。其中，认可度最高的企业评分也是 10 分，最低分为 1 分。

在国际上，企业形象是国家形象的直接体现。本调研同时调查了老挝的外资企业的国际形象，通过纵向比较分析，进一步认识中资企业所塑造的国际形象状况。评分标准为 1—10 分，1 分为最负面，10 分为最正面。调查结果如表 6-12 所示，按照平均分由高到低排序如下：中国（7.81 分）、日本（7.27 分）、法国（7.09 分）、德国（6.33 分）、英国（5.92 分）、美国（5.91 分）、印度（4.93 分）。通过与各个国家社会责任履行效果（图 6-6）对比，国家形象与企业履行社会责任之间存在正相关。社会责任履行效果较好的中国、日本和法国，国家形象的得分同样位列前三位，国家形象得分最低的印度在社会责任履行效果评价上也名列最末位。通过调查，可以肯定的是在老挝的中资企业在国家形象的塑造方面发挥了积极的作用，但是，企业在海外承担和履行社会责任方面仍需继续努力，为国家形象的进一步提升贡献力量。

表6-12 国家形象打分对比 （单位：分）

	均值	标准差	最大值	最小值
美国	5.91	2.40	10	1
中国	7.81	1.63	10	3
日本	7.27	1.68	10	3
印度	4.93	2.04	10	1
法国	7.09	1.67	10	3
德国	6.33	2.08	10	1
英国	5.92	2.11	9	1

图6-9反映了当地居民对中资企业在老挝投资的态度，对企业的调查结果显示，超过半数（54.93%）的当地居民对中资企业持欢迎态度，逾三成（35.21%）的居民比较欢迎中资企业的投资，近一成（9.86%）的当地居民的态度是无所谓。总体上看，绝大部分老挝当地居民对中资企业在老挝投资持比较积极的态度。

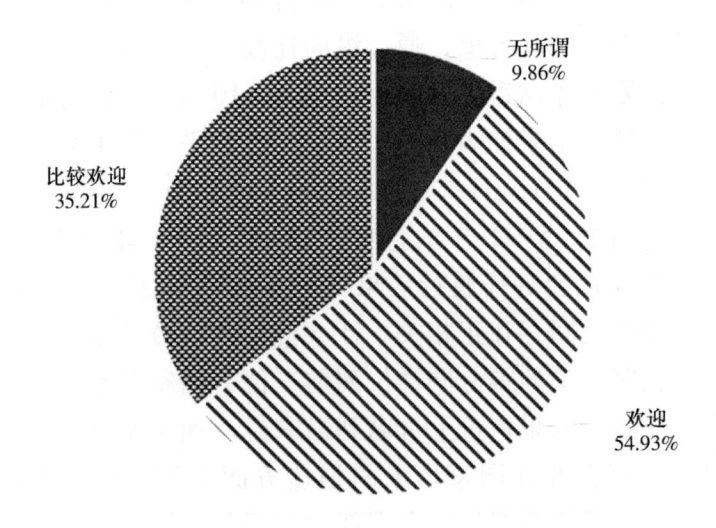

图6-9 当地居民对于公司在老挝投资的态度

第四节 公共外交分析

企业是公共外交的行为体之一，具有区别于其他行为体尤其是政府的独特价值。[①] 企业公共外交的实践路径包括通过企业产品、品牌形象增进国家形象、通过承担企业社会责任塑造良好国家形象、通过企业文化传播母国的核心价值观等。[②] 本节主要通过调查老挝中资企业在市场经营活动中与老挝当地企业高层、当地政府领导等交往的频率，对比分析不同类型的中资企业在老挝开展公共外交的状况。

一 中资企业与老挝同类型企业高层管理者往来情况

在对老挝中资企业的调查中，中资企业与老挝同类型企业高层管理者的来往频率如表6-13所示，从企业类型的维度看，工业企业有近六成（59.09%）的企业与老挝当地同类型企业高层有来往，逾一成（13.64%）的企业与老挝当地同类型企业的高层往来频繁，与老挝当地同类型企业的高层没有往来的企业接近两成（18.18%）。服务业企业中，有逾四成（42.86%）的企业与老挝同类型企业高层相互有来往，略超两成（20.41%）的企业与老挝同类型企业高层往来频繁。整体上，中资企业与老挝当地同类型企业的交往不多，若从往来频繁程度看，服务业企业与老挝当地同类型企业高层管理者接触较多，工业企业则较少。就企业所处区域来看，不在经济开发区的中资企业中，47.62%的企业与老挝当地同

[①] 李伟、于朝晖：《企业公共外交的内涵、特性与实施策略解析》，《上海管理科学》2016年第3期，第76页。

[②] 李志永：《企业公共外交的价值、路径与限度——有关中国进一步和平发展的战略思考》，《世界经济与政治》2012年第12期，第107—111页。

类型高层有来往，其中频繁往来的占20.63%，没有往来的近一成（9.52%），在经济开发区的中资企业中，有六成（60.00%）的企业与老挝当地同类型企业的高层管理者有来往，其中往来频繁的没有，往来较少或没有往来的均达到两成，各占20.00%。相比之下，更多不在经济开发区的中资企业与老挝当地同类型企业高层管理者保持频繁联系。

表6-13　　企业与老挝同类企业的高层管理者的往来情况　　（单位:%）

	没有往来	较少往来	有往来	往来频繁
工业	18.18	9.09	59.09	13.64
服务业	8.16	28.57	42.86	20.41
不在经开区	9.52	22.22	47.62	20.63
老挝经开区	20.00	20.00	60.00	0.00
其他	33.33	33.33	33.33	0.00

二　中资企业与老挝政府领导往来情况

表6-14反映了中资企业与当地行政长官的往来频率。如表6-14所示，从企业所属类型看，在工业企业中，一半（50%）的企业与当地行政长官有往来，与当地行政长官往来频繁的占比为31.82%，与当地行政长官较少往来的占比为13.84%，与当地行政长官没有往来的很少，仅占4.55%。在服务业企业中，与当地行政长官有往来的企业不到五成（44.9%），与当地行政长官往来频繁的占比为16.33%，没有往来的企业占比22.45%，较少往来的企业占比最小（16.33%）。相比之下，工业企业比服务业企业与当地行政长官的往来更为频繁，需要与当地政府部门保持积极的联系与沟通。

从企业所处区域看，不在经济开发区的企业中，与当地行政长官有往来的近五成（49.21%），往来频繁的占比为20.63%，较少往来的占15.87%，没有往来的占14.29%。位于老挝经济开发区的企业中，与当地行政长官有往来的占四成（40%），往来频繁的占比为20%，没有往来的占比为40%。在没有往来这一指标上，位于老挝经济开发区的企业占比要远高于不在经济开发区的企业。在其他地区的企业中，往来频繁的、较少往来的和没有往来的均占33.33%。

总的来说，工业企业与所在地行政长官互动比其他企业更为频繁；不在老挝经济开发区的企业和位于老挝经济开发区的企业相比，与当地行政长官互动更为频繁。

表6-14　　企业与所在地的行政长官的往来情况　　（单位：%）

	没有往来	较少往来	有往来	往来频繁
工业	4.55	13.64	50.00	31.82
服务业	22.45	16.33	44.90	16.33
不在经开区	14.29	15.87	49.21	20.63
老挝经开区	40.00	0.00	40.00	20.00
其他	33.33	33.33	0.00	33.33

表6-15反映了按照同样的维度和对比方法，对中资企业与当地规制或行政管理部门的主要领导往来情况的调查结果。如表6-15所示，从企业所属类型维度看，在所调查的工业企业样本中，超过七成（72.73%）的企业与当地规制或行政管理部门的主要领导有往来，逾一成（13.64%）企业与当地规制或行政管理部门主要领导往来频繁，与当地规制或行政管理部门主要领导较少往来的企业占9.09%，没有往来的只有4.55%。在服务业企业中，超过五成（55.1%）与当地规制或行政管理部门的主要领导有往来，往来频繁的占16.33%，较少往来的占10.2%，没有往来的有18.37%。对比发现，工业企业与当地规制或行政管理部门的主要领导普遍有所往来。

表 6-15　企业与当地规制或行政管理部门的主要领导的往来情况　（单位:%）

	没有往来	较少往来	有往来	往来频繁
工业	4.55	9.09	72.73	13.64
服务业	18.37	10.20	55.10	16.33
不在经开区	14.29	9.52	61.90	14.29
老挝经开区	20.00	0.00	60.00	20.00
其他	0.00	33.33	33.33	33.33

从企业所处区域维度看，不在经济开发区的中资企业中，超过六成（61.90%）的企业与当地规制或行政管理部门的主要领导有往来，往来频繁的企业占比为 14.29%，较少往来的企业占比为 9.52%，逾一成（14.29%）的企业与当地规制或行政管理部门的主要领导没有往来。位于经济开发区的中资企业中，六成的企业（60.00%）与当地规制或行政管理部门的主要领导有往来，往来频繁的企业占 20.00%，没有往来的企业占 20.00%。位于其他地区的企业中，与当地规制或行政管理部门的主要领导有往来、往来频繁和较少往来的企业均占 33.33%。

三　中资企业管理层对老挝政治环境评估情况

老挝的政治环境对于老挝中资企业的本地化经营和投资安全有着举足轻重的影响，图 6-10 反映了中资企业管理层对老挝政治环境评估的统计结果。在所调查的中资企业中，超过六成（64.29%）的企业管理层认为老挝的政治环境是比较稳定的，这很大程度上能反映出老挝这个国家政治较为稳定的特点；逾两成（21.43%）的企业管理层认为老挝的政治稳定，投资风险较小；一成多（12.86%）的企业管理层认为老挝的政治环境状况不好说，存在不稳定风险；还有极小一部分（1.43%）中资企业认为老挝的政治环境不稳定，有党派斗争。

政治环境不好说，存在不稳定风险
12.86

不稳定，有党派斗争
1.43%

政治稳定，投资风险较小
21.43%

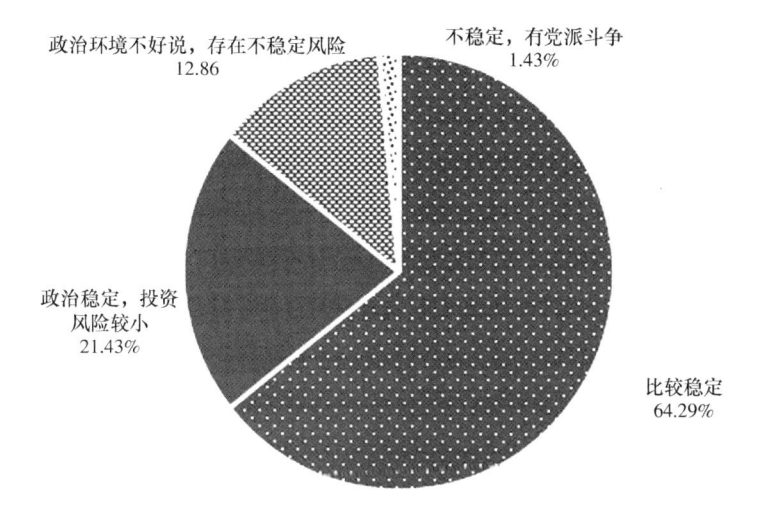

比较稳定
64.29%

图 6-10　企业管理层认为老挝政治环境情况

第七章

老挝中资企业员工的职业发展与工作条件

近年来,老挝凭借其毗邻中国的地理优势、同中国市场的经济互补性,以及廉价劳动力吸引着许多中国企业设厂投资。海外投资推动了当地劳动力市场的发展,大量劳动力被吸引到中资企业就业。本章基于此次调研的数据分析,对在中资企业工作的老挝员工的个人的工作现状,以及个人和家庭收入进行描述、分析和总结。主要内容包括职业经历和工作条件、工作时间与职业培训和晋升、参与工会组织和社会保障情况、个人和家庭收入,以及家庭地位和耐用消费品等几个方面,通过数据分析,从不同视角了解老挝员工的工作现状及家庭生活状况。

第一节 职业经历和工作条件

企业和员工之间一直都是一对相互依存又相互对立的共同体:企业的生存与发展依赖于员工的投入与付出,员工的成长与进步依托于企业的资源与平台。人力资源始终是企业战略发展与经营过程中的核心能力,企业只有注重员工的职业培养和管理方式,才能更好地吸引人才和留住人才。

为保证调研样本数据的真实性和准确性,所以调研问卷会通过几个过滤问题来选择合适的员工样本。本次调研将员工样本的筛选条件定为进入中资企业工作一年且属于该企业长期雇用的老挝员工。

一 老挝员工应聘入职情况

老挝员工在受访中资企业的工龄分布情况如图 7-1 所示，在当前中资企业工作 1—2 年的员工最多，略超全部员工的四成（40.11%）。工作 2—3 年是人数第二多的，占比近两成（17.39%）。再次是工作 1 年以下和 7 年以上的员工，二者人数相差不多，占比分别为 10.87% 和 10.11%。从次，工作 3—4 年、4—5 年和 5—6 年的员工数量占比也较为接近，分别占比 7.17%、6.2% 和 5.22%。人数最少的是工作 6—7 年的，只占总人数的 2.93%。

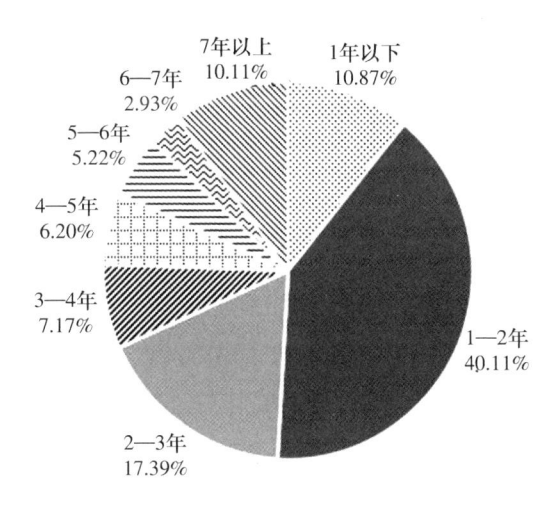

图 7-1　员工在当前企业的工作时长分布（$N=920$）

综上，接近半数（68.37%）员工工作年份不满 3 年，造成这种现象的原因可能不仅是因为老挝劳动力的流动性较大，还可能与在老挝投资的中国企业本身发展的时间就比较短有关。工龄 3—5 年的占比 13.37%。工作年份达 5 年及以上的占比 18.26%。人才是企业最重要的战略资源，也是企业未来发展的重要核心资源之一，所以员工流动性大十分不利于企业的稳定和长远发展。为实现企业人才稳定，中资企业应重视人力资源管理，调整员工薪资福利，培养和引领员工的职业发展，加强企业文化建设。

员工获得现有工作的主要途径如表7-1所示。在920个员工样本中，通过亲戚朋友介绍工作的和直接来企业应聘的员工都接近总人数的四成，分别占比38.15%和34.46%。通过参加招聘会和看到招聘广告的员工数量一样，都占比8.04%。通过在职业介绍机构登记求职方式获得工作的人数占比为5.98%。通过雇主直接联系员工就业和通过学校就业中心的方式人数较少，占比分别为2.39%和1.09%。通过其他途径的员工数量也比较少，占比仅1.85%。

表7-1　　　　员工获得现有工作的主要途径（N=920）　　　（单位：个、%）

获得此工作主要途径	频数	百分比
在职业介绍机构登记求职	55	5.98
参加招聘会	74	8.04
通过学校就业中心	10	1.09
看到招聘广告	74	8.04
通过亲戚朋友	351	38.15
直接来企业应聘	317	34.46
雇主直接联系	22	2.39
其他	17	1.85
合计	920	100.00

综上可知，中资企业的老挝员工获取现工作的主要渠道是通过亲戚朋友介绍和直接上门应聘。相对而言，招聘公告、招聘会、学校就业中心、职业介绍机构在企业相关信息宣传方面作用不大，这也反映出在老挝的大多数中资企业（尤其是中小型企业）的知名度不高。因此中资企业要注重树立企业形象，通过新闻本和网络的广告宣传，举办企业庆典活动，以及参与社会公益活动等方式来扩大企业知名度，吸引更多的本地化人才进入企业。

如前所述，不少员工是通过亲戚朋友介绍入职本企业，因此与家人同在一个企业工作的员工人数也不少。由表7-2可知，在920个有效样本中，有130个员工和家人在同一家企业工作。其中，有不到三成（26.15%）的员工和两个家人在同一家企业工作，有一成（10%）的员工和四个及以上的家人在同一家企业工作的，有三个家人在同一家企业工作的占比最低，只有4.62%。中资企业的多数老挝员工都与一个或更多家人在同一家企业工作。这反映出绝大多数员工都认同或喜欢自己所在企业的工作环境及薪酬福利制度。

表7-2　　　　　　　员工家人在本企业的数量（N=920）　　　（单位：个、%）

有几个家人在本企业	频数	百分比
一个	77	59.23
两个	34	26.15
三个	6	4.62
四个及以上	13	10.00
合计	130	100.00

二　老挝员工的工作职位

工作职位的划分是为方便对从事不同性质工作的人，用不同的要求和方法管理，对同类同级的人员用统一的标准管理，以实现人事治理的科学化。表7-3显示了按性别划分的管理人员与非管理人员分布情况。在920个有效样本中，有426个男性员工样本，494个女性员工样本。男性中的管理人员占全部男性员工的11.27%，女性中的管理人员占全部女性员工的11.13%，二者百分比值接近。男性中的非管理人员占全部男性员工的88.73%，女性中的非管理人员占全部女性员工的88.87%，二者占比接近。男性与女性中的管理层人数、非管理层人数占比相近，二者之间不存在显著差异。总体来看，受访者中的非管理人员占据了大多数，管理人员相对较少。

表7-3　　按性别划分的管理人员与非管理人员分布（$N=920$）　　（单位:%）

是否管理人员	男	女
是	11.27	11.13
否	88.73	88.87
合计	100.00	100.00

三　老挝员工的工作经历

工作经历是企业招聘职员的主要参考要素，也是规划员工个人职业发展的重要参考内容。老挝员工在外资企业工作的经历，一方面简单反映出外资企业在老挝的投资情况，另一方面体现出中资企业老挝员工的工作经历。需要注意的是，在本部分所涉及的国外投资企业都不包括中国企业。

从表7-4可以看到，在322个样本中，管理人员与非管理人员是否有过在外资企业工作经历的情况相似。无论是管理人员还是非管理人员，都有两成左右的员工有过在外资企业工作经历，分别占比19.35%和20.27%。

表7-4　　管理人员与非管理人员是否有在外资（除中国）企业工作的经历（$N=322$）　　（单位:%）

是否有在外资（除中国）企业工作的经历	管理人员	非管理人员
是	19.35	20.27
否	80.65	79.73
合计	100.00	100.00

管理人员与非管理人员在美国、日本、韩国、欧洲和其他国家投资的企业工作过的分布情况各具特点，具体情况如表7-5所示。

在外资企业工作过的管理人员中，在美国、日本和其他国家投资的企业工作过的均占33.33%，在韩国和欧洲国家投资的企业工作过的各占16.67%。在外企工作过的非管理人员中，66.1%曾在其他国家投资的企业工作，20.34%曾在美国投资的企业工作，15.25%曾在韩国投资的企业工作，8.47%曾在日本投资的企业工作。没有人曾入职过欧洲国家投资的企业。

表7-5　管理人员与非管理人员在不同外资（除中国）企业有过工作经历的分布（多选题）（$N=65$）　　（单位:%）

外国投资企业	管理人员	非管理人员
美国	33.33	20.34
日本	33.33	8.47
韩国	16.67	15.25
欧洲	16.67	0.00
其他	33.33	66.10

从表7-5可知，部分管理人员在多家不同国家投资的外资企业工作过，并且管理人员更倾向于在美国、日本和其他国家投资的企业工作。其他国家主要是泰国和越南，而中国、泰国和越南是老挝吸引外资的前三来源国。少部分非管理人员在多家不同国家投资的外资企业工作过，非管理人员明显倾向于入职其他国家，主要是泰国和越南投资的企业。总体来说，除中资企业以外，泰国、越南和美国在老挝投资的企业数量更多，这些企业提供的待遇也相对更具吸引力。

四　老挝员工的工作环境

老挝员工在日常工作中使用电脑的状况按性别因素划分（如表7-6所示）。在922个有效样本中，有426个男性样本，496个女性样本。在日常工作中使用电脑的男性占比37.79%，在日常工作中不使用电脑的男性占比62.21%。有37.1%的女性在日常工作中使用电脑，其余62.9%的女性在日常工作中不使用电脑。在日常工作中使用电脑的男女员工中占比都是近四成，男性和女性在这个问题上没有呈现出显著的差异,由此可见,在日常工作中是否使用电脑与性别没有相关性。

表7-6　　按性别划分的员工日常工作使用电脑状况（$N=922$）　　（单位:%）

日常工作是否使用电脑	男	女
是	37.79	37.10
否	62.21	62.90
合计	100.00	100.00

目前在老挝中资企业工作的老挝员工大多是一线工人,他们的工作主要从事体力劳动,或是接触生产线的机器设备。因此,他们在日常工作中电脑的使用率未超过半数。

第二节　工作时间与职业培训和晋升

本节主要包括工作时间、职业培训和职业发展三个部分的内容。职业发展与职业培训紧密相关,其目的都是提高员工的知识水平、技术和能力。职业培训是职业发展规划前期工作和短期准备,职业发展规划的道路同时也包括员工个人的职业晋升前景。

一　老挝员工的工作时间

工作时间是指劳动者为履行工作义务,在用人单位从事工作或者生产的时间。工作时间也是劳动者获得休息权的法律保障。由于工作内容的区别性和工作职务的特殊性,因此管理人员和非管理人员每周每月的工作天数会存在差异。如表7-7所示,在103个管理人员中,上个月平均每周工作时间占比最多的分别是6天、5天和7天。具体来看,工作6天的人数最多,占比接近半数（41.75%）。其次是工作5天的占比超过三成（32.04%）。最后是工作7天的占比超过两成（21.36%）。管理人员超过九成（95.15%）上个月每周平均工作天数都不少于5天。

表7-7 管理人员与非管理人员上月平均每周工作天数的差异（$N=918$）

（单位:%）

上月平均每周工作天数	管理人员	非管理人员
0	0.00	0.37
1	2.91	1.47
2	0.00	0.25
3	0.97	0.37
4	0.97	1.60
5	32.04	17.18
6	41.75	46.13
7	21.36	32.64
合计	100.00	100.00

在815个非管理人员中，上个月平均每周工作时间占比最多的前三项分别是6天、7天和5天。具体来看，工作6天的人数最多，占比接近半数（46.13%）。其次是工作7天的，占比超过三成（32.64%）。最后是工作5天的，占比接近两成（17.18%）。

对比而言，非管理人员七天连续工作和一周只有一天休息的人数都高于管理人员，分别多了11.28个百分点和4.38个百分点。管理人员每周双休的人数高于非管理层14.86个百分点。由此可知，管理人员可以休息调整的时间较非管理人员更多。

二 老挝员工的职业培训

员工培训是保持员工与工作匹配的关键环节，是通过培训来培养和提高员工素质及职业能力的教育和训练活动。表7-8显示了按性别划分的员工入职后的培训内容。

表7-8　　按性别划分的员工入职后的培训内容（$N=917$）　　（单位:%）

入职后培训或进修内容	男	女
管理技能	3.77	4.65
人际交往技能	8.73	8.28
写作能力	2.36	3.43
职业道德	12.97	11.72
中文读写	2.12	1.62
英文读写	1.89	2.42
计算机技能	4.48	4.44
技术性技能	17.92	16.16
安全生产	8.49	4.04
其他	4.48	7.27
没有培训	32.78	35.96
合计	100.00	100.00

无论男性员工还是女性员工，没有参加过入职后培训的占比都超过三成，说明部分企业依旧缺乏职业培训。没有参加过职业培训的女性比男性多3.18个百分点。技术性技能、职业道德和人际交往能力是所有员工参加培训人数最多的三项。在男性员工中分别占比17.92%、12.97%和8.73%；在女性员工中分别占比16.16%、11.72%和8.28%。男性员工和女性员工在培训人数最多的三项上占比相差不大。参加其余培训内容人数较少，男女差异明显的是安全生产培训和其他培训。在安全生产培训中，8.49%的男性员工参加过进修，比女性员工多4.45个百分点。在其他培训方面，女性员工比男性员工高2.79个百分点。性别与培训内容的分布没有相关性，男性员工与女性员工在培训内容的上的分布差异不显著。

为了解员工入职以来的培训内容和最近一次的培训是否有变化，本次调查还统计了按性别划分的员工最近一次的培训内容。由于问卷设置是不再提问没有参加过入职后培训的317位员工的最近一次的培训内容，所以最近一次员工培训的受访者只有600人。也就是说接受最近访问的600个受访者都参加过最近一次培训,他们最近一次培训内容的分布如表7-9所示。

表7-9　　按性别划分的员工最近一次的培训内容（$N=600$）　　（单位:%）

最近一次培训的内容	男	女
管理技能	5.28	7.91
人际交往技能	7.39	7.91
写作能力	4.23	5.38
职业道德	25.35	23.10
中文读写	2.46	3.80
英文读写	3.17	2.53
计算机技能	2.82	3.80
技术性技能	27.82	24.05
安全生产	12.32	4.75
其他	7.75	14.24
没有培训	1.41	2.53
合计	100.00	100.00

注：在问卷中,受访者入职后如果回答没有参加培训,问卷就会自跳过访问最近一次职业培训的提问,所以回答最近一次职业培训这个问题的六百个受访者入职后都是回答参加过培训。

在最近一次职业培训中,技术性技能和职业道德是所有员工参加培训人数最多的两项。在男性员工中分别占比27.82%和25.35%,在女性员工中分别占比24.05%和23.1%。男性员工和女性员工在培训人数最多的两项上占比相差不大。性别与培训内容的分布没有相关性,男性员工与女性员工在培训内容上的分布差异不显著。培训第三多的内容有所区别,12.32%的男性员工培训的是安全生产,14.24%

的女性员工是培训了其他内容。参加其余培训内容人数都较少,男女差异明显的是安全生产培训和其他培训。在安全生产培训中,男性比女性员工高7.57个百分点。在其他培训中,女性比男性员工多6.49个百分点。

综上分析可知,员工入职后培训内容的分布和最近一次培训内容的分布趋势基本一致。员工在入职后和最近一次培训中最多的两项都是技术性技能和职业道德。

综合来看,老挝中资企业对本地化人才的培训还不够重视,没有形成系统规范的职业培训体系与制度,是急需引起重视与亟待改进的部分。培训进修对提高雇员的业务能力、跨文化沟通与技巧是一种有效且常用的方法。通过培训或进修不仅提高企业的生产效率,还可提高雇员对企业的忠诚度。企业通过对员工进行培训,对内可以增强企业的向心力和凝聚力,对外则可以提高竞争力。

三 老挝员工的职业晋升

职业晋升一方面关系到企业员工的个人职业发展,意味着给员工带来更好的薪酬待遇,提高员工的工作绩效和工作满足感。另一方面关系到企业内部人力资源的调配和企业投资经营战略的长远发展。表7-10显示了本次调查搜集的922个有效样本按性别划分的员工职业晋升状况。

表7-10　　　　按性别划分的员工职业晋升状况（$N=922$）　　　（单位:%）

进本企业后是否有职业晋升	男	女
是	25.59	24.40
否	74.41	75.60
合计	100.00	100.00

在922个有效样本中,25.59%的男性和24.4%的女性进入目前

工作的中资企业后有过职业晋升，超过七成的男性员工和女性员工没有晋升过职位。由上述数据可以看出，性别与职位晋升没有相关性，男性和女性在职位晋升方面不存在显著的统计学差异。这组数据表明，老挝籍员工总体而言在中资企业有着正常的职业晋升，员工的职业发展的晋升上情况良好。

第三节　工会组织与社会保障

工会组织是会员与职工利益的代表，它代表劳动者与雇主谈判工资薪水、工作时限和工作条件等。而社会保障是国家和政府为保障公民基本生活，依据法律建立的社会保障制度。社会保障主要包括养老保险、医疗保险、失业保险、工作保险等项目。工会组织和社会保障的都是为维护职工劳动权益而组织设立的。

一　老挝员工加入工会组织的情况

企业工会是工会的重要组织，也是企业工会会员和职工合法权益的代表者和维护者。老挝工会联合会是目前老挝唯一的全国性工会联合会。在老投资的大部分企业没有组织企业工会，尤其是一些中小型企业。

按性别划分的员工加入企业工会的状况如表 7-11 所示。在 253 个有效样本中，有超过六成（62.6%）的男性员工加入了企业工会，有超过七成（73.77%）的女性员工加入企业工会，女性员工加入企业工会的比例较男性员工高出 11.17 个百分点。从员工加入企业工会的总体情况来看，有近七成（67.98%）的员工加入了企业工会，这充分说明在老中资企业工会充分履行职责，切实关心老挝员工的切身利益，成为职工权益维护的"代言人"，因此大部分老挝员工才会加入工会，对企业工会有着足够的信任。

表 7-11　按性别划分的员工加入企业工会状况（$N=253$）　　（单位：%）

本人是否加入企业工会	男	女	总计
是	62.60	73.77	67.98
否	37.40	26.23	32.02

除企业工会外，行业领域内也会有相关的协会组织行业工会。行业工会通过集体谈判，保障公会成员在工资、福利、工作时间和工作条件方面的利益。在企业工会处理劳资关系的能力受到制约时，行业工会将通过扩大集体谈判的范围，争取与企业协调解决问题，以实现劳动者和雇主双赢的局面。因此问卷中对员工加入行业工会的状况也有所涉及。

表 7-12 反映了按性别划分的员工加入行业工会的状况。在 918 个有效样本中，男性员工中加入行业工会的占比为 24.94%，加入行业工会的女性员工有 22.11%，加入行业工会的男性员工比女性员工高 2.83 个百分点。然而，有 3.38% 的员工反馈当地没有行业工会。因此，就算这部分员工有加入行业工会的意愿，也无法加入。

表 7-12　按性别划分的员工加入行业工会状况（$N=918$）　　（单位：%）

本人是否加入行业工会	男	女	总计
是	24.94	22.11	23.42
否	70.35	75.66	73.20
当地没有行业工会	4.71	2.23	3.38

员工是否加入行业工会与性别因素无关，但是工作职位的不同却对是否加入行业工会有所影响。管理人员与非管理人员加入行业工会状况见表 7-13。

表7-13　　管理人员与非管理人员加入行业工会状况（$N=916$）　（单位:%）

是否加入行业工会	管理人员	非管理人员
是	39.81	21.28
否	52.43	76.01
当地没有行业工会	7.77	2.71
合计	100.00	100.00

在916个有效样本中，有近四成（39.81%）的管理人员加入行业工会，非管理人员加入行业工会的占比只有21.28%。相比之下，管理人员加入行业工会的比例较非管理人员高18.53个百分点。7.77%的管理人员和2.71%的非管理人员反映当地没有行业工会。

由上所知，老挝员工加入企业工会的比例总体高于加入行业工会的比例，企业工会的加入率接近七成（67.98%），但行业工会的加入率较低，仅有两成多（23.42%），有些地方还没有成立专门的行业工会。之所以出现以上现象，这因为中国企业在老挝市场投资的时间还不是很长，很多企业仍在发展阶段，而且在老投资的大多为中小企业，因此这些企业尚未考虑企业文化建设。工会不仅是保障员工权益的组织，也是协调沟通企业与员工的渠道，更是推广企业文化的平台。所以，老挝中资企业应重视发展企业工会，尚未成立工会的企业应该及时成立保障员工权利的工会，已有工会的企业也要考虑让更多的员工加入企业工会，真正发挥工会作为职工之家的职能和作用，调动员工的工作积极性。

二　老挝员工享有社会保障的情况

社会保障是国家或政府依据法律为国民提供基本的生活保障，一般有医疗保险和养老保险等项目。中资企业员工的社会保障状况能反映员工的生活和工作条件。

管理人员与非管理人员享有社会保障的情况如表7-14所见。在919个有效样本中，58.25%的管理人员享有社会保障，仅有36.03%

的非管理人员享有社会保障,超过六成(63.97%)的非管理人员处于没有社会保障的状态。管理人员比非管理人员享受社会保障的比例高出22.22个百分点,管理人员的社会保障享有率更高。总体上,老挝员工的社会保障覆盖率较低,员工的社会保障还未完全落实到位,中资企业需要在以后有针对性地加以改进。

表7-14 管理人员与非管理人员享有社会保障状况($N=919$) (单位:%)

是否享有社会保障	管理人员	非管理人员
是	58.25	36.03
否	41.75	63.97
合计	100.00	100.00

在享有社会保障的352个员工中,管理人员与非管理人员享有社会保障的具体类型见表7-15。在调查搜集的352个有效样本中,管理人员中享有医疗保险的有60%,非管理人员享有医疗保险的有70.21%。非管理人员享有医疗保险的占比高于管理人员10.21个百分点。28.33%的管理人员享有养老保险,18.15%的非管理人员享有养老保险,前者比后者高出10.18个百分点。享有其他社会保障和不清楚自己享有的社会保障具体类型的员工占比都不多,在管理人员中分别占比8.33%和3.33%,在非管理人员中分别占比9.59%和2.05%。

表7-15 管理人员与非管理人员享有的社会保障类型($N=352$) (单位:%)

享有哪些社会保障	管理人员	非管理人员
医疗保险	60.00	70.21
养老保险	28.33	18.15
其他	8.33	9.59
不清楚	3.33	2.05
合计	100.00	100.00

由上可知，非管理人员在社保类型上更倾向于享有医疗保险，管理人员则稍倾向于享有养老保险。

社会保障的类型和覆盖面成为企业招揽人才的基本条件，因此中资企业只有尽快完善企业内部的社会保障体系，才能为员工提供可靠的经济保障，在人力资源竞争中对人才拥有更大的吸引力和发展的优势。

三 老挝员工解决劳动纠纷的方式差异

劳动争议的内容是多方面的，有关薪资的问题最容易引起劳动纠纷。劳动争议发生后，有多种解决途径，员工解决纠纷的方式某种程度上反映了企业管理部门、企业工会、行业工会和劳动监察部门的执行力。

管理人员与非管理人员在企业拖欠工资方面的状况见表7-16。在920份有效样本中，管理人员的工资在一个月内结算的略超八成（80.58%），非管理人员工资在一个月内结算的占比接近九成（88.62%），由此可见，大部分员工的工资是按时发放的。但仍有19.42%的管理人员工资和11.38%的非管理人员工资超过一个月结算。在工资拖欠的状况中，职位较低的非管理人员的工资更多的按时结算，管理人员工资拖欠的情况反而更为严重。总体而言，中资企业拖欠员工工资的情况虽少但仍然存在，需要引起企业重视，并进一步整改。

表7-16　　　　管理人员与非管理人员工资拖欠状况（$N=920$）　　（单位:%）

结算工资情况	管理人员	非管理人员
超过一个月	19.42	11.38
未超过一个月	80.58	88.62
合计	100.00	100.00

在发生劳动争议后,在解决纠纷的方式选择上某种程度反映了相关机构的执行能力。表7-17显示了管理人员与非管理人员解决纠纷方式的差异。在910个有效样本中,管理人员最可能采取的解决方式是找企业管理部门投诉,占比36.89%。其次是向劳动监察部门投诉,选择这一方式的管理人员有31.07%。管理人员中选择找企业工会投诉、没有采取任何行动和其他方式的各占7.77%。最后,独自停工或辞职、找行业工会投诉、参与罢工、上网反映情况的管理人员都较少,除2.91%的管理人员选择独自停工外,其他三项的占比都为1.94%。

表7-17 管理人员与非管理人员解决纠纷方式的差异（$N=910$） （单位:%）

最有可能采取的解决纠纷方式	管理人员	非管理人员
找企业管理部门投诉	36.89	24.16
找企业工会投诉	7.77	8.18
找行业工会投诉	1.94	3.59
向劳动监察部门投诉	31.07	39.16
独自停工、辞职	2.91	4.46
参与罢工	1.94	2.97
上网反映情况	1.94	0.74
没有采取任何行动	7.77	12.89
其他	7.77	3.84
合计	100.00	100.00

在非管理人员中,选择向劳动监察部门投诉的人是最多的,有39.16%。其次是找企业管理部门投诉,有24.16%的人选择这种途径解决问题。没有采取任何行动和找企业工会投诉的非管理人员分别有12.89%和8.18%,都是在一成左右。选择独自停工或辞职、找行

业工会投诉、参与罢工的非管理人员都在少数,分别有 4.46%、3.59% 和 2.97%。

非管理人员的选择倾向和管理人员趋于一致,但是在具体途径的人数占比上稍有差距。非管理人员最倾向于选择向劳动监察部门投诉,管理人员选择这种解决途径的比例较非管理人员低 8.09 个百分点。管理人员最倾向找企业管理部门投诉,在此维度上,非管理人员较管理人员低 12.73 个百分点。管理人员似乎更信任企业的管理部门,而非管理人员则更信任劳动监察部门。此外的其他解决途径选择的人数都不多。由此可见,当中资企业的老挝员工认为自身权利受到侵犯时,一般会先选择向企业管理部门和劳动监察部门反映问题,很少有人会选择擅自罢工、辞职等激烈的方式。

第四节 个人收入和家庭收入

员工的个人收入情况一方面反映了员工的劳动价值,是衡量职业的重要指标;另一方面也反映了企业的发展状况,因为员工的薪酬与企业的产品市场竞争和劳动力市场竞争密切相关。本次调查从员工个人的月收入状况和员工的家庭年收入状况描述老挝中资企业员工的收入基本情况。

一 老挝员工个人月收入

为了解员工月收入与什么因素最为相关,本部分内容将从性别、年龄、受教育程度、出生地、工作职位五个因素分别描述分析员工月收入状况。为便于统计,将老挝员工的月收入层次分为:"最低收入群体"(0.8—1.19 百万基普)、"较低收入群体"(1.2—1.5 百万基普)、"中等收入群体"(1.6—2.18 百万基普)、"较高收入群体"(2.19—3.5 百万基普)和"最高收入群体"(3.6—70 百万基普)五个群体。将"最低收入群体"和"较低收群体"进行加总得到"中等以下收入群体",将"最高收入群体"与"较高收入群体"进行加总得到"中等以上收入群体"。

第一是按性别划分的员工月收入层次分布,如表7-18所示。从收入分配的性别差异来看,由表7-18可知,在877个有效样本中,男性员工中等以下收入群体(0.8百万—1.5百万基普)占比27.59%,中等收入群体(1.6百万—2.18百万基普)占比24.63%,中等以上收入群体(2.19百万—70百万基普)占比47.79%。近半数(47.79%)男性员工月收入集中在中等以上。女性员工中等以下收入群体占比54.14%,中等收入群体占比18.26%,中等以上收入群体占比27.6%。超过半数(54.14%)的女性员工月收入集中在中等以下。在最高收入群体(3.6百万—70百万基普)中,男性员工也比女性员工多7.51个百分点。对比而言,在收入结构中男性员工月收入分布集中在中等偏上,而女性员工月收入分布集中在中等偏下。

表7-18　　　　按性别划分的员工月收入层次分布(N=877)

(单位:百万基普,%)

性别	0.8—1.19	1.2—1.5	1.6—2.18	2.19—3.5	3.6—70
男	9.61	17.98	24.63	28.82	18.97
女	26.11	28.03	18.26	16.14	11.46
合计	18.47	23.38	21.21	22.01	14.94

第二是按年龄组划分的员工月收入分布,不同的年龄段意味着处于职业生涯的不同阶段,对于收入也有着重要影响,如表7-19所示。

表 7-19　按年龄组划分的员工月收入分布（$N=877$）

（单位：百万基普,%）

年龄组	0.8—1.19	1.2—1.5	1.6—2.18	2.19—3.5	3.6—70
16—25 岁	26.21	33.59	19.59	14.76	5.85
26—35 岁	12.93	13.79	20.98	29.89	22.41
36 岁及以上	10.29	18.38	26.47	22.79	22.06
合计	18.47	23.38	21.21	22.01	14.94

16—25 岁这个年龄段的员工，是刚刚步入社会、意气风发的青年人，此时正处于事业积累期，员工收入相对偏低，虽有 5.85% 的优秀青年能够进入最高收入群体，但也是所有年龄段中最高收入群体占比最少的年龄组。在该年龄组，中等以下收入者占比 59.8%，中等收入者占比 19.59%，中等以上收入者占比 20.61%。该年龄组超过半数（59.8%）的员工月收入为中等以下。

26—35 岁年龄段中，这些员工要么是高学历，要么是在职场工作一段时间并有一定工作经验和能力的年轻人，处于职业生涯的上升期。因此，最高收入群体的占比是三个年龄组当中最高的，占比 22.41%。该年龄组中，中等以下收入者占比 26.72%，中等收入者占比 20.98%，中等以上收入者占比 52.3%。在此年龄组中，超过半数（52.3%）属于中等以上收入群体。此年龄段员工的月收入集中在中等及以上（1.6 百万—70 百万基普）的收入区间。

在 36 岁及以上年龄段中，中等以下收入者占比 28.67%，中等收入者占比 26.47%，中等以上收入者占比 44.85%。该年龄组在三个分组中最低收入段的人数是最少的，仅有 10.29%。此年龄段的员工月收入大多集中在中等及以上（1.6 百万—70 百万基普）。在调研的过程中发现，许多 40 岁以上低收入的多为受教育程度低的员工，因此他们多从事一些如安保、保洁或车间重体力劳动的工作，工作辛苦，同时收入也较低。

第三是按受教育程度划分员工月收入分布，如表 7-20 所示。

表7-20　　按受教育程度划分的员工月收入分布（$N=874$）

（单位：百万基普,%）

受教育程度	0.8—1.19	1.2—1.5	1.6—2.18	2.19—3.5	3.6—70
未上过学	41.67	16.67	29.17	8.33	4.17
小学学历	21.11	31.11	21.11	18.89	7.78
中学学历	22.20	26.60	22.80	21.20	7.20
本科及以上	7.69	15.38	17.69	26.15	33.08
合计	18.31	23.46	21.28	22.08	14.87

在874个有效样本中，未上过学组最低收入人群占比最高，超过四成（41.67%）。在该分组内，中等以下收入者占比58.34%，中等收入者占比29.17%，中等以上收入者占比12.5%。未上过学的员工在中等以上收入占比中也是四个分组里最低的。

小学和中学学历组月收入分布趋势大体一致，二者在较低收入人群占比最高，分别达到31.11%和26.6%。这两个分组中等以下收入者占比分别为52.22%和48.8%，中等收入者占比分别为21.11%和22.8%，中等以上收入者占比分别为26.67%和28.4%。这两个分组除较低收入外，在其余收入段的分布都相近。

在本科及以上学历分组中，最低收入群体占比最低，仅有7.69%。该组员工在月收入越高的分段中占比越多，占比最高的是最高收入分段，高达33.08%。

由此可知，随着受教育程度的提高，中等以下收入群体占比逐渐减小，中等以上收入群体占比越来越大。由此可见，老挝和其他很多国家一样，受教育程度与收入正相关。

第四是按出生地划分员工月收入分布，如表7-21所示。

表7-21 按出生地划分的员工月收入分布（$N=877$）

（单位：百万基普，%）

出生地	0.8—1.19	1.2—1.5	1.6—2.18	2.19—3.5	3.6—70
农村	22.02	24.77	23.62	19.50	10.09
城市	14.97	22.00	18.82	24.49	19.73
合计	18.47	23.38	21.21	22.01	14.94

从员工个体月收入的城乡差别来看，在877个有效样本中，来自农村的员工中等以下收入占比46.79%，中等收入占比23.62%，中等以上收入占比29.59%。来自城市的员工中等以下收入占比36.97%，中等收入占比18.82%，中等以上收入占比44.22%。

总体而言，在中等以下收入群体中，农村员工比城市员工多9.82个百分点。在中等以上收入群体，城市员工比农村员工多14.63个百分点。来自农村的员工和来自城市的员工的月收入差异相对体现在最高收入群体和最低收入群体，在最高收入群体上，来自城市的员工比来自农村的高出9.64个百分点；在最低收入阶层上，来自农村的员工比来自城市的高出7.05个百分点。

第五是按工作职位，即管理人员与非管理人员两种职位划分员工月收入分布，如表7-22所示。

表7-22 管理人员与非管理人员的月收入分布（$N=875$）

（单位：百万基普，%）

是否管理人员	0.8—1.19	1.2—1.5	1.6—2.18	2.19—3.5	3.6—70
是	7.95	15.91	27.27	23.86	25.00
否	19.70	24.14	20.58	21.86	13.72
合计	18.51	23.31	21.26	22.06	14.86

在此次样本调查中，对老挝中资企业中的管理人员和非管理人员

的月收入做了对比调查。如表7-22所示，在875个有效样本中，在管理人员组中，中等以下收入占比23.86%，中等收入占比27.27%，中等以上收入占比48.86%。在非管理人员组中，中等以下收入占比43.84%，中等收入阶层占比20.58%，中等以上收入占比35.58%。

通过对比可知，管理人员与非管理人员月收入差异相对体现在最高收入和最低收入群体，在最高收入群体，管理人员比非管理人员高11.28个百分点，在最低收入群体，非管理人员比管理人员多11.75个百分点。管理人员的最高月收入普遍高于非管理人员，同时也能说明在老挝中资企业的高薪群体绝大多数是管理人员。总体而言，管理人员的月收入集中在中等及以上（1.6百万—70百万基普），占比近八成（76.13%）。

综上所述，在中资企业工作的老挝员工月收入普遍不高，大部分都属于中等偏低收入群体。因此，中资企业可进一步完善薪酬体系的建立，在公平的原则下选择合适的薪酬制度，从而形成具备公平性、激励性、竞争性和经济性的薪酬制度，提高企业的人力资源竞争力。

二 老挝员工家庭年收入

家庭年收入是家庭各项收入的合计，它与员工的经济生活水平息息相关。本调查将老挝员工家庭年收入分为五个等级，分别是"最低收入群体"（10百万—13.2百万基普）、"较低收入群体"（13.3百万—20百万基普）、"中等收入群体"（20.1百万—32百万基普）、"较高收入群体"（33百万—68百万基普）和"最高收入群体"（70百万—500000百万基普）。将"最低收入群体"和"较低收入群体"进行加总得到"中等以下收入群体"，将"最高收入群体"与"较高收入群体"进行加总得到"中等以上收入群体"。

从本次调查结果来看，由表7-23可知，在664个有效样本中，中等以下收入（10百万—20百万基普）群体占比45.03%，中等收入群体占比15.81%，中等以上收入（32百万—500000百万基普）群体占比 39.16%。超过半数（54.97%）的老挝家庭收入处于中等及以上（20.1 百万—500000 百万基普）水平，说明当今老挝家庭贫富差距已经开始拉大。不过由于工资收入和经济状况是较为隐私的话题，所以我们在实地调研中发现许多调查者对于个人工资及家庭年收入的估算都有所保留或是夸大，因此产生的统计误差不可避免。

表 7-23　　　　　　　　家庭年收入情况（$N=664$）　　　（单位：百万基普,%）

家庭年收入	频数	百分比
10—13.2	139	20.93
13.3—20	160	24.10
20.1—32	105	15.81
33—68	132	19.88
70—500000	128	19.28

第五节　家庭地位和耐用消费品

本节从主观认同的家庭社会经济地位、家庭耐用消费品拥有情况等两个方面展开论述，从而对当前中资企业老挝员工的家庭基本情况有一个直观的了解。

一　老挝员工家庭地位自评

家庭地位自评是个人对家庭的经济状况处于社会上层或底层的自我评价。家庭地位自评的方法是，假设有 10 级的台阶，第 1 级代表社会经济地位最低，第 10 级代表最高，选择自己的家庭社会经济地位应该位于第几个台阶上。

由表 7-24 可知，老挝员工对当前家庭社会经济地位的自评要高于最初进入中资企业时期。在最初进入中资企业时，员工的家庭社会经济地位自评平均分为 4.89（标准差是 2.1）。而当前员工的家庭社会经济地位自评平均分上升到 4.92（标准差为 2.02），上升了 0.03 分。员工对当前家庭社会经济地位的自评不高，增长也十分缓慢，说明中资企业为老挝员工提供的薪酬福利还有待进一步改善。

表 7-24　　　　　当前和进入企业时的家庭社会经济地位自评　　（单位：个、分）

时间点	样本量	均值	标准差	最小值	最大值
当前	919	4.92	2.02	1	10
进入企业时	919	4.89	2.10	1	10

通过访问发现，许多老挝员工的自评相对保守，大多数受访者认为自己的家庭经济状况"一般"。从数据来看，无论是城市员工还是农村员工，主观上对自己家庭经济状况的满意度均较低。

二　老挝员工家庭耐用消费品拥有率

随着老挝经济社会的快速发展，老挝人民的生活得到了很大的改善和提高，对耐用消费品的拥有率也逐步增多。耐用消费品拥有水平的高低是反映家庭物质文化生活水平的重要标志之一。接下来对中资企业老挝员工的家庭耐用消费品拥有情况进行具体的数据分析，从而对员工的家庭经济状况有一个更为全面细致的了解。

问卷调查所涉及的主要有电视机、手机、冰箱、摩托车和汽车五类家庭耐用消费品。本次调查按受教育程度、出生地和月收入三种因素划分家庭耐用品拥有率的分布状况。

首先是家庭耐用消费品拥有率按教育程度划分，如表 7-23 所示。在 919 个有效样本中，按照受教育程度划分为四组。未上过学组家庭耐用消费品拥有率最高的是手机，拥有率为 92.31%。摩托车和电视机的家庭拥有率分别是53.85%和46.15%。冰箱的家庭拥有率为38.46%。未上过学组的汽车家庭拥有率最低，仅有3.85%的家庭拥有汽车。

在小学学历的员工分组中，手机的拥有率依然是最高的，高达89.58%。摩托车、电视机和冰箱的家庭拥有率分别是77.08%、69.79%和66.67%。家庭耐用品拥有率最少的依然是汽车，仅为7.29%。

在中学学历分组中，手机的拥有率高达97.32%，大部分家庭拥有摩托车、电视机和冰箱。家庭拥有率最低的也是汽车，只有24.47%。

本科及以上学历的员工家庭几乎都拥有手机、冰箱、电视机和摩托车。近七成（66.06%）家庭拥有汽车。

总体而言，受教育程度与家庭耐用品拥有率的关联性很大。基本上可以说受教育程度越高，家庭耐用消费品拥有率也就越高。

表7-25 按受教育程度划分的家庭耐用消费品拥有率（N=919） （单位:%）

	汽车	电视机	摩托车	手机	冰箱
未上过学	3.85	46.15	53.85	92.31	38.46
小学学历	7.29	69.79	77.08	89.58	66.67
中学学历	24.47	84.89	90.82	97.32	78.01
本科及以上	66.06	95.99	95.62	99.27	96.35
总计	34.49	85.53	89.77	96.95	81.18

其次是家庭耐用消费品拥有率按出生于农村和城市划分，如表7-26所示。在922个有效样本中，在出生于农村的员工样本中，手机的家庭拥有率高达95.88%。摩托车、电视机和冰箱的家庭拥有率也非常高，分别是86.98%、82.21%和74.62%，都超过了七成，绝大部分的家庭拥有这三样耐用品。拥有率最低的是汽车，只有24.08%。在出生于城市的员工样本中，98.05%的家庭拥有手机，移

动电话几乎是每个家庭拥有的耐用品。摩托车、电视机和冰箱的拥有率也较高,分别是92.41%、88.72%和87.85%。出生于城市的员工家庭的汽车拥有率为44.9%。

表7-26　　按出生地划分的家庭耐用消费品拥有率（$N=922$）　　（单位:%）

	汽车	电视机	摩托车	手机	冰箱
农村	24.08	82.21	86.98	95.88	74.62
城市	44.90	88.72	92.41	98.05	87.85
总计	34.49	85.47	89.70	96.96	81.24

总体来看,城市出身的员工家庭耐用品拥有率都略高于农村出身的员工。老挝家庭耐用消费品在汽车的拥有率上的城乡差异较为明显,二者相差20.82个百分点。

最后是家庭耐用品拥有率按月收入划分,如表7-27所示。在877个有效样本中,按月收入情况将受访者分为5个收入段。在个人月收入为0.8百万—1.19百万基普的收入段,手机拥有率高达96.91%。摩托车、电视机、冰箱的家庭拥有率都超过七成,分别有82.72%、75.93%和70.99%。汽车的拥有率是最低的,只有16.67%。

在1.2百万—1.5百万基普的月收入段,家庭拥有率最高的是手机,高达98.54%。摩托车、电视机和冰箱的拥有率也很高,分别为92.2%、85.85%和82.44%,都超过了该月收入段总人数的八成。汽车拥有率仅为21.95%。

在1.6百万—2.18百万基普月收入段,手机、摩托车和电视机的拥有率都超过九成,分别有94.09%、90.32%、90.32%。只有25.27%的家庭拥有汽车。

在2.19百万—3.5百万基普月收入段,手机、摩托车、电视机和冰箱的家庭拥有率分别是99.48%、94.82%、89.12%和87.05%。家庭拥有率最低的是汽车,在该月收入分段中只有46.11%的人拥有汽车。

表7-27　　按月收入划分的家庭耐用消费品拥有率（$N=877$）

（单位：百万基普,%）

个人月收入	汽车	电视机	摩托车	手机	冰箱
0.8—1.19	16.67	75.93	82.72	96.91	70.99
1.2—1.5	21.95	85.85	92.20	98.54	82.44
1.6—2.18	25.27	90.32	90.32	94.09	78.49
2.19—3.5	46.11	89.12	94.82	99.48	87.05
3.6—70	70.23	90.08	91.60	96.18	93.13
合计	34.21	86.32	90.54	97.15	82.10

在3.6百万—70百万基普的月收入段中，手机、摩托车、冰箱和电视机的家庭拥有率都超过九成，拥有率分别为96.18%、91.6%、93.13%和90.08%，几乎所有家庭都拥有手机、冰箱、摩托车和电视机。该分组大多数家庭拥有汽车，汽车的拥有率为70.23%。

总的来看，员工月收入和家庭耐用品拥有率有一定的相关性，员工收入越高家庭耐用品拥有率也越高。但在生活必需的手机、冰箱、摩托和电视机拥有率上，偶尔会出现收入较低的分组拥有率高于更高收入的分组，这说明手机、冰箱、摩托和电视机对家庭而言是生活必需品，区别仅在于不同家庭拥有耐用消费品的质量和价格不同而已。但属于中高端消费的汽车拥有率就显著的和员工月收入相关了。

三　老挝员工家庭耐用消费品的原产国

家庭耐用品原产国一定程度上反映了该国工业产品的各国市场占有率。在本部分的调查中原产国选项设置了老挝本国、中国、美国、日本和其他国家五个选项。

家庭拥有轿车、吉普车、面包车的原产国百分比分布如图7-2所示。在314个有效样本中，家庭所拥有的轿车、吉普车、面包车的原产国最多的是日本，有32.48%的家庭汽车产自日本。家庭汽车第二大来源国是中国，有14.65%的家庭汽车产自中国。第三和第四是老挝本国和美国生产的家庭汽车，分别占6.05%和2.23%。另外，有44.59%的家庭汽车原产国是问卷中没有设置的其他国家，接近全部样本的一半。这部分汽车原产国主要是来自泰国、越南和韩国。

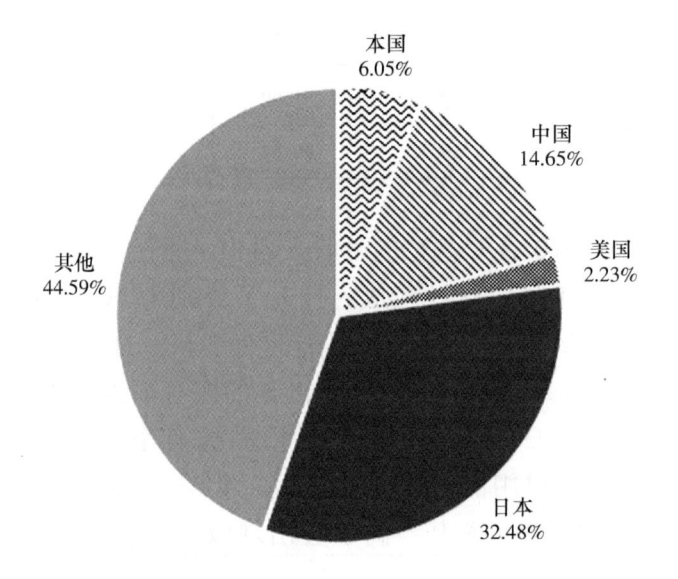

图7-2　家庭拥有轿车/吉普车/面包车的原产国百分比分布（$N=314$）

家庭拥有彩色或黑白电视机的原产国分布如图7-3所示。在家庭拥有的电视机原产国分布中，在选项国家中占比最多的是中国，占39.92%。来自日本的电视机在选项国家中排第二，占9.27%。在选项国家中排到第三的是老挝本国，占6.03%。在选项设置的国家中，产自美国的电视机数量最少，只有0.77%。而接近半数（43.9%）的电视机产自问卷没有设置的其他国家，主要国家是泰国、越南和韩国。

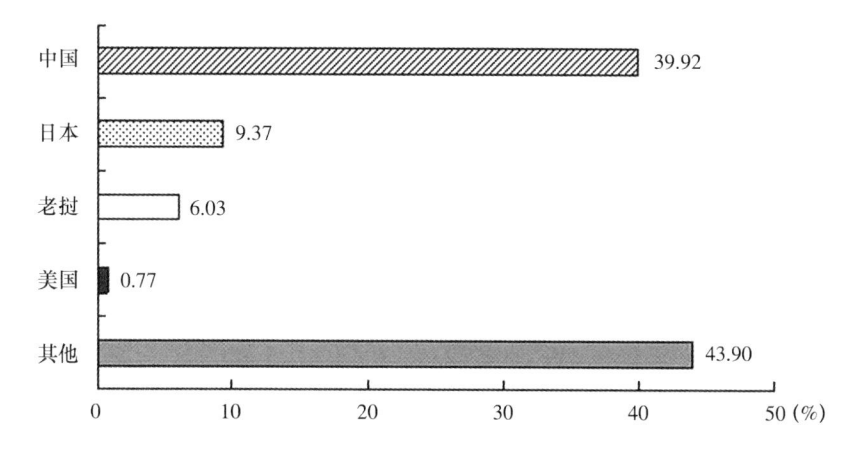

```
中国    39.92
日本    9.37
老挝    6.03
美国    0.77
其他    43.90
```

图7-3　家庭拥有彩色或黑白电视机的原产国百分比分布（$N=779$）

图7-4反映了家庭拥有滑板车、摩托车、轻便摩托车的原产国百分比分布。在家庭拥有的滑板车、摩托车、轻便摩托车原产国百分比分布中，在设置选项的国家中产自中国的最多，有23.76%。其次是日本，占比17.45%。来自老挝本国生产的占比5.94%。产自美国的最少，仅有1.21%。另外，有超过一半的滑板车、摩托车、轻便摩托车产自其他国家（51.64%），主要来自泰国和韩国。

家庭拥有移动电话的原产国百分比分布如图7-5所示。家庭拥有的移动电话在选项国家中，产自中国的最多，占比36.73%。产自美国、老挝本国和日本的占比分别为11.09%、7.5%和6.83%。另外，产自其他国家的移动电话占37.85%，主要来自泰国、越南和韩国。

图7-6显示了家庭拥有冰箱的原产国百分比分布。在选项设置的国家中，家庭拥有的冰箱原产国占比最多的是中国，有26.72%。其次是产自日本的，占比19.7%。产自老挝本国和美国的电冰箱占比分别是5.26%和2.29%。另外，有46.01%的冰箱产自其他国家，主要来自泰国、越南和韩国。

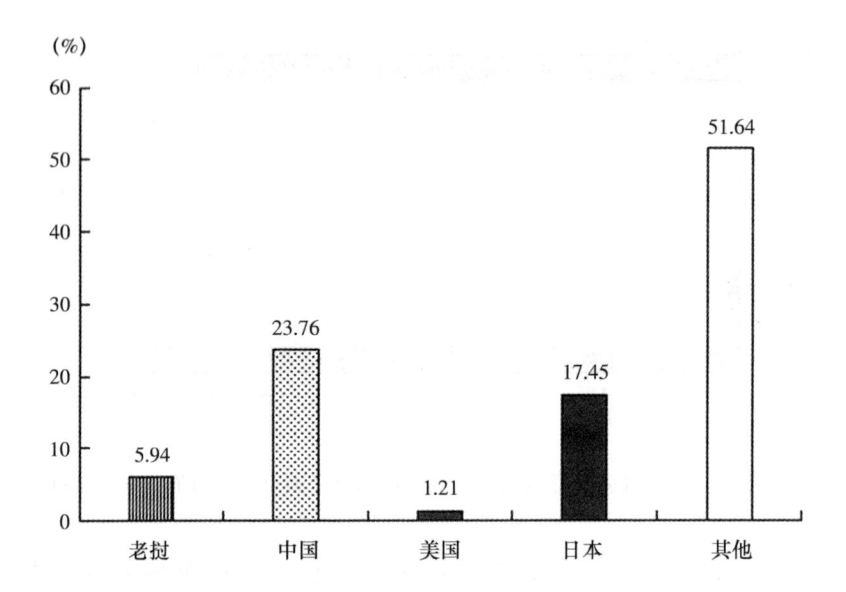

图 7-4 家庭拥有滑板车/摩托车/轻便摩托车的原产国百分比分布（$N=825$）

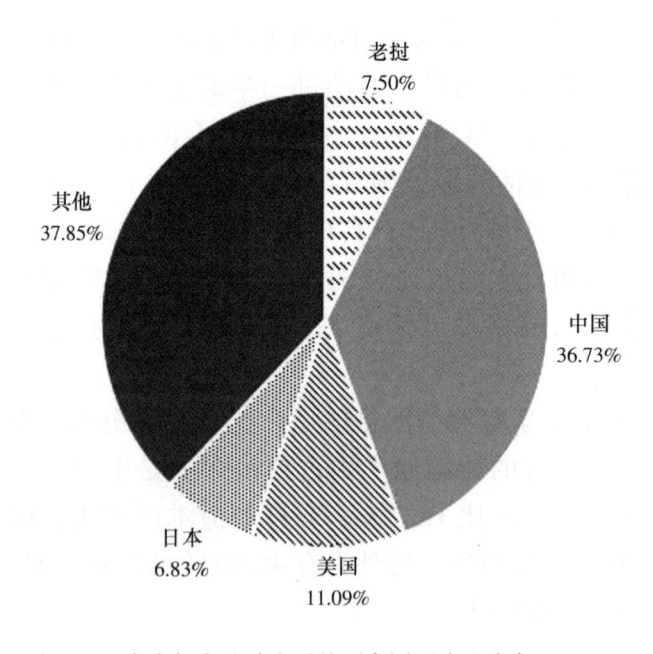

图 7-5 家庭拥有移动电话的原产国百分比分布（$N=893$）

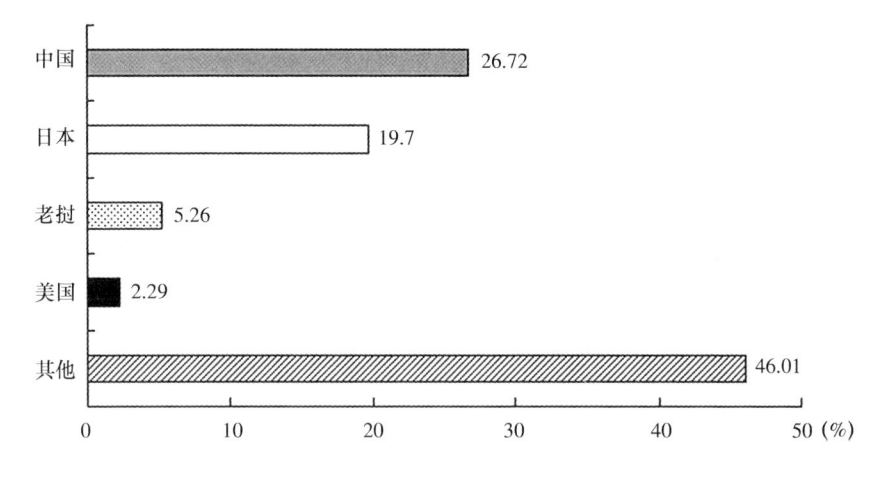

图 7-6　家庭拥有冰箱的原产国百分比分布（$N=741$）

- 中国　26.72
- 日本　19.7
- 老挝　5.26
- 美国　2.29
- 其他　46.01

总体而言，在问卷中设置的五个国家选项中，除汽车是产自日本的最多外，其余四类家庭拥有的耐用品都是产自中国的占比最多。在家庭拥有的耐用品中，日本生产的汽车中的占比最高，在滑板车、摩托车、轻便摩托车和冰箱这两类耐用品中日本所产的占比接近两成，日本产的电视机占比接近一成。老挝家庭拥有的耐用品中，美国生产的移动电话达到了一成，在其余四类家庭耐用品原产国占比中都很低。老挝本国所产的耐用品在五类家庭耐用品种都占到第三多的比例，但是这个比例不高，没有哪一类耐用品在原产国中占比高于一成。值得注意的是，受访老挝员工家庭耐用品很多来自问卷没有设置的国家，这些国家主要是泰国、越南和韩国。

第 八 章

交往与态度

当代世界是交往的世界，社会交往作为人们重要的存在方式受到各界的普遍关注。人在交往中获得了社会属性，也总是在一定的社会关系中展开交往活动的。交往（communication）含有沟通、交换、交流、分享、传播、联络等十多种意义[①]。随着经济全球化和我国"一带一路"政策的深入推进，社会交往在研究企业运营环境中的重要地位不言而喻，并且日益显著。近些年来，中老两国保持着稳定的高层互访与会面频率，基础建设、能源、旅游等方面合作提质增速，也要充分了解民间对中老交往的态度。

社会交往与态度虽然不涉及企业的生产和销售等经济活动，却能够为了解员工思想、维系企业与员工和谐关系提供重要参考信息，是企业健康运转的必要环节。从社会哲学层次上说，社会交往就是指主体间相互联系，相互作用，实现多层次需要的活动[②]。从结构上看，社会交往是由主体、理念、网络、工具和规则等要素构成的一个动态系统。

本章关注员工与外国公民（尤其是中国公民）社会交往情况、员工对企业的评价和对公共议题的态度三个方面，试图揭示中资企业在老挝社会交往方面的一般特点和规律，并基于此探讨社会交往评价。[③]

---

① 1968年版《国际社会百科全书》。
② 李鹏飞：《社会哲学视野中的社会交往探究》，博士学位论文，中共中央党校，2015年。
③ 李鹏飞：《社会哲学视野中的社会交往探究》，博士学位论文，中共中央党校，2015年。

第一节描述了中资企业的员工社会交往与社会距离,重点描述了老挝员工与中国人交往的情况,从而对老挝员工对外国人的交往态度和情况进行更加确切和深入的了解。第二节分析了中资企业员工对企业的评价。通过数据分析,进一步了解老挝员工对中资企业的认同感和归属感,旨在加深员工和企业间的相互了解,便于企业制定出更加完善的政策。第三节探讨了中资企业员工对公共议题的关注状况,通过对不同类型公共议题的对比分析来了解在老挝员工态度,便于更加深入地了解老挝的社会状况。

第一节 社会交往与社会距离

本节着重考察员工对外国公民的接纳程度,尤其是对中国公民的态度。根据性别、在企业中是否属于管理职位,并分别从企业内部、企业外部两个范围聚焦员工与中国公民的社会交往情况。

图8-1反映的是员工与中美印日四国民众的社会距离分布。在问卷中,具体设计了八种社交距离,按亲密程度划分为:成为伴侣、成为朋友、成为邻居、成为同事、点头之交、居住在同一城市、拒绝来我们国家、以上均不。如图8-1所示,总体上老挝员工与中美印日四国民众的社交距离相对较近,与四国民众的交往密切。只有极少数员工拒绝四国民众来老挝,由此可知,老挝员工对外国民众的包容性和欢迎度较高。

其中,老挝员工与中国人的关系最密切,超过五成(54.88%)员工愿意与中国人成为伴侣。想和美国人(40.46%)和日本人(40.17%)成为伴侣的老挝员工均在四成以上。老挝员工想和印度人成为伴侣的意愿最低,不到三成(25.82%)。

在"你是否愿意与中美印日成为朋友"这一问题上,老挝员工想与印度人成为朋友的意愿最高(41.61%)。想和美国人(35.14%)和日本人(34.85%)成为朋友的老挝员工均在三成以上。由于老挝员工在社交距离选择上，选择"想和中国人成为伴侣"的占比最高，所以想和中国人成为朋友占比不到三成（28.52%）。

	成为伴侣	成为朋友	成为邻居	成为同事	点头之交	居住在同一城市	拒绝来我们国家	以上均不
美国	40.46	35.14	7.05	3.15	3.90	1.74	1.84	6.72
中国	54.88	28.52	6.29	3.90	1.74	0.87	0.87	2.93
日本	40.17	34.85	6.41	2.28	3.37	1.74	1.41	9.77
印度	25.82	41.61	7.84	3.59	5.01	1.74	1.85	12.53

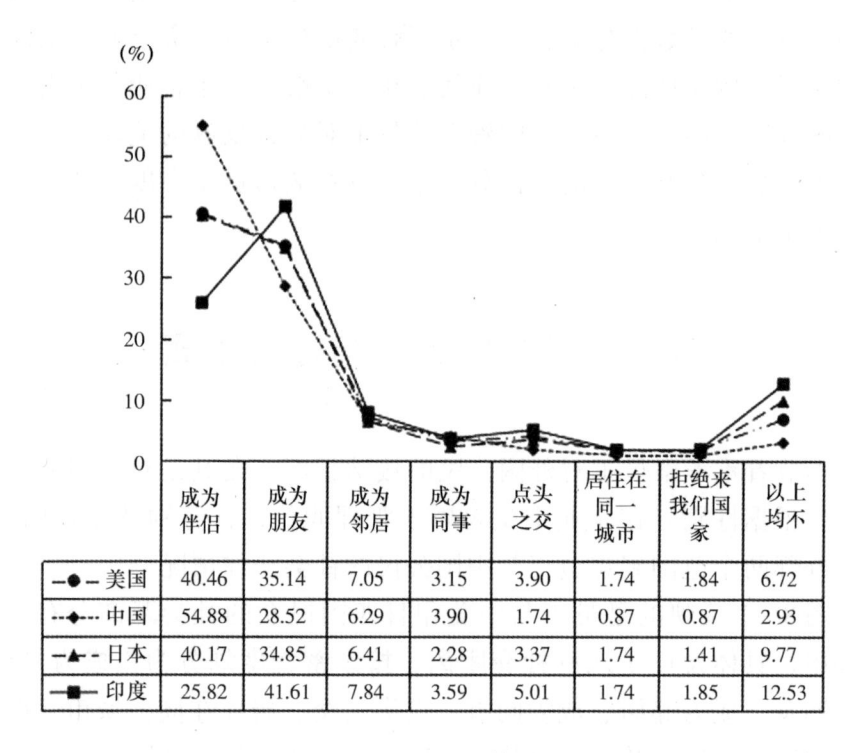

图8-1 员工与中、美、印、日四国民众的社会距离分布

除印度外，老挝员工对美国、中国、日本民众的亲密度都相对接近，社交距离在成为邻居及以下亲密度的占比都不到一成，而不想和印度人有任何关系的老挝员工占比超过一成（12.53%）。有高达54.88%的老挝员工想和中国人成为伴侣，成为朋友的有28.52%，成为邻居和同事的分别是6.29%和3.90%，愿意成为点头之交的占1.74%，仅愿意和中国人居住在同一城市的老挝员工占0.87%，拒绝中国人来老挝的本国员工占0.87%，以上均不有2.93%。也就是说，几乎所有受访老挝员工，对中国员工的社会距离较近。中国倡导构建合作共赢、互利互惠的命运共同体，通过"一带一路"倡议，

带来中资企业项目，在一定程度上促进老挝国家发展，从而惠及老挝人民，因而老挝员工更乐于和中国人打交道。

二 老挝员工与中国人之间的交往情况

如表8-1所示，通过对424个男性员工有效样本和492个女性员工有效样本的采集，分析性别是否对员工在本企业拥有中国朋友数量产生影响。其中，老挝男性员工在本企业拥有的中国朋友数量平均2.44个。就标准差而言，老挝男性员工在本企业拥有的中国朋友数量差异大于女性，有的老挝男性员工在本企业最多拥有85个中国朋友，最少的没有，存在较大的差距。女性员工在本企业拥有的中国朋友数量平均2.09个。其中，拥有的中国朋友数量最少的是0个，最多达55个。由此可见，老挝男性员工在本企业和中方员工的互动比女性更为密切，交流多于女性员工。在一定程度上，可以说老挝中资企业的中国员工数量对老挝员工拥有中国朋友数量多少也产生影响。

表8-1 按性别划分的员工在本企业拥有的中国朋友数量差异（$N=916$）

（单位：个）

性别	样本量	均值	标准差	最小值	最大值
男	424	2.44	6.36	0	85
女	492	2.09	5.70	0	55

按照管理人员与非管理人员身份划分，如表8-2所示，管理人员与非管理人员在本企业拥有的中国朋友数量不同且差异较大。根据统计的102个管理人员的有效样本可知，身为管理人员的老挝员工在本企业拥有的中国朋友数量平均4.56个，其中，有的老挝管理层员工拥有中国朋友数量多达50个，有的则没有。根据统计的813个非管理人员的有效样本可知，身为非管理人员的老挝员工平均拥有1.96个中国朋友。最少的没有中国朋友，最多的达85个。由此可见，就职于中资企业的管理层老挝员工更容易拥有中国朋友或和中国人的互动交流更密切。

表 8-2　管理人员与非管理人员在本企业拥有的中国朋友数量差异（$N=915$）　（单位：个）

是否管理人员	样本量	均值	标准差	最小值	最大值
管理人员	102	4.56	9.08	0	50
非管理人员	813	1.96	5.45	0	85

对于老挝员工在企业外拥有的中国朋友数量，按照性别划分，如表 8-3 所示，在 916 个有效样本中，老挝男性员工在企业外拥有的中国朋友数量平均 2.38 个，和通过本企业与中国朋友接触的平均量接近。男性拥有的中国朋友平均数量略多于女性（2.25 个）。老挝女性员工在企业外最多拥有中国朋友数量多达 100 个，有的则没有中国朋友。男性员工拥有的企业外中国朋友数量最少的是 0 个，最多的达 80 个。由此可见，男性老挝员工的交际范围略大于女性员工。

表 8-3　按性别划分的员工在企业外拥有的中国朋友数量差异（$N=916$）　（单位：个）

性别	样本量	均值	标准差	最小值	最大值
男	424	2.38	7.25	0	80
女	492	2.25	8.45	0	100

表 8-4 反映的是，管理人员与非管理人员在企业外拥有的中国朋友数量差异。根据统计的 915 份有效样本可知，管理层老挝员工平均在企业外拥有 5.35 个中国朋友，老挝非管理人员平均在企业外拥有 1.94 个中国朋友，管理人员与非管理人员相比相差两倍（2.76 倍）。由此可见，管理层老挝员工与中国人的交往远远多于非管理人员。

表8-4 管理人员与非管理人员在企业外拥有的中国朋友
数量差异（$N=915$） （单位：个）

是否管理人员	样本量	均值	标准差	最小值	最大值
管理人员	102	5.35	13.66	0	100
非管理人员	813	1.94	6.78	0	100

第二节 企业评价

本节从族群、宗教信仰、是否是管理职位，三个维度考察员工是否认同企业在以下四个方面的表现：企业尊重本地风俗习惯，企业尊重员工个人的宗教信仰，企业工作时间作息，以及（中外）员工晋升制度。

一 对企业是否尊重当地风俗习惯的评价

如表8-5所示，在915份有效样本中，按族群划分对"本企业尊重本地风俗习惯"这一说法进行评价。总而观之，老挝不同族群的员工有近两成（16.72%）完全同意所在企业尊重本地风俗。有近四成（39.02%）员工基本同意所在企业尊重本地风俗。有三成（30.05%）的员工认为一般，7.87%的员工不认为本企业尊重本地风俗，有6.34%的员工表示完全不同意。

表8-5 按族群划分的是否同意"本企业尊重本地风俗习惯"（$N=915$）

（单位：%）

族群	完全不同意	不同意	一般	基本同意	完全同意
老龙族	5.62	7.22	24.08	43.18	19.90
老听族	8.39	11.89	49.65	25.17	4.90
老松族	6.25	8.93	40.18	32.14	12.50
其他民族	10.81	0.00	24.32	43.24	21.62
总计	6.34	7.87	30.05	39.02	16.72

按族群划分，数据显示：有六成（63.08%）的老龙族员工认为中资企业完全或基本尊重当地风俗，5.62%的老龙族员工认为中资企业完全没有尊重当地风俗；有三成（30.07%）的老听族员工认为中资企业完全或基本尊重当地风俗，8.39%的老听族员工认为中资企业完全没有尊重当地风俗；有四成（44.64%）的老松族员工认为中资企业完全或基本尊重当地风俗，有6.25%的老松族员工认为中资企业完全没有尊重当地风俗；有六成（64.86%）其他民族认为中资企业完全或基本尊重当地风俗。由此可见，多数中资企业进入老挝市场，经过前期调研对当地风俗习惯有所了解，入乡随俗促进了当地不同族群的员工对中资企业的认可。

如表8-6所示，在912份有效样本中，按宗教划分对"本企业尊重本地风俗习惯"这一说法进行评价。总而观之，老挝不同宗教信仰的员工，有近两成（16.67%）员工完全同意所在企业尊重本地风俗，有近四成（39.14%）员工基本同意所在企业尊重本地风俗，有三成（30.04%）的员工认为一般，7.79%的员工不认为本企业尊重本地风俗，有6.36%的员工表示完全不同意。

表8-6　　　　按宗教信仰划分的是否同意"本企业尊重本地风俗习惯"（$N=912$）　　　　（单位:%）

宗教信仰	完全不同意	不同意	一般	基本同意	完全同意
上座部佛教	6.61	8.52	25.99	41.70	17.18
原始拜物教	11.11	6.67	40.00	31.11	11.11
天主教	0.00	14.29	42.86	28.57	14.29
新教	50.00	0.00	0.00	0.00	50.00
其他	3.18	4.46	45.22	31.21	15.92
不信仰任何宗教	10.00	10.00	25.00	40.00	15.00
总计	6.36	7.79	30.04	39.14	16.67

按宗教信仰划分，数据显示：有近六成（58.88%）的上座部佛教员工认为中资企业完全或基本尊重当地风俗，最倾向于基本同意，6.61%的上座部佛教员工认为中资企业完全没有尊重当地风俗；有四成（42.22%）的原始拜物教员工认为中资企业完全或基本尊重当地风俗，11.11%的原始拜物教员工认为中资企业完全没有尊重当地风俗，和完全同意的占比相同；信仰天主教的员工和信仰原始拜物教员工一样，认为企业对本地风俗尊重感受一般的占比最高，达到42.86%，没有天主教员工认为中资企业完全没有尊重当地风俗；有近五成（47.13%）其他民族认为中资企业完全或基本尊重当地风俗。由此可见，多数中资企业进入老挝市场，经过前期调研对当地风俗习惯有所了解，入乡随俗增强了当地不同族群的员工对中资企业的认可。信仰新教的老挝员工态度鲜明，完全不同意和完全同意评价各占五成。信仰其他宗教的员工一般同意和基本同意的占绝对比重，分别是45.22%和31.21%，完全同意的占比15.92%，不同意和完全不同意的占4.46%和3.18%。其余不信仰任何宗教的老挝员工完全同意本企业尊重当地风俗习惯的占比是15%，基本同意的占40%，认为一般的占到25%，不同意和完全不同意的各占10%。由此可见，大部分宗教信徒员工对中资企业的尊重程度有较高的评价和认可。

如表8-7所示，根据统计的913份员工样本量，按管理人员与非管理人员划分的是否同意"本企业尊重本地风俗习惯"的比例各有不同。总而观之，不论是否为管理人员，超五成（55.75%）员工基本同意或完全同意所工作的企业尊重本地风俗，认为尊重程度一般的占三成（30.01%），不同意和完全不同意分别占7.89%和6.35%。这说明，中资企业的老挝员工不会因是否为管理干部身份对该问题的评价而有明显差异。

表8-7　管理人员与非管理人员是否同意"本企业尊重本地风俗习惯"（N=913）　（单位:%）

是否管理人员	完全不同意	不同意	一般	基本同意	完全同意
是	6.80	5.83	29.13	36.89	21.36
否	6.30	8.15	30.12	39.26	16.17
总计	6.35	7.89	30.01	38.99	16.76

老挝非管理人员评价集中在基本同意所工作的企业尊重本地风俗习惯，占比接近四成（39.26%），认为尊重程度一般的占三成（30.12%），完全同意的比例为16.17%，不同意和完全不同意分别占8.15%和6.30%。由此可见，中资企业入驻老挝市场前做了充足的市场调研，获得老挝员工的普遍认可，尊重本地风俗习惯更有益于拉近中资企业和东道国员工之间的距离。

如表8-8所示，根据统计的916份员工样本量，按族群划分的是否同意"本企业尊重我的宗教信仰"的比例各有不同。总而观之，不论哪族，老挝员工基本同意所工作的企业尊重员工自我的宗教信仰，占到37.23%的比例。其次，认为尊重程度一般的占33.73%，完全同意的占15.28%，完全不同意和不同意分别占5.24%和8.52%。

表8-8　按族群划分的是否同意"本企业尊重我的宗教信仰"（N=916）

（单位:%）

族群	完全不同意	不同意	一般	基本同意	完全同意
老龙族	4.32	7.84	28.64	40.32	18.88
老听族	9.03	13.89	51.39	20.83	4.86
老松族	5.36	6.25	42.86	35.71	9.82
其他民族	5.71	5.71	22.86	54.29	11.43
总计	5.24	8.52	33.73	37.23	15.28

老挝各族员工选择最多的是基本同意所工作的企业尊重其宗教信

仰，除其他民族合占54.29%外，老龙族在这一选项中占比最高，最倾向于基本同意达40.32%。老龙族员工认为本企业完全不尊重其宗教信仰的占4.32%，不同意的占7.84%，认为尊重程度一般的占28.64%，完全同意的比例为18.88%。老听族员工认为企业对其宗教信仰尊重一般的占比最高，达到51.39%，基本同意尊重的占20.83%，完全同意的占4.86%，不同意和完全不同意分别占13.89%和9.03%。老松族和老听族一样，认为企业对其宗教信仰尊重一般的占比最高，达到42.86%，基本同意尊重的老听族占比35.71%，完全同意的占9.82%，不同意和完全不同意分别占6.25%和5.36%。其他民族不同意和完全不同意的占比一致，均为5.71%，认为一般的是完全同意的两倍，为22.86%。

二 对企业是否尊重员工宗教信仰的评价

如表8-9所示，有效采集样本913个，按照不同宗教信仰员工就"本企业尊重我的宗教信仰"这一问题进行评价。总体来看，不论有无宗教信仰，老挝员工基本同意所工作的企业尊重员工本人宗教信仰，占比37.24%。认为尊重程度一般的占33.73%，完全同意的占到15.33%，不同意和完全不同意分别占8.43%和5.26%。

表8-9 按宗教信仰划分的是否同意"本企业尊重我的宗教信仰"（$N=913$） （单位:%）

宗教信仰	完全不同意	不同意	一般	基本同意	完全同意
上座部佛教	4.98	8.64	30.45	39.82	16.11
原始拜物教	8.89	6.67	40.00	33.33	11.11
天主教	0.00	28.57	42.86	28.57	0.00
新教	50.00	0.00	0.00	0.00	50.00
其他	5.10	7.01	45.22	27.39	15.29
不信仰任何宗教	5.26	10.53	42.11	42.11	0.00
总计	5.26	8.43	33.73	37.24	15.33

老挝信仰上座部佛教的员工评价主要集中在"基本同意"这一程度，占比接近四成（39.82%），认为本企业完全不尊重员工本人宗教信仰的上座部佛教的员工占4.98%，选择不同意的占8.64%，认为尊重程度一般的占30.45%，完全同意的比例为16.11%。信仰原始拜物教的员工认为企业对我的宗教信仰尊重感受一般的占比最高，达到四成（40%），基本认同尊重的原始拜物教员工占三成（33.33%），完全认可企业尊重自我信仰的占11.11%，不同意和完全不同意则分别占6.67%和8.89%。信仰天主教的员工和信仰原始拜物教员工一样，认为企业对员工本人信仰的尊重感受一般的占比最高，达到四成（42.86%），基本同意尊重和不同意的天主教员工均占比28.57%，评价在完全同意的和完全不同意两极的员工则没有。信仰新教的老挝员工评价与是否尊重当地风俗的评价相同，完全同意和完全不同意两个程度各占五成（50%）。信仰其他宗教的员工有四成（45.22%）一般同意，27.39%基本同意，完全同意的占比15.29%，不同意和完全不同意的占7.01%和5.1%。不信仰任何宗教的老挝员工没有给出完全同意本企业尊重员工信仰这一评价，基本同意占42.11%，认为一般的占42.11%，不同意和完全不同意的分别占10.53%和5.26%。

由此可见，老挝是个宗教信仰多元化的国家，中资企业入驻老挝市场，尊重当地员工的宗教信仰是十分必要的事情。对于评价差异巨大的宗教信仰员工应更加关注，了解他们的需求。

如表8-10所示，根据统计的914份员工有效样本，按管理人员与非管理人员身份划分的是否同意"本企业尊重我的宗教信仰"的评价各有不同。总而观之，不论是否为管理人员，评价为"基本同意"和"完全同意"的企业员工占比合计超过五成（52.52%）。认为尊重程度一般的占三成（33.70%），不同意和完全不同意军不到一成，分别占8.53%和5.25%。

老挝管理人员选择集中在"一般同意"这一程度，占比38.83%；基本同意的占29.13%；完全同意的比例为22.33%；不同意和完全不同意分别占7.77%和1.94%。老挝非管理人员选择最多的是"基本同意",占38.22%,认为尊重程度一般的占33.05%,完全同意的比例为14.43%;不同意和完全不同意分别占8.63%和5.67%。由此可见,中资企业在老挝的工作、实践活动基本得到老挝员工的认可。

表8-10　　　　管理人员与非管理人员是否同意"本企业尊重
　　　　　　　我的宗教信仰"（N=914）　　　　　　（单位:%）

是否是管理人员	完全不同意	不同意	一般	基本同意	完全同意
是	1.94	7.77	38.83	29.13	22.33
否	5.67	8.63	33.05	38.22	14.43
总计	5.25	8.53	33.70	37.20	15.32

三　对企业工作时间的评价

如表8-11所示,根据统计的921份员工样本量,按族群划分的是否同意"喜欢本企业工作时间作息"的评价比例各有不同。整体来看,不论哪族,超过五成(57.66%)的老挝员工基本认同和完全认同工作的企业时间作息。其次,认同程度一般的占三成(30.51%),完全同意的占到一成(11.73%),不同意和完全不同意分别占7.27%和4.56%。

表8-11　按族群划分的是否同意"喜欢本企业工作时间作息"（N=921）

（单位:%）

族群	完全不同意	不同意	一般	基本同意	完全同意
老龙族	3.82	7.47	25.60	49.13	13.99
老听族	8.33	6.25	50.69	27.78	6.94
老松族	3.60	7.21	36.94	45.05	7.21
其他民族	5.41	8.11	16.22	64.86	5.41
总计	4.56	7.27	30.51	45.93	11.73

老挝各族员工基本认可工作的企业时间作息，除其他民族占六成（64.86%）外，老龙族员工基本认可的比例最高，接近五成（49.13%）。老龙族员工完全不同意本企业工作作息时间的占3.82%，不同意的占7.47%，同意程度一般的占25.60%，完全同意的比例为13.99%。老听族员工对工作的企业时间作息感受一般的占比最高，超过五成（50.69%），基本认同作息时间的老听族占比27.78%，完全同意的占6.94%，不同意和完全不同意分别占6.25%和8.33%。老松族和老龙族一样，对本企业工作作息时间感受在"基本同意"这一程度的占比最高，达到45.05%，感受一般的老松族占比36.94%，完全同意的占7.21%，不同意和完全不同意分别占7.21%和3.60%。其他民族完全同意和完全不同意的占比一致，为5.41%，认为一般的是不同意人数占比的两倍，为16.22%。

按照宗教信仰划分是否同意"喜欢本企业工作时间作息"的评价，如表8-12所示，根据统计的918份员工样本，不论哪种信仰抑或是没有信仰，超过五成（57.62%）的老挝员工基本同意或完全同意工作的企业时间作息。其次，认为尊重程度一般的占三成（30.61%），完全同意的有一成（11.76%），不同意和完全不同意分别占7.30%和4.47%。

表8-12　　　　按宗教信仰划分的是否同意"喜欢本企业工作时间作息"（N=918）　　　　（单位:%）

宗教信仰	完全不同意	不同意	一般	基本同意	完全同意
上座部佛教	4.39	7.60	27.78	46.78	13.45
原始拜物教	8.89	2.22	31.11	51.11	6.67
天主教	0.00	28.57	28.57	42.86	0.00
新教	0.00	0.00	50.00	50.00	0.00
其他	3.13	7.50	40.00	43.13	6.25
不信仰任何宗教	10.00	0.00	50.00	25.00	15.00
总计	4.47	7.30	30.61	45.86	11.76

信仰上座部佛教的老挝员工中有超过一成（13.45%）的员工完全认同企业作息时间；评价为基本认同的占四成以上（46.78%），认为作息一般的占 27.78%，7.6% 的员工不认同，4.39% 的员工完全不认同。原始拜物教员工超过五成（51.11%）基本认同，认为企业作息一般的有三成（31.11%），完全同意的不到一成（6.67%），不同意和完全不同意两种评价占比均在一成以下。信仰天主教的员工和信仰原始拜物教员工一样，基本认同本企业工作作息时间的占比最高，超过四成（42.86%），一般和不同意的天主教员工占比 28.57%，没有员工完全认同或者完全不认同。信仰新教的老挝员工选择基本同意和一般的各占五成（50%）。信仰其他宗教的员工一般同意和基本同意的占绝对比重（83.13%），完全同意的占比 6.25%，不同意和完全不同意的分别占 7.5% 和 3.13%。其余不信仰任何宗教的老挝员工完全认同本企业工作作息时间的占比是 15%，认为一般的（50%）占比是基本认同（25%）的两倍，不同意的员工没有，完全不同意的占 10%。

如表 8-13 所示，根据统计的 919 份员工有效样本，按管理人员与非管理人员身份划分的是否同意"喜欢本企业工作时间作息"的评价比较接近。不论是否为管理人员，基本认同企业作息时间的比例最高（46.03%），认为一般的在三成（30.47%），完全不同意和不认同的占比都在一成以下，完全认同的有一成（11.75%）。

表 8-13　　　　管理人员与非管理人员是否同意"喜欢本企业工作时间作息"（$N=919$）　　　　（单位:%）

是否管理人员	完全不同意	不同意	一般	基本同意	完全同意
管理人员	5.83	2.91	30.10	40.78	20.39
非管理人员	4.41	7.72	30.51	46.69	10.66
总计	4.57	7.18	30.47	46.03	11.75

老挝管理人员一般认同本企业工作时间作息占三成（30.10%），基本认同占40.78%，完全同意的比例为20.39%，不同意和完全不同意分别占2.91%和5.83%。老挝非管理人员选择最多的是基本同意（46.69%），评价程度一般的占三成（30.51%），完全同意的比例为10.66%，不同意和完全不同意分别占7.72%和4.41%。由此可见，管理人员对企业作息时间的认可度稍高于非管理人员。

四 对企业晋升制度的评价

按照族群划分是否同意"中外员工晋升制度一致"的评价，如表8-14所示，根据统计的899个有效样本，不分族群，所有受访员工中，四成（44.28%）的老挝员工基本同意或完全同意中外员工晋升制度一致，认为一致程度一般的占三成（32.59%），不同意和完全不同意分别占17.58%和5.56%。

表8-14 按族群划分的是否同意"中外员工晋升制度一致"（$N=899$）

（单位:%）

族群	完全不同意	不同意	一般	基本同意	完全同意
老龙族	5.72	18.63	28.10	37.58	9.97
老听族	6.29	12.59	47.55	28.67	4.90
老松族	3.64	18.18	39.09	32.73	6.36
其他民族	5.88	17.65	29.41	38.24	8.82
总计	5.56	17.58	32.59	35.60	8.68

超过三成（37.58%）老龙族员工基本认同中外员工晋升制度具有一致性，完全不同意中外员工晋升制度一致的占5.72%，不同意的占18.63%，认为一致性程度一般的占28.10%，完全同意的比例为9.97%。老听族员工对中外员工晋升制度一致感受一般的占比最高，达到47.55%，基本同意一致的老听族占比28.67%，完全同意

的占 4.90%,不同意和完全不同意分别占 12.59% 和 6.29%。老松族和老听族一样,对中外员工晋升制度一致感受一般的占比最高,达到 39.09%,三成(32.73%)老松族员工基本同意一致,完全同意的占 6.36%,不同意和完全不同意分别占 18.18% 和 3.64%。其他民族完全同意占比为 8.82%,完全不同意的占比为 5.88%,认为基本一致和一般的分别有 38.24% 和 29.41%,不同意人数占比是 17.65%。由此可见,老挝中资企业制定的中外员工晋升制度存在一定程度的差异性。

如表 8-15 所示,根据统计的 896 个有效样本,按宗教信仰划分是否同意"中外员工晋升制度一致",基本同意和认为一致性一般的占比相似,都在三成以上,完全同意的占到 8.59%,不同意和完全不同意分别占 17.63% 和 5.58%。

老挝信仰上座部佛教的员工中,三成以上(37.03%)基本同意中外员工晋升制度一致,完全认同晋升机制一致的占到 8.25%,不同意和完全不同意分别占 17.54% 和 6.15%。信仰原始拜物教员工中,对中外员工晋升制度一致性感受基本认同的占比最高,达到 37.78%,认为一般的原始拜物教员工占比 31.11%,完全同意的占 4.44%,不同意和完全不同意则分别占 22.22% 和 4.44%。信仰天主教的员工和信仰原始拜物教员工一样认为基本认同占比最高,四成(42.86%)员工对中外员工晋升制度一致性感受基本认同,一般认同的天主教员工占比 28.57%,没有完全认同,不同意的和完全不同意的均占 14.29%。所有信仰新教的老挝员工基本认同晋升制度具有一致性。信仰其他宗教的员工一般同意和基本同意的占六成(66.02%),完全同意的占比 11.54%,不同意和完全不同意的占到 18.59% 和 3.85%。其余不信仰任何宗教的老挝员工完全同意中外员工晋升制度一致的占比是 10.53%,基本同意和认为一般的各占 36.84% 和 47.37%,没有员工完全不认同,不同意的占 5.26%。

表8－15　　　按宗教信仰划分的是否同意"中外员工晋升制度一致"（N=896）　　（单位:%）

宗教信仰	完全不同意	不同意	一般	基本同意	完全同意
上座部佛教	6.15	17.54	31.03	37.03	8.25
原始拜物教	4.44	22.22	31.11	37.78	4.44
天主教	14.29	14.29	28.57	42.86	0.00
新教	0.00	0.00	0.00	100.00	0.00
其他	3.85	18.59	38.46	27.56	11.54
不信仰任何宗教	0.00	5.26	47.37	36.84	10.53
总计	5.58	17.63	32.59	35.60	8.59

如表8－16所示，根据统计的897个有效样本，按管理人员与非管理人员身份划分是否同意"中外员工晋升制度一致"，不论是否为管理人员，基本认同企业晋升制度具有一致性的占比最高（35.67%），认为一致性程度一般的占32.55%，完全同意的占到8.70%，不同意和完全不同意分别占17.50%和5.57%。由此可见，就晋升公平而言，老挝员工认为中资企业相对一视同仁，并不会因为国籍问题，而过度偏向中国员工。

表8－16　　　管理人员与非管理人员是否同意"中外员工晋升制度一致"（N=897）　　（单位:%）

是否是管理人员	完全不同意	不同意	一般	基本同意	完全同意
是	2.97	17.82	37.62	33.66	7.92
否	5.90	17.46	31.91	35.93	8.79
总计	5.57	17.50	32.55	35.67	8.70

老挝管理人员认为中外员工晋升制度一致性一般的达37.62%，基本同意晋升机制一致的员工占比33.66%略少于认同度一般的员工，不同意和完全不同意分别占17.82%和2.97%。非管理人员对中

外员工晋升制度一致感受基本认同的占比最高（35.93%），认为一般的非管理人员占比31.91%。

第三节　公共议题

本节从性别、年龄、学历、家庭和手机联网五个向度，聚焦员工对10个特定公共议题的态度，内容包括民众与政府的关系，普通民众与统治精英的关系，公民个人对政治活动的参与度和对政府的信心，以及民众的向心力和凝聚力。

一　普通民众与社会统治阶层之间的心理距离

关于老挝的部分社会性议题，本次调研依据性别、年龄、最高学历、是否家庭联网、是否手机联网进行分组，以图了解老挝员工对社会统治阶层的心理距离感知。如表8-17所示，根据性别分组，就"国会议员很快与普通民众失去联系"这一陈述，男性赞成的比例（52.44%）略高于女性（52.22%），数据差别不大，说明不同性别对该问题没有明显差异。"普通民众和统治精英之间的差距要比普通人之间的差距大得多"这一说法，女性赞成态度（61.57%）高于男性（61.17%），但同样数据差距不大。而就"像我这样的人对政府的行为无法产生影响"这一说法，仍是男性认为对政府无法产生影响的比例更高（60.82%）。但总体而言，从性别上看，这些公共议题的态度差异不大。

依据年龄组划分，就"国会议员很快与普通民众失去联系"这一陈述，26—35岁年龄段赞成的比例（49.56%）略低于16—25岁（54.48%）和36岁及以上（52.90%），"普通民众和统治精英之间的差距要比普通人之间的差距大得多"这一说法，仍是26—35岁年龄段赞成占比最低。由此可知，随着老挝的发展，社会差距有不断缩小的趋势。对"像我这样的人对政府的行为无法产生影响"这一陈述,36 岁及以上年龄段认为对政府无法产生影响的比例更高(62.86%),表明当前老挝的经济社会发展对这一阶段的老挝人而言不是特别友好,随着年龄增长,社会生活带来的压力难以疏解,而政府在相关方面成效不足。

表 8-17　　　　　赞成以下公共议题相关陈述的比例　　　　（单位:%）

分组依据	具体内容	国会议员很快与普通民众失去联系	普通民众和统治精英之间的差距要比普通人之间的差距大得多	像我这样的人对政府的行为无法产生影响
性别	男	52.44	61.17	60.82
	女	52.22	61.57	59.50
年龄组	16—25 岁	54.48	61.82	59.65
	26—35 岁	49.56	60.51	59.55
	36 岁及以上	52.90	62.32	62.86
最高学历	未上过学	52.00	42.31	50.00
	小学学历	59.14	64.13	56.38
	中学学历	52.99	61.10	60.78
	本科及以上	48.46	62.78	61.34
是否家庭联网	是	49.82	60.67	58.52
	否	56.53	62.61	62.84
是否手机联网	没有手机	57.58	77.14	62.50
	是	49.87	60.10	60.41
	否	69.79	65.96	56.84

依据最高学历分组,赞成占比波动最大的是就"普通民众和统治精英之间的差距要比普通人之间的差距大得多"这一陈述,未受过教育的老挝员工选择赞成陈述的远低于其他学历。就"国会议员很快与

普通民众失去联系"这一陈述，学历在本科及以上的老挝员工赞成比例最低（48.46%），可见完成本科及以上学业的老挝人在社会中的选择弹性更大，参与自主性更强。但不论学历高低，都有接近半数的老挝员工认为政府人士和普通民众的联系不够紧密。超过六成（61.34%）学历在本科及以上的老挝员工赞成"像我这样的人对政府的行为无法产生影响"这一说法，反映政府脱离群众的现象比较突出。

依据是否家庭联网区分，就"国会议员很快与普通民众失去联系"这一陈述，家庭联网的老挝员工赞成的比例低于家庭不联网的老挝员工，"普通民众和统治精英之间的差距要比普通人之间的差距大得多"这一陈述，仍是家庭联网赞成占比相对更低。由此可见，老挝政府在一定程度上开展了网上政务服务，但不论家庭是否联网，对两个社会性议题的赞成度都超过或接近五成。

依据是否手机联网分组，就"国会议员很快与普通民众失去联系"这一陈述，没有手机和手机不联网的老挝员工赞成的比例高于手机联网的老挝员工，但"普通民众和统治精英之间的差距要比普通人之间的差距大得多"这一陈述，没有手机的老挝员工赞成比例高于手机联网和没有联网的老挝员工。而就"像我这样的人对政府的行为无法产生影响"这一陈述，则是没有手机和手机联网的老挝员工认为对政府无法产生影响的比例更高。但总体而言，从是否手机联网这一分组来看，这些公共议题的赞成度都偏高。由此可知，统治阶层人士和普通民众的互动交流较少。

综上，不论群体划分，老挝民众对于普通人和精英之间差距较大基本能达成共识，这或许能说明在老挝经济发展取得一定成效，部分民众生活水平得到提升，但同时贫富差距拉大成为经济发展带来的副产品。其次，就公共议题而言，老挝人民表现出一种相对悲观的态度，即人民对于政府决策影响不大，政府与民众生活有距离。

二 普通民众参与政治决策的意愿

如表 8-18 所示，首先，依据性别分组，针对"政治人物根本不关心像我这样的普通人怎么想""人民才应该拥有最重要政策的决定权,而不是政治人物""人民应该通过直接公投来掌握重大政治议题的最终决定权"三个议题,男性赞成的比例均略低于女性。但总体而言,从性别上看,这些公共议题的性别态度差别不大,其中对"人民应该通过直接公投来掌握重大政治议题的最终决定权"这一公共议题赞成比最高。由此可见,老挝人民也渴望拥有更多政治参与机会。

表8-18 赞成以下公共议题相关陈述的比例(续1) (单位:%)

分组依据	具体内容	政治人物根本不关心像我这样的普通人怎么想	人民应该通过直接公投来掌握重大政治议题的最终决定权	人民才应该拥有最重要政策的决定权,而不是政治人物
性别	男	47.26	84.10	78.04
	女	52.26	85.89	79.66
年龄组	16—25岁	52.21	82.59	76.54
	26—35岁	48.88	87.57	81.53
	36岁及以上	46.10	85.82	79.14
最高学历	未上过学	50.00	68.00	70.83
	小学学历	47.87	80.43	67.37
	中学学历	50.88	84.06	78.06
	本科及以上	48.70	89.96	85.82
是否家庭联网	是	48.95	85.06	79.51
	否	51.65	85.06	77.88
是否手机联网	没有手机	55.88	77.42	81.82
	是	48.39	85.86	79.71
	否	60.42	81.05	71.28

依据年龄组划分,就"政治人物根本不关心像我这样的普通人怎么想"这一陈述,16—25岁这一年龄段赞成的比例略高于26—35岁

和36岁及以上,"人民应该通过直接公投来掌握重大政治议题的最终决定权"这一陈述,16—25岁这一年龄段赞成的比例低于26—35岁和36岁及以上。而就"人民才应该拥有最重要政策的决定权,而不是政治人物"这一陈述,各受访年龄段赞成度都接近或超过八成。

依据最高学历分组,89.96%的本科及以上学历员工赞同"人民应该通过直接公投来掌握重大政治议题的最终决定权"这一说法,即便是未上过学的老挝员工,也有68%的员工选择赞成。就"政治人物根本不关心像我这样的普通人怎么想"这一说法,47.87%的小学学历员工赞同,中学学历员工赞成的比例最高,超过五成(50.88%)。85.82%的本科及以上学历老挝员工赞成"人民才应该拥有最重要政策的决定权,而不是政治人物"这一说法,可见学历越高,民众对政治决策权的期望值就越高。

依据是否家庭联网区分,就"政治人物根本不关心像我这样的普通人怎么想"这一陈述,家庭联网的老挝员工赞成的比例低于家庭不联网的,"人民才应该拥有最重要政策的决定权,而不是政治人物"这一陈述,则是家庭不联网的赞成占比相对更低,但"人民应该通过直接公投来掌握重大政治议题的最终决定权"这一陈述,二者一致。

依据是否手机联网分组,就"政治人物根本不关心像我这样的普通人怎么想"这一陈述,没有手机和手机不联网的老挝员工赞成的比例高于手机联网的,但"人民才应该拥有最重要政策的决定权,而不是政治人物"这一陈述,没有手机的老挝员工领先于不论手机联网或不联网的。而就"人民应该通过直接公投来掌握重大政治议题的最终决定权"这一陈述,则是没有手机和手机不联网的老挝员工赞同比例更低。但总的而言,从是否手机联网这一分组上看,这些公共议题的态度差不大,但三者对公共议题的赞成占比都超过或接近半数。

通过对受访老挝员工开展部分社会性议题调查,可以看到一个鲜明的反差:老挝民众普遍认为个人对政府的影响较小,大比例民众认为人民应该享有最终决定权。这种反差出现，表明老挝在政治上要进一步深化民主制度，增强民主意识。政治不是政治精英的独角戏，而是人民为实现共同利益的重要载体。

如表8-19所示，依据性别分组，男性员工对"普通民众总是团结一致""普通民众是善良和正直的""普通民众享有共同的价值观和利益"三个社会议题的赞成度高于女性，但女性员工和男性员工的赞成比例都接近或超过九成，说明性别基本不会影响相关议题的态度。对"普通民众是善良和正直的"这一公共议题陈述赞成占比最高，均在九成以上。

表8-19 赞成以下公共议题相关陈述的比例（续2） （单位：%）

分组依据	具体内容	国会议员们应该遵循人民的意愿	普通民众总是团结一致	普通民众是善良和正直的	普通民众享有共同的价值观和利益
性别	男	87.50	92.64	94.13	91.29
	女	87.60	89.68	90.45	89.07
年龄组	16—25岁	84.75	88.62	91.79	89.37
	26—35岁	89.47	92.52	91.16	87.88
	36岁及以上	90.85	94.33	95.77	97.89
最高学历	未上过学	69.23	73.08	76.92	73.08
	小学学历	80.00	85.11	89.58	87.50
	中学学历	87.50	91.92	94.23	91.57
	本科及以上	92.65	93.38	90.48	90.07
是否家庭联网	是	86.79	91.92	93.16	91.47
	否	88.89	89.49	90.39	87.69
是否手机联网	没有手机	91.67	88.89	91.67	88.89
	是	88.28	91.44	92.62	90.72
	否	80.00	88.54	88.54	85.42

依据年龄组划分，36岁及以上年龄段群体在"普通民众总是团结一致""普通民众是善良和正直的""普通民众享有共同的价值观和利益"三个社会性价值判断上赞成度最高，都在九成以上，其中有高达97.89%的员工认为普通民众享有共同的价值观和利益。由此可见，36岁及以上年龄段群体对普通民众的价值认可度最强。同样，16—25岁和26—35岁两个年龄段的认可度也很强。由此可见，不同年龄段的员工对普通民众十分信任。在"国会议员们应该遵循人民的意愿"这一陈述中，36岁及以上年龄段赞成的比例略高于16—25岁和26—35岁两个年龄段，占九成（90.85%）。

依据最高学历分组，整体来看，未上过学的老挝员工在公共议题陈述上投出的赞成票比其他学历层次的员工都低。其中，赞成占比波动最大的是就"国会议员们应该遵循人民的意愿"这一陈述，未上过学的老挝员工选择赞成的远低于其他学历。就"普通民众总是团结一致"这一陈述，学历在本科及以上的老挝员工赞成比例最高，赞成比例次之的学历划分出现在中学学历这一层次。学历在中学层次的老挝员工在"普通民众是善良和正直的"和"普通民众享有共同的价值观和利益"这两个陈述赞成比最高。

依据是否家庭联网区分，就"国会议员们应该遵循人民的意愿"这一陈述，家庭联网的老挝员工赞成的比例低于家庭不联网的，在其余三个公共议题的陈述上，家庭联网的员工赞成占比相对更高。由此可见，通过互联网了解更多国家社会信息，在一定程度上会影响员工对社会改造的态度和看法。

依据是否手机联网分组，就"国会议员们应该遵循人民的意愿"这一陈述，没有手机和手机联网的老挝员工赞成的比例高于手机不联网的，"普通民众总是团结一致"和"普通民众享有共同的价值观和利益"的陈述，没有手机的老挝员工赞成占比一致，均为88.89%，"普通民众总是团结一致的"和"普通民众是善良和正直的"，手机没有联网的老挝员工的赞成占比一致，均占为88.54%。关于"普通民众是善良和正直的"这一陈述，整体的赞成占比都非常高。总体而言，从是否手机联网这一分组上看，这些公共议题的态度差别不大，三者对公共议题的赞成占比较高，均在80%及以上。

简言之，老挝人民对于普通民众的道德评价高度统一，"正直""平和"成为老挝人民的代名词。民间认同是推动老挝社会经济全面发展的重要组成部分，因此，政府官员尤其应该重视民间声音，尊重人民的意愿，积极为人民服务。

第九章

媒体与文化消费

"一带一路"建设得益于"互联网+"的发展,同时也会改变和提升"一带一路"沿线文化的传播模式,为加强"一带一路"沿线国家间的文化互鉴和文化交流贡献新的思路。老挝是我国与湄公河地区接壤的三大国家之一,两国一衣带水,具有相似的文化基础。基于我国"一带一路"政策,立足中老两国贸易现状,通过融入多样化文化特征,特别是将各种极具影响力的文化要素融入其中,从而营造文化传播发展的最佳效果。

新媒体是相对于传统媒体而言,是报刊、广播、电视等传统媒体以后发展起来的新的媒体形态。联合国教科文组织对新媒体下的定义是以数字技术为基础,以网络为载体进行信息传播的媒介。新媒体具有交互性与即时性,海量性与共享性,多媒体与超文本,个性化与社群化的特征。文化消费水平能够更直接、更突出地反映出现代物质文明和精神文明的程度。文化消费涉及范围广,边界宽泛,渗透到生活的方方面面。

本章聚焦媒体与文化消费,考察年龄、性别、受教育程度和月收入水平等因素对员工了解中国信息的渠道分布的影响,同时关注从老挝媒体收看中国相关新闻内容的状况。第一节描述了中资企业员工透过互联网和新媒体掌握中国信息的分布状况。以便中资企业了解员工接受讯息的渠道,从而帮助"一带一路"驻老项目掌握老挝民众的偏好。第二节分析了中资企业员工的文化消费状况。通过数据分析,通过对不同类型的文化消费产品的关注频率,分析老挝员工对外国以影视剧和音乐为代表的娱乐消费产品的消费喜好和消费倾向。

第一节 互联网和新媒体

本节从了解渠道、收看中国相关新闻内容、年龄、受教育程度、性别、月收入六个维度着重考察影响老挝员工对中国信息关注的因素分布。

一 老挝员工获取中国信息的主要渠道

从图 9-1 可知，在 922 个有效统计样本中，本国网络是近一年内老挝员工了解中国信息的主要渠道情况，超过六成（62.58%）的员工主要依赖于本国网络。由此可知，随着互联网的发展，网络媒体作为新媒体应运而生，凭借信息传播的互动感、时效感、全球感，加强老挝员工的使用黏性。此外，本国电视也是老挝员工获取中国信息的另一主要渠道，超过六成（61.06%）老挝员工通过电视对新闻信息的综合报道，了解中国。通过企业内部员工和企业内部资料来了解中国信息的比例分别占到 8.68% 和 6.4%。这一结果表明，除了主要通过本国网络和电视了解中国信息以外，由于老挝员工在中资企业工作，15.08% 的员工可以通过企业内部交流和企业资料了解中国。其余如本国报纸杂志、中国传统媒体、中国新媒体所占比例均在两成以下，这些获取中国信息的渠道需要受众自身具备一定学历和语言能力，故而限制了中国信息在老挝的传播范围。总体来看，大多数老挝员工选择了内容更加丰富、资讯更新速度更快的网络和新媒体获取资讯。由此可知，中国在老挝宣传"一带一路"项目，中资企业在老挝提高品牌知名度可以通过老挝本国新媒体渠道吸引老挝民众。此外，必要时可以投入物力在老挝本国电视台，通过传统媒体扩大了解中国信息的受众面。

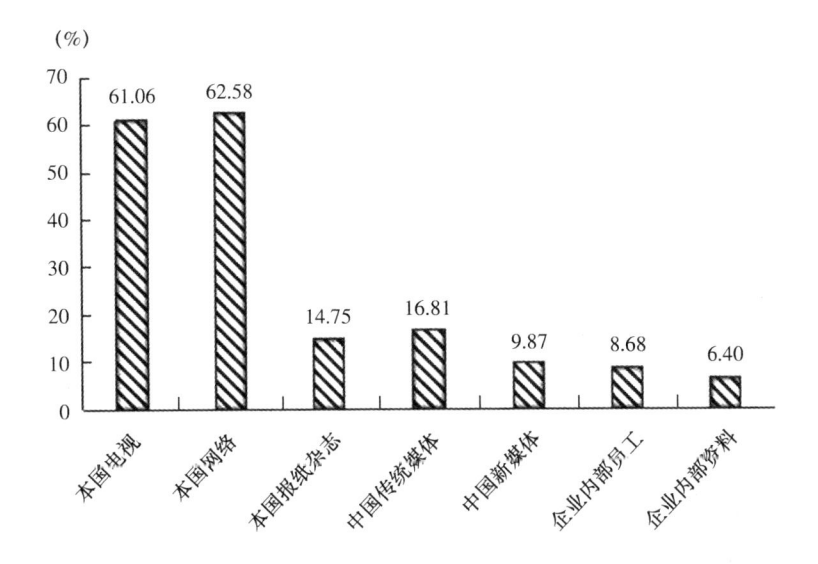

图9-1 近一年内员工了解中国信息的渠道分布（多选题）（N=922）

柱状图数据：
- 本国电视：61.06
- 本国网络：62.58
- 本国报纸杂志：14.75
- 中国传统媒体：16.81
- 中国新媒体：9.87
- 企业内部员工：8.68
- 企业内部资料：6.40

二 老挝员工通过老挝媒体关注中国信息的情况

表9-1反映的是近一年内老挝员工是否从媒体收看中国相关新闻的状况，在所统计有效数据样本中，社会责任和公益方面，接近七成（69.86%）受访者收看过"中国大使馆对本国的捐赠新闻"，超八成（80.35%）老挝员工收看过"中国援助本国修建道路、桥梁、医院和学校的新闻"。由此可见，老挝员工愿意关注中国新闻，也说明中国对老挝相关新闻宣传到位，才能让多数老挝员工看到，这对于在老挝宣传中国及"一带一路"相关项目的开展具有一定借鉴意义。教育交流方面，超八成（83.9%）的老挝员工收看过"本国学生前往中国留学的新闻"，对老挝学生的未来发展关注度较高。艺术交流方面，有七成以上（74.07%）老挝员工观看过"中国艺术演出的新闻"。不仅如此，中老两国在社会经济领域和文化艺术领域相互交流日益增多。此外，对于收看中国相关新闻的状况，中资企业应该重点关注媒体渠道开展相关组织和宣传。

表 9-1　　近一年内员工是否从老挝媒体收看中国相关新闻的状况

（单位：个、%）

相关新闻	样本量	是	否
中国大使馆对本国的捐赠新闻	919	69.86	30.14
中国援助本国修建道路、桥梁、医院和学校的新闻	921	80.35	19.65
本国学生前往中国留学的新闻	919	83.90	16.10
中国艺术演出的新闻	918	74.07	25.93

三　不同层面的老挝员工获取中国信息的不同渠道

如图9-2所示，从不同性别了解老挝员工近一年内了解中国信息的渠道分布。在922份有效样本中，六成以上男性员工通过本国网络（65.73%）和本国电视（61.03%）了解中国信息。女性选择以上两种渠道的比例与男性选择比例接近。与本国电视和本国网络两大渠道相比，选择本国报纸杂志、中国传统媒体、中国新媒体、企业内部员工、企业内部资料五种渠道的老挝员工大幅减少。其中，通过本国报纸杂志和企业内部资料了解中国信息的男性占比略高于女性，其余三种渠道女性选择的比例高于男性，但并无太大差别。由此可见，随着互联网的广泛发展，网络技术的红利走向民间，不论男女，通过本国网络和本国电视了解中国信息是主流渠道。在多数情况下，老挝员工在了解中国信息上使用的渠道并无太大的性别差异。受制于语言，通过中国媒体了解中国信息的渠道比较小众。而在企业内部，中老员工间较少以中国为话题进行交流，而内部资料鲜少涉及中国信息。

从年龄层面看老挝员工了解中国信息的渠道，如图9-3所示，在统计的922份有效样本中，本国网络和本国电视仍是高居首位和次位的主要渠道。可以说，本国网络是老挝员工了解中国信息最便利的渠道。其中，16—25岁的年轻人选择通过本国网络了解中国的占比最高（64.18%），25—36岁占比65.93%，不到五成（49.30%）的36岁及以上员工以本国网络为主要了解渠道。相反，这一年龄段的

	本国电视	本国网络	本国报纸杂志	中国传统媒体	中国新媒体	企业内部员工	企业内部资料
男	61.03	65.73	16.67	16.20	9.86	7.51	6.57
女	61.09	59.88	13.10	17.34	9.88	9.68	6.25

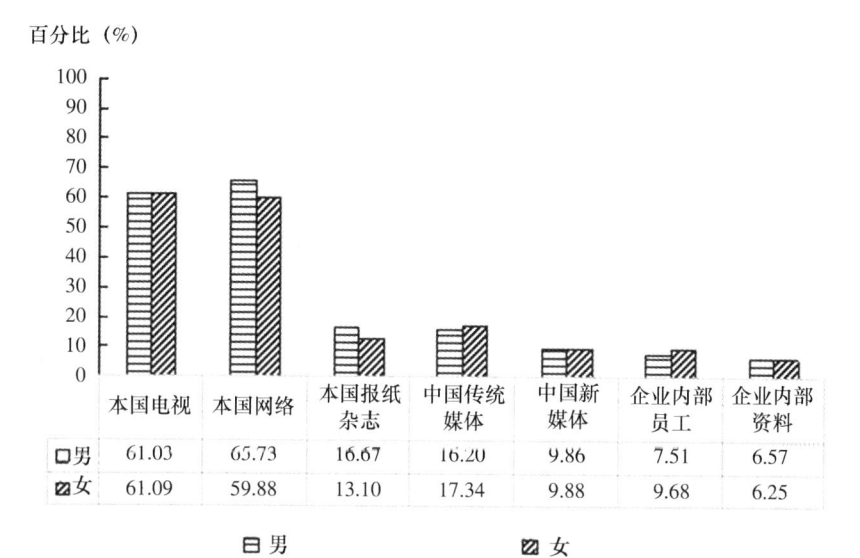

图9-2 按性别划分的近一年内员工了解中国信息的渠道分布（多选题）（$N=922$）

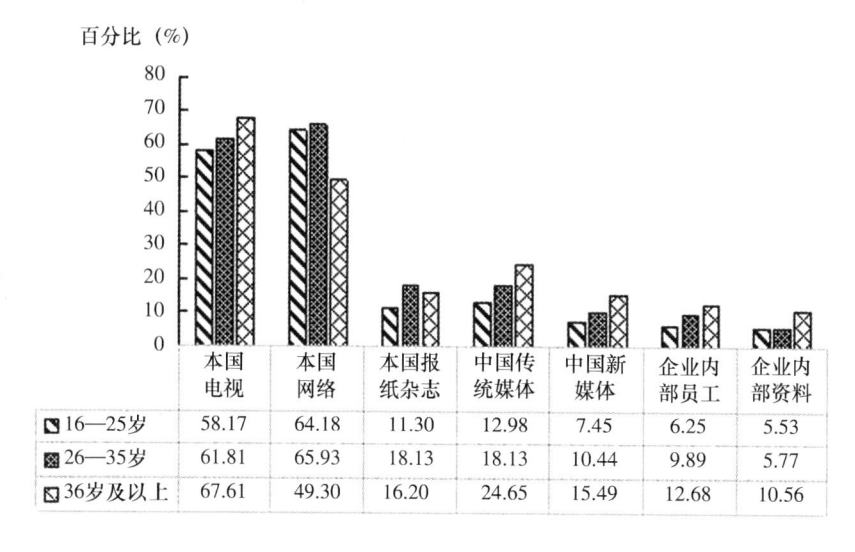

	本国电视	本国网络	本国报纸杂志	中国传统媒体	中国新媒体	企业内部员工	企业内部资料
16—25岁	58.17	64.18	11.30	12.98	7.45	6.25	5.53
26—35岁	61.81	65.93	18.13	18.13	10.44	9.89	5.77
36岁及以上	67.61	49.30	16.20	24.65	15.49	12.68	10.56

图9-3 按年龄组划分的近一年内员工了解中国信息的渠道分布（多选题）（$N=922$）

员工有67.61%选择本国电视为主要了解渠道。随着年龄增长，选择本国电视的比例上升，和本国网络的情况相反。由此可见，网络渠道对年纪轻的员工更有吸引力。本国报纸杂志、中国传统媒体、中国新媒体、通过企业内部渠道所占比例均在两成左右。通过企业内部资料了解中国信息在所统计数据中占比最小，尤其是16—25岁年龄段，仅有5.53%使用该渠道了解中国信息。

从按受教育程度看老挝员工了解中国信息的渠道，如图9-4所示，在统计的896份有效样本中，本国网络和本国电视是老挝员工了解中国信息的主要渠道。六成上下的老挝员工通过本国电视渠道了解中国信息，即便是未上过学的老挝员工选择电视了解中国信息的比例也有61.54%。小学及以下学历老挝员工和中学及以上老挝员工在使用本国网络了解中国的划分上，区别较为明显。由此可见，使用网络

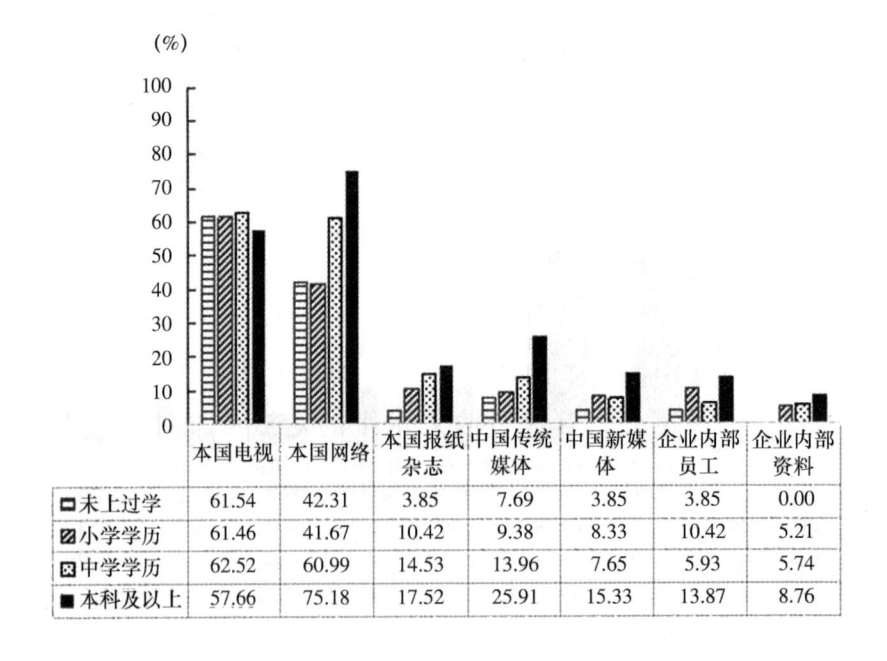

(%)	本国电视	本国网络	本国报纸杂志	中国传统媒体	中国新媒体	企业内部员工	企业内部资料
未上过学	61.54	42.31	3.85	7.69	3.85	3.85	0.00
小学学历	61.46	41.67	10.42	9.38	8.33	10.42	5.21
中学学历	62.52	60.99	14.53	13.96	7.65	5.93	5.74
本科及以上	57.66	75.18	17.52	25.91	15.33	13.87	8.76

图9-4 按受教育程度划分的近一年内员工了解中国信息的渠道分布（$N=896$）

需要学习成本，人机交互性的设计增加低学历员工的学习难度。未上过学的员工了解信息的渠道比接受过教育的员工狭窄。例如，未上过学的老挝员工不曾通过企业内部资料了解中国信息，通过本国报纸杂志、中国媒体了解中国信息的占比都比较低。本科及以上学历的老挝员工可选择的渠道更多样，四成（41.24%）的员工通过中国媒体掌握中国信息，两成（22.63%）的员工通过企业内部员工和内部资料了解中国信息，这也与高学历者在中国企业担任的职务有关。总的来看，本国电视渠道对不同学历的包容度较高，受教育程度越高，越重视本国网络渠道。

从月收入水平的角度来看老挝员工了解中国信息的渠道，如图9-5所示，在统计的总数为877份的样本量中，本国网络和本国电视凭借其高包容度成为不同月收入老挝员工了解中国信息的主要渠道。在本国网络渠道方面，超过五成（55.56%）月收入在0.8百万—1.19百万基普收入阶段的老挝员工选择本国网络；收入在1.2百万—1.5百万基普区间、1.6百万—2.18百万基普和2.19百万—3.5百万基普的员工相似，占比均超过六成；月收入在3.6百万—70百万基普的老挝员工有高达八成（80.15%）选择网络。有两成（21.51%）收入在1.6百万—2.18百万基普区间的老挝员工，通过企业内部员工和内部资料了解中国信息。或许和他们在中国企业从事的岗位有关，因此他们比其他收入者有更多机会接触中国员工和内部资料。除收入在1.2百万—1.5百万基普区间的员工外，其他月收入水平的老挝员工对通过本国报纸杂志、中国传统媒体、中国新媒体、通过企业内渠道了解中国信息的占比都在一成左右。网络渠道包含更加广泛多元的中国信息，于高收入者而言，有更多机会接触中国新媒体，从而了解中国信息。由此可见，收入在一定程度上影响员工的信息结构。

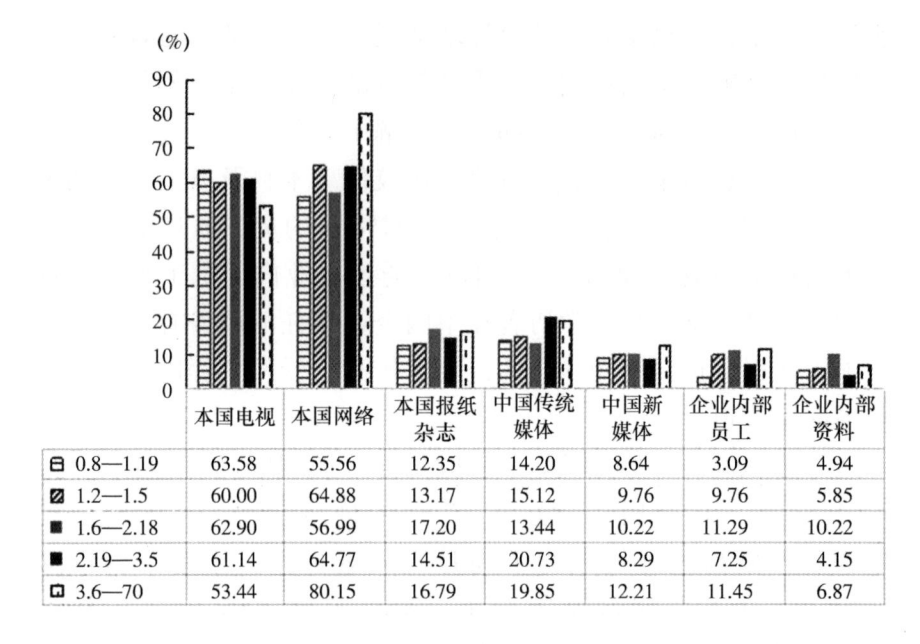

	本国电视	本国网络	本国报纸杂志	中国传统媒体	中国新媒体	企业内部员工	企业内部资料
0.8—1.19	63.58	55.56	12.35	14.20	8.64	3.09	4.94
1.2—1.5	60.00	64.88	13.17	15.12	9.76	9.76	5.85
1.6—2.18	62.90	56.99	17.20	13.44	10.22	11.29	10.22
2.19—3.5	61.14	64.77	14.51	20.73	8.29	7.25	4.15
3.6—70	53.44	80.15	16.79	19.85	12.21	11.45	6.87

图9-5　按月收入划分的近一年内老挝员工了解中国信息的渠道分布（多选题）（$N=877$）（单位：百万基普）

第二节　文化消费

本节主要考察老挝中资企业员工对外国影视和音乐这两项最为普遍的外国文化产品的消费习惯和偏好以了解员工对不同国家文化的态度。

老挝员工对外国影视产品的消费情况

影视剧是民众必不可少的休闲娱乐方式，也是传播一国文化和价值观念的重要载体。表9-2反映的是老挝员工对不同国家电影/电视剧观看的频率分布。根据统计的有效样本数据可知，华语影视剧的受欢迎程度较高，超过七成（77.77%）老挝员工有时、经常或很频繁观看华语影视剧。其中，47.83%的老挝员工有时观看华语影视剧，有21.48%的老挝员工经常观看华语影视剧，8.46%的老挝员工很频繁观看华语影视剧。两成（22.23%）老挝员工很少或从不看华语影视剧。观看频率里印度电影和电视剧占"从不"的最高比例（41.04%）。38.83%老挝员工从不看日本影视剧。进入21世纪以来，随着韩国经济突飞猛进，韩剧不仅在中国掀起风潮，在东南亚也颇有市场，六成（63.34%）老挝员工有时、经常或很频繁观看韩国影视剧。观看频率相似的还有美国。美国作为超级大国，全方位的文化输出让六成（65.69%）的老挝员工有时、经常或很频繁观看美国影视剧。由此可知，老挝员工对不同国家影视剧的接受度较高，观看不同国家的影视剧分布广泛，而非只看本土影视剧。老挝员工对华语影视剧的高关注，有助于中国长期在老挝甚至东南亚开展文化。老挝作为中国开展"一带一路"倡议主要国家之一，如何让华语影视剧在老挝取得好成绩，是中国电影产业深入国际化的重要一步。

表9-2　员工观看不同国家的电影/电视剧的频率分布　　（单位:%）

频率	华语电影/电视剧 （N=922）	日本电影/电视剧 （N=922）	韩国电影/电视剧 （N=922）	印度电影/电视剧 （N=921）	美国电影/电视剧 （N=921）
从不	14.64	38.83	24.51	41.04	23.78
很少	7.59	14.64	12.15	14.98	10.53
有时	47.83	36.77	45.23	34.96	41.91
经常	21.48	9.00	14.64	7.49	18.89
很频繁	8.46	0.76	3.47	1.52	4.89

音乐是人们现实生活情感表达的一种艺术。表9-3反映的是老挝员工对不同国家音乐喜爱程度的频率分布。如表9-3所示，根据统计的有效样本数据，华语音乐受到非常喜欢的占比17.03%，并高出位列第二的美国音乐近10个百分点，这体现出老挝员工更青睐华语音乐风格和表达方式。相对较低的是印度音乐（1.98%）和日本音乐（2.1%）。在"喜欢"一列中，五成以上（56.18%）的老挝员

工喜欢华语音乐，四成（41.22%）喜欢美国音乐。相对较低的是印度音乐（15.15%）和日本音乐（18.81%）。喜欢程度"一般"一列中，排序与"非常喜欢"和"喜欢"不同，26.66%的老挝员工认为日本音乐一般，24.1%认为韩国音乐一般。频段为"不喜欢"一列中，超过半数（54.67%）的老挝员工对印度音乐表达了不喜欢，次之为日本音乐（46.9%）。华语音乐在这一频段占比最低，不到一成（8.03%）。在"非常不喜欢"这一栏，老挝员工给予各国音乐"最不喜欢"评价均不到一成。由此可见，老挝员工对外国音乐的包容度很强，尤以华语音乐为甚。由于地缘相近和长期的历史渊源，老挝员工对于华语音乐的亲近感更强，能产生更多共鸣。音乐作为文化娱乐重要的组成部分，华语音乐能够有如此广泛的受众和接受度，除了中国强大的经济实力和周边影响力，华语音乐市场的完善和进步也付出了诸多努力。

表9-3　　员工对不同国家音乐喜爱程度的频率分布　　（单位:%）

喜欢程度	华语音乐 （$N=922$）	日本音乐 （$N=904$）	韩国音乐 （$N=917$）	印度音乐 （$N=911$）	美国音乐 （$N=917$）
非常喜欢	17.03	2.10	5.56	1.98	7.31
喜欢	56.18	18.81	36.31	15.15	41.22
一般	16.70	26.66	24.10	22.06	21.37
不喜欢	8.03	46.90	30.21	54.67	26.39
非常不喜欢	2.06	5.53	3.82	6.15	3.71

第十章

对外关系

1986年,老挝开始实施革新开放政策,确立了政治、外交、经济多领域的改革方向和目标,积极探索适合本国国情和顺应国际环境变化的发展道路。30余年来,老挝人民民主制度不断调整和发展,人民革命党执政能力和地位不断提高和巩固,国会职能不断扩大和增强,人民参政议政意识逐渐提高;全方位的外交方针和政策逐步确立,外交实践工作不断取得新的突破,老挝发展对外关系的自主性和外交活动空间不断扩大,为国家的发展营造了积极的国际环境。[①]

本章主要对外关系的相关方面进行描述和分析,通过调查老挝员工对中国品牌、企业社会责任和大国影响力的认知情况,分析普通民众对各大国的主观评价,从民众层面认识当前老挝的对外关系。

第一节 中国品牌

中国品牌在老挝的被认知状况能反映出中资企业在老挝的发展总体情况以及中国的文化影响力。目前,华为、小米、OPPO和VIVO都在老挝开拓市场。除了电子产品品牌以外,中国的其他产品在老挝也有一定的市场。本节主要调查老挝员工对中国品牌的总体认知情况,老挝员工

---

① 方芸、马树洪:《列国志·老挝》,社会科学文献出版社2018年版,第101—102、277页。

对品牌的选择包括对品牌的认可、喜爱和信任等。

一 老挝员工对中国品牌的认知

对老挝员工对中国品牌的认知度的评估，依据员工对"除了本公司的产品（如有）之外，您是否知道中国其他的产品品牌"回答进行统计分析。如图 10-1 所示，在 911 个有效样本中，不同性别维度上的老挝员工对本企业以外的中国品牌的认知状况为：近六成（57.82%）的男性员工知道本企业以外的中国产品品牌，知道本企业以外的中国品牌的女性员工比例不到一半（49.9%）。由此可见，中国品牌在老挝员工中有一定的认知度，与女性员工相比，男性员工对中国品牌的认知度更高。

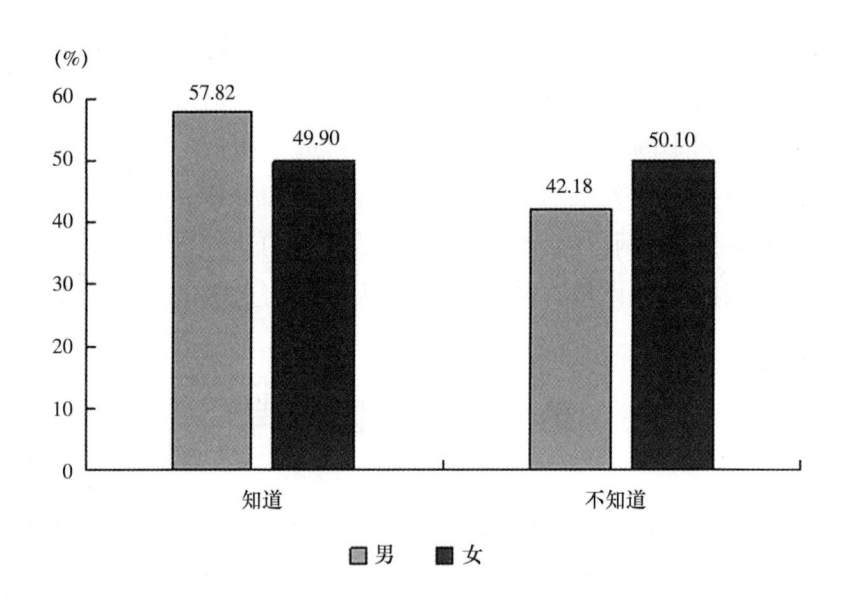

图 10-1　按性别划分的老挝员工对本企业外的中国产品品牌的认知状况（$N=911$）

图 10-2 展示了不同受教育程度维度下的老挝员工对于本企业外的中国品牌的认知状况。本科及以上学历的老挝员工对中国品牌的认知度最高，占比超过七成（76.56%），说明中国品牌在知识层次较

高的员工中具有较高的认知度。中学学历员工知道本企业外的中国品牌的比例不到五成（47.48%），小学学历员工知道本企业外的中国品牌的比例接近三成（29.03%），未上过学的员工知道本企业外的中国品牌的比例不到两成（15.38%）。除了本科及以上学历的员工对本企业外的中国品牌有较高认知度外，其他受教育水平的员工对本企业外中国品牌的认知度普遍不高，而且受教育水平越低的员工对本企业外中国品牌的认知度越低。说明中国品牌仍需加大在老挝普通民众中的宣传力度，积极打造中国品牌在老挝普通民众中的良好形象。

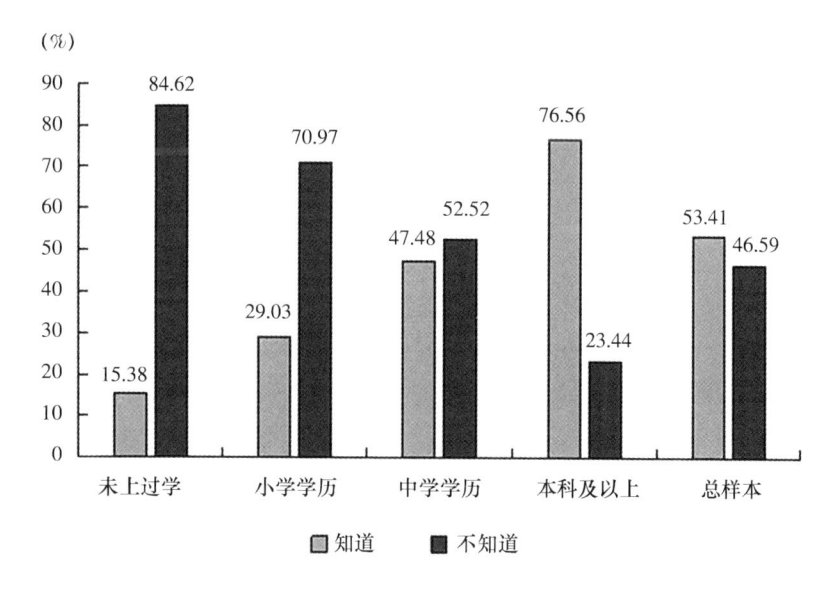

图 10 - 2　按受教育程度划分的员工对本企业外的中国产品品牌的认知状况（$N = 908$）

图 10 - 3 反映了中资企业中管理层和非管理层维度上的老挝员工对本企业外的中国品牌的认知状况。管理人员知道本企业外中国品牌的比例超过六成（65.35%），非管理人员知道本企业外中国品牌的比例略超五成（51.98%）。管理人员和非管理人员在对本企业外的中国品牌的认知度上存在一定差距，管理人员的认知度明显高于非管

理人员。据此老挝中资企业仍需采取适当方式，扩大中国品牌在老挝普通民众中的宣传进一步提高中国品牌在普通员工中的认知度。

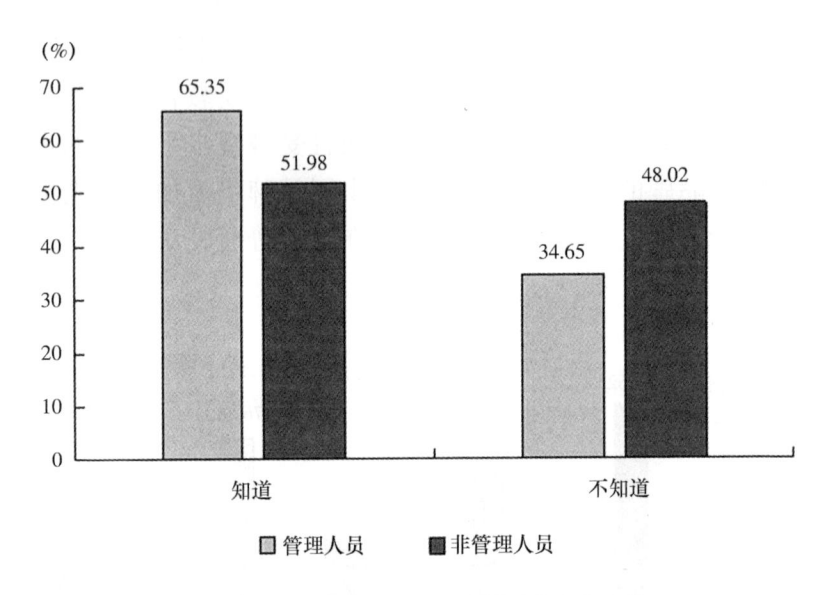

图 10-3　管理人员与非管理人员对本企业外的
中国产品品牌的认知状况（$N=909$）

互联网是员工了解外部信息的有效途径之一，表 10-1 反映了上网频率维度上的老挝员工对本企业外中国品牌的认知状况。在 906 个有效样本中，除了少数数据存在一定的偏差，总体上员工上网频率与其对中国品牌的认知度呈正比，即上网频率越高的员工对中国品牌的认知度越高。一天上网几个小时的员工知道本企业外中国品牌的比例最高，超过六成（61.74%），一个月至少上网一次的员工知道本企业外的中国品牌的比例最低，仅为一成多（14.29%）。但表中数据显示，上网频率更低，即一年几次、几乎不上网以及从不上网的员工知道中国品牌的比例明显高得多，分别为 36.84%、37.50% 和 28.95%，这三个数据比较特殊，与上网频率较高的数据有明显偏差，这一特殊现象存在两种解释：一是由于这三个上网频率的员工数量极少，出现极少数代表整体的情况；二是网络宣传对上网频率低的员工而言，作用不明显，上网频率低的员工主要通过其他方式了解中国品牌。中资企业只需选择本地化的方式推广品牌，便可收到更好的宣传效果。

表10-1　按上网频率划分的员工对本企业外的中国产品品牌的认知状况（$N=906$）　　　（单位：%）

上网频率	是	否
一天几个小时	61.74	38.26
一天半小时到一小时	52.38	47.62
一天至少一次	39.24	60.76
一周至少一次	41.18	58.82
一个月至少一次	14.29	85.71
一年几次	36.84	63.16
几乎不	37.50	62.50
从不	28.95	71.05
总计	53.42	46.58

二　老挝员工印象最深的中国品牌

在多维度了解老挝员工对中国品牌的认知度的基础上，我们的调查进一步深入和具体，以填空题的形式，请老挝员工列举三个中国品牌，以了解被访老挝员工认知度更高的中国企业及其品牌。图10-4反映了男性员工印象最深的中国企业分布情况。在426个有效样本中，超过四成（42.02%）的男性员工未作回答，表明他们对中国品牌的印象不深。近三成（29.11%）的男性员工选择华为，超过两成（24.41%）的男性员工对其他中国品牌较为熟悉，选择小米的比例为1.88%，选择VIVO的比例为1.41%，选择OPPO的比例为1.17%。对于明确列出名称的品牌中，华为在男性员工中的认知度最高，其他三个手机品牌的被认知度则低得多；选择其他品牌的比例不低，说明这四种手机以外的其他中国品牌产品在男性员工中也有一定的知名度。

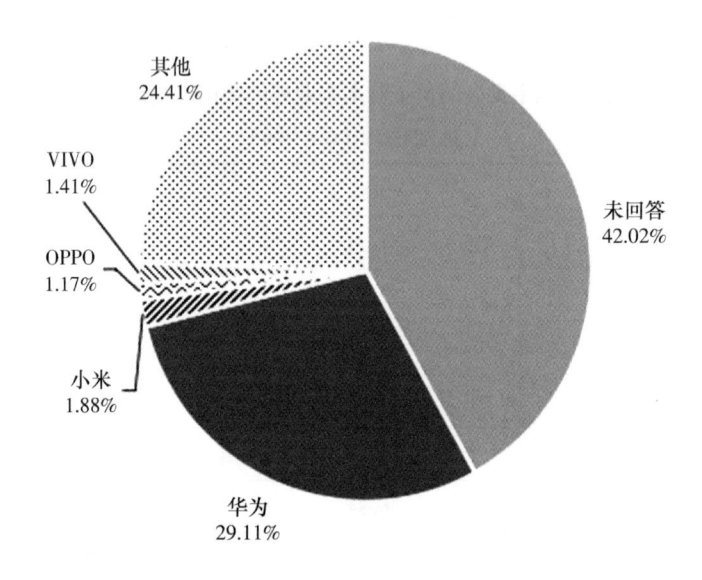

图 10-4　男性员工印象最深的中国品牌分布（$N=426$）

图 10-5 反映了女性员工印象最深的中国品牌分布状况。在 496 个有效样本中，没有回答的女性员工比例同样很高，超过一半（50.40%），说明她们不了解中国品牌。做出回答的女性员工中，选择华为的比例最高，占比 22.18%，其次是选择其他中国品牌，占比 20.97%，选择 OPPO 的比例为 2.62%，选择 VIVO 的比例为 2.02%，选择小米的比例为 1.81%。总体上看，不论男性还是女性员工，印象最深的中国品牌是华为，OPPO、VIVO 和小米也占据一定比例，虽然选择其他品牌的总占比不低，但是单个品牌所占比例均未超过上述四个品牌；不论男性还是女性员工未作回答的比例较高，说明中国品牌在老挝仍有很大的发展空间。

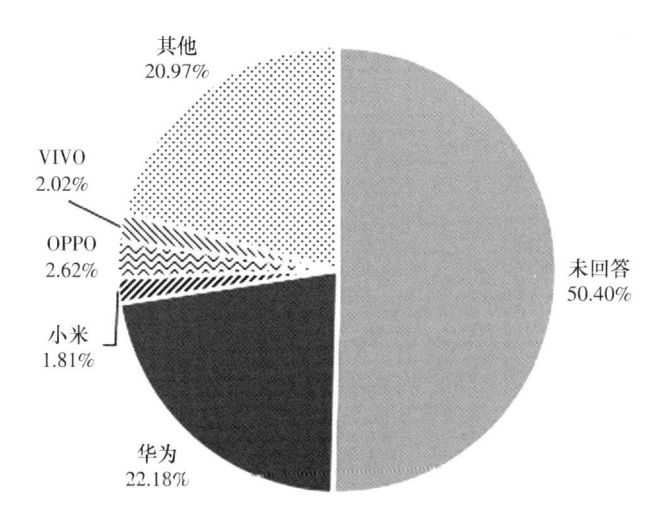

其他 20.97%
VIVO 2.02%
OPPO 2.62%
小米 1.81%
华为 22.18%
未回答 50.40%

图10-5 女性员工印象最深的中国企业分布（$N=496$）

表10-2呈现了不同上网频率维度下的老挝员工印象最深的中国品牌分布状况。如表10-2所示，在917个有效样本中，上网频率为一天几个小时的员工中，未回答的比例接近四成（38.25%），选择其他品牌的比例逾两成（23.13%），其余的选项按照比例高低，依次为华为（30.05%）、小米（3.01%）、OPPO（2.91%）和VIVO（2.55%）。上网频率为一天半个小时到一小时的员工中，未作回答的员工比例近五成（48.03%），选择其他品牌的占比不到两成（18.11%），选择华为的比例为30.71%，选择OPPO和VIVO的比例均为1.57%，没有选择小米的员工。上网频率为一天至少一次的员工中，未作回答的比例超过六成（61.25%），选择其他品牌的比例为两成（20.00%），选择华为的比例接近两成（18.75%），没有员工选择其他三个手机品牌。随着上网频率的减少，未作答的员工比例都很高，选择其他品牌的员工比例分布较分散，对所列出的四个手机品牌，除了比例不高的员工选择华为，其他三个都不为所知。总体上，选择其他品牌的员工占有相当比例，说明中国有很多品牌在员工中有一定的认知度，但未形成像华为那样的品牌效应。

表10-2 按上网频率划分的员工印象最深的中国企业分布（N=917）（单位:%）

上网频率	未回答	华为	小米	OPPO	VIVO	其他
一天几个小时	38.25	30.05	3.01	2.91	2.55	23.13
一天半小时到一小时	48.03	30.71	0.00	1.57	1.57	18.11
一天至少一次	61.25	18.75	0.00	0.00	0.00	20.00
一周至少一次	58.82	11.76	0.00	0.00	0.00	29.41
一个月至少一次	85.71	0.00	0.00	0.00	0.00	14.29
一年几次	65.00	0.00	0.00	0.00	0.00	35.00
几乎不	62.50	20.83	0.00	0.00	0.00	16.67
从不	71.05	3.95	0.00	0.00	0.00	25.00
总计	46.67	25.19	1.85	1.96	1.74	22.57

第二节 企业社会责任

中资企业在老挝的社会责任履行效果与中国大国影响力的体现有着密切的关系。中资企业通过对社会责任的履行及对当地的援助和关心，不仅能树立良好的中国大国形象，对建立当地良好的经营氛围也有举足轻重的影响。本节主要调查企业援助在老挝员工视角中的执行情况和老挝员工希望企业开展什么样的援助。这项调查能为中资企业因地制宜履行社会责任提供借鉴。

一 老挝员工对中资企业履行社会责任情况的认知

表10-3反映了老挝员工对中资企业履行社会责任的认知情况。从11个不同的援助类型访问了老挝员工，每个援助类型领域的访问有效样本均超过900个。在有效样本中，老挝员工认为中国企业开展援助的比例最高的是以钱或实物形式进行公益慈善捐赠，比例超过六成（61.48%），其次是教育援助，占比超过五成（53.36%），再次是文体交流活动和社会服务设施援助，比例均略超五成（51.19%）。

员工对企业开展援助项目类型的认知比例在五成以下、四成以上的有卫生援助（47.72%）、文化体育设施援助（47.45%）、培训项目援助（43.00%）和基础设施援助（41.43%），其余援助类型的认知比例均在四成以下，但都超过三成，最低的是水利设施援助（35.36%），一成左右的员工不清楚企业是否开展相关活动。总体上，对中资企业的援助老挝员工认可程度较高的类型包括以钱或实物形式进行公益慈善捐赠、教育、文体交流和社会服务设施等。相对而言，中资企业在水利设施、电力设施、修建寺院、基础设施和培训项目等方面的援助，员工认为企业没有开展的比例相对较高。

表10-3 员工对企业在本地开展援助项目类型的认知状况　　（单位:%）

类别	有	没有	不清楚	合计
教育援助（N=922）	53.36	35.79	10.85	100.00
培训项目（N=921）	43.00	44.95	12.05	100.00
卫生援助（N=922）	47.72	41.21	11.06	100.00
基础设施援助（N=922）	41.43	46.10	12.47	100.00
修建寺院（N=921）	38.65	48.64	12.70	100.00
水利设施（N=922）	35.36	53.25	11.39	100.00
电力设施（N=921）	37.13	50.27	12.60	100.00
文化体育设施（N=921）	47.45	40.93	11.62	100.00
文体交流活动（N=922）	51.19	40.24	8.57	100.00
社会服务设施（N=922）	51.19	38.83	9.98	100.00
以钱或实物形式进行公益慈善捐赠（N=921）	61.48	30.03	8.49	100.00

注：由于受访者对有的问题拒答，导致该问卷无效，所以存在有效样本总量的差异。

二 老挝员工最希望中资企业开展的援助

对企业的社会责任，老挝员工对所属企业有着不同的期待。图10-6反映了老挝员工希望企业开展的援助项目类型分布状况。在908个有效样本中，员工希望中资企业进行基础设施援助的比例最高，占比15.75%，其次是卫生援助（15.42%），紧随其后的是社会服务设施援助（13.55%）。在老挝员工希望企业援助的其他方面，各领域差距不大。修建寺院和水利设施援助都占比10.13%；公益慈善捐赠（以实物形式）和公益慈善捐赠（以钱形式）分别占比9.91%和9.36%；文化体育和文体交流分别占比9.91%和5.84%。

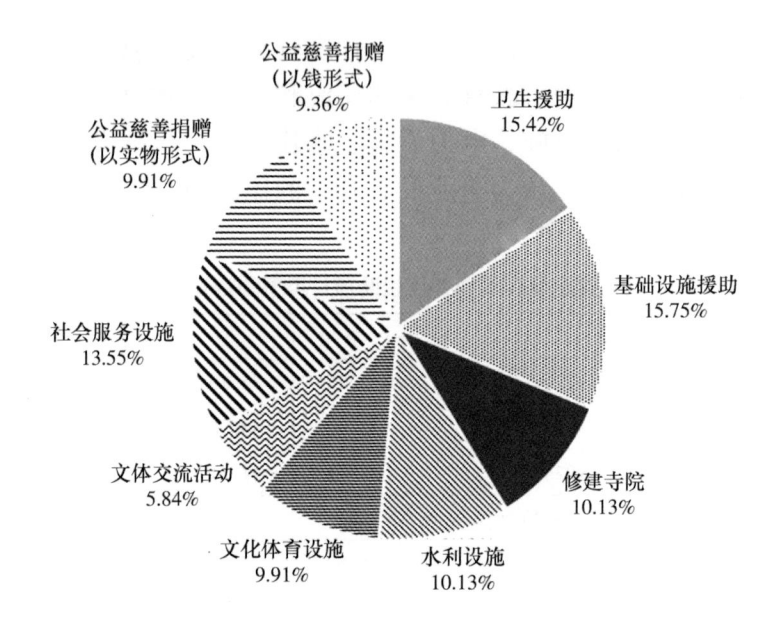

图10-6　员工最希望中资本企业在本地开展的援助类型分布（$N=908$）

对照老挝员工对中资企业在本地开展援助项目类型的认知度，我们发现，在员工最希望企业开展的援助中，企业在公益慈善捐赠、社会服务设施援助、卫生援助、文化设施援助方面做得较好，既符合了员工的期望，同时也获得了员工的高度认可，这些方面的援助应继续保持。在基础设施、修建寺庙、水利设施和电力设施的援助方面，五成左右的老挝员工认为企业没有做，但是非常希望企业开展援助，因此，企业今后应该加强这几方面的援助。企业在文化体育交流活动和文化体育设施方面的援助已得到员工的认可，企业可因本地需要继续保持，同时在员工最希望的援助类别中投入更多的资源。

第三节 大国影响力

本节主要描述在中资企业老挝员工眼中,哪个国家最具影响力。考察的重点包括,哪个国家在亚洲影响力最大、哪个国家对老挝的援助最多、老挝的发展需要借鉴哪个国家。在调查中,我们除了针对不同年龄、不同性别、不同学历、不同管理级别的样本进行分析以外,还加入了在企业工作时长不同、联网条件不同等调查维度。

一 大国在亚洲地区的影响力

(一)当前亚洲最有影响力的国家

老挝普通民众如何评价当前亚洲最有影响力的国家,我们通过直接的提问来获取相关的信息,对于亚洲最有影响力的国家的评价,问题是"在亚洲哪个国家的影响力最大",回答选项包括"中国"、"日本"、"美国"、"法国"和"英国"。如表10-4所示,在901个有效样本中,在性别划分的维度上,近八成(79.81%)的男性员工认为中国在亚洲的影响力最大,超过一成(13.30%)的男性员工认为美国在亚洲的影响力最大,认为日本在亚洲的影响力最大的比例远不到一成(3.80%)。超过七成(74.17%)女性员工认为在亚洲影响力最大的国家是中国,两成(20.00%)的女性员工认为美国在亚洲的影响力最大,女性员工中认为日本影响力最大的比例仅为3.33%。综合来看,男女员工对亚洲影响力最大的国家的认知基本一致,绝大部分认为中国在亚洲的影响力最大,少部分认为美国在亚洲的影响力最大,极少数认为影响力最大的是日本。对美国在亚洲影响力最大的认知,女性员工选择的比例超过男性员工。认为英国在亚洲影响力最大的男性员工和女性员工比例都很低。当然,大部分员工做出中国在亚洲影响力最大而非其他国家的评价,或许与其身处中资企业的环境,对中国有着更多、更直接的了解所致。如要得到更详细的解释,需要做进一步的调查。

表 10-4　按性别划分的老挝员工认为哪个国家在亚洲的影响力最大（$N=901$）　（单位：%）

性别	中国	日本	美国	法国	英国
男	79.81	3.80	13.30	0.48	2.61
女	74.17	3.33	20.00	0.00	2.50
总计	76.80	3.55	16.87	0.22	2.55

表 10-5 呈现了不同年龄段维度上老挝员工对亚洲影响力最大国家的认知。36 岁及以上的员工中将近八成（78.99%）认为中国在亚洲影响力最大，26—35 岁和 16—25 岁年龄段的员工中也有较高比例认为中国在亚洲影响力最大，占比分别为 78.21% 和 74.81%，显然，员工年龄越大，认为中国在亚洲影响力最大的比例越高。对美国的认知度与年龄呈负相关，年龄越小，认为美国在亚洲的影响力最大的比例越大，16—25 岁的员工中有近两成（19.01%）的比例认为美国在亚洲的影响力最大，36 岁及以上的员工认为美国影响力最大的比例逾一成（13.04%）。总体上，不同年龄段的员工认为在亚洲影响力最大的国家排序是中国、美国、日本、英国和法国。

表 10-5　按年龄组划分的老挝员工认为哪个国家在亚洲的影响力最大（$N=901$）　（单位：%）

年龄组	中国	日本	美国	法国	英国
16—25 岁	74.81	3.95	19.01	0.25	1.98
26—35 岁	78.21	3.07	15.92	0.28	2.51
36 岁及以上	78.99	3.62	13.04	0.00	4.35
总计	76.80	3.55	16.87	0.22	2.55

表 10-6 反映了不同受教育程度的老挝员工对亚洲影响力最大国

家的认知情况。在898个有效样本中,首先,从未上过学到本科及以上学历的员工中的绝大部分认为中国是亚洲影响力最大的国家,其中,未上过学的员工中持这一看法的比例最高,占比为八成(80.00%),中学学历的员工中持这一看法比例稍低,但也超过七成(75.20%),其他两种学历的员工中持这一看法的比例均接近八成。其次,接受不同程度教育的员工中都有一定比例认为美国在亚洲的影响力最大,比例由高至低依次为中学学历的员工(18.16%)、本科及以上的员工(16.54%)、未上过学的员工(12.00%)和小学学历的员工(11.24%)。再次,视日本或英国为亚洲影响力最大国家的在各个受教育程度的员工中仅占极少数,几乎没有员工认为法国在亚洲影响力最大。显然,老挝员工对中国影响力的评价与其受教育程度没有必然联系,这在一定程度上反映了中资企业在老挝的投资领域广泛,雇用了大量不同受教育程度的劳动力,企业行为直接影响到员工对中国的形象认知。受教育程度不同员工对美国影响力的认知没有太明显的差异,但是认为美国在亚洲影响力最大的员工中,中学学历、本科及以上学历的员工占比均高于小学学历和未上过学的员工。

表10-6 按受教育程度划分的老挝员工认为哪个国家在亚洲的影响力最大（N=898） （单位:%）

最高学历	中国	日本	美国	法国	英国
未上过学	80.00	4.00	12.00	0.00	4.00
小学学历	79.78	4.49	11.24	0.00	4.49
中学学历	75.20	3.91	18.16	0.39	2.34
本科及以上	78.68	2.57	16.54	0.00	2.21
总计	76.84	3.56	16.82	0.22	2.56

表10-7反映了不同族群维度上老挝员工对亚洲影响力最大国家的认知情况。如表10-7所示,在901个有效样本中,不论哪一个族群,认为中国在亚洲影响力最大的比例都是最大的,其次是美国,再

次是日本。各族群中，选择中国与选择美国的员工比例差距明显，选择美国与选择日本的员工比例之间也有一定差距，来自老挝三大族群和其他民族的员工有八成左右认为中国在亚洲影响力最大；近两成（18.76%）的老龙族员工认为美国在亚洲影响力最大，老松族员工、其他民族员工和老听族员工中持这一看法的比例稍低。

表10-7 按族群划分的老挝员工认为哪个国家在亚洲的影响力最大（$N=901$） （单位：%）

族群	中国	日本	美国	法国	英国
老龙族	75.20	3.26	18.76	0.16	2.61
老听族	81.56	4.26	10.64	0.71	2.84
老松族	78.38	3.60	15.32	0.00	2.70
其他民族	80.56	5.56	13.89	0.00	0.00
总计	76.80	3.55	16.87	0.22	2.55

图10-7呈现了受访企业工作时长维度下的老挝员工对亚洲最有影响力国家的认知状况。如图10-7所示，在899个有效样本中，无论是在受访企业工作时长短至一年的员工，抑或长至七年以上的员工，绝大部分认为中国在亚洲影响力最大，分别为74.49%和75.27%，近九成（88.46%）工作时长6—7年的员工持这一看法。在受访企业不同工作时长的员工中，认为美国在亚洲影响力最大的，逾两成（20.43%）工作时长7年及以上的员工持这一看法，而工作时长为6—7年的员工中仅有六成多（6.38%）持同一看法，其他工作时长的员工持这一看法的占比均在一到两成。受访企业不同工作时长的员工中，认为日本在亚洲影响力最大的比例均不到一成，工作时长4—5年和1年及以下的员工中这一比例相对高一点，分别为7.02%和6.12%。总体上，在受访企业工作时长6—7年这一限定条件下，员工对中国影响力的评价与其工作时长呈正相关关系，工作时间越长，认为中国影响力最大的比例越大。但是工作时长7年及以上

的员工中，选择中国的比例突然下降，比工作时长6—7年的员工中持同一看法的比例少了一成多（13.19个百分点），其中的原因可能是员工在同一企业中工作时间越长，越有机会认识到企业的不足，进而对中国影响力的认识有所变化，转而选择美国。

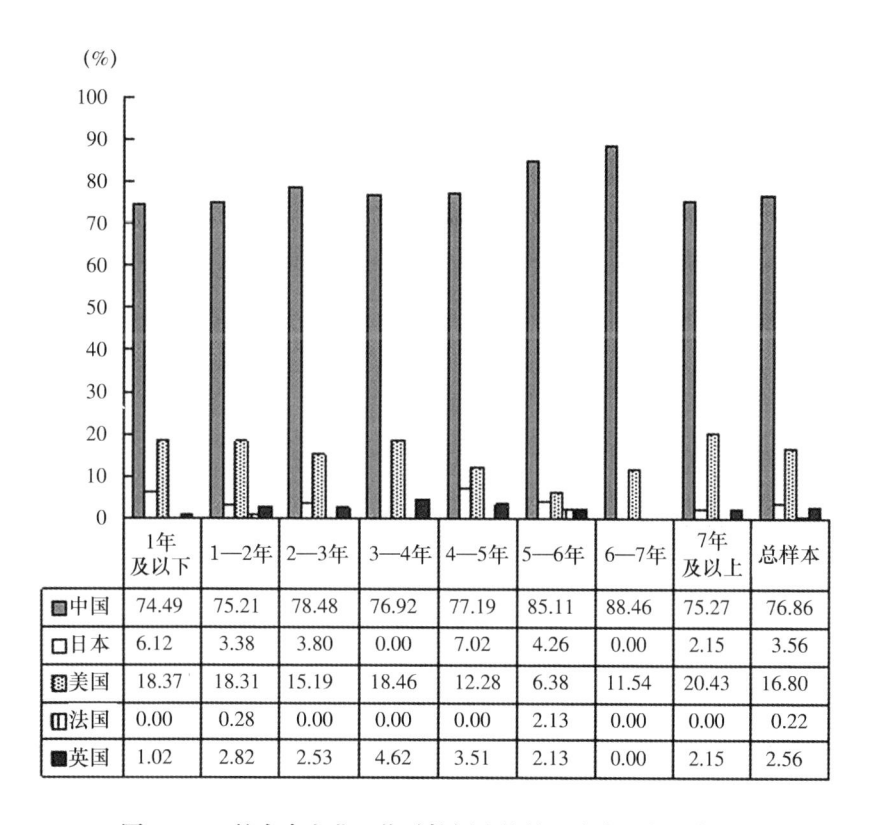

	1年及以下	1—2年	2—3年	3—4年	4—5年	5—6年	6—7年	7年及以上	总样本
中国	74.49	75.21	78.48	76.92	77.19	85.11	88.46	75.27	76.86
日本	6.12	3.38	3.80	0.00	7.02	4.26	0.00	2.15	3.56
美国	18.37	18.31	15.19	18.46	12.28	6.38	11.54	20.43	16.80
法国	0.00	0.28	0.00	0.00	0.00	2.13	0.00	0.00	0.22
英国	1.02	2.82	2.53	4.62	3.51	2.13	0.00	2.15	2.56

图10-7 按在本企业工作时长划分的员工认为哪个国家在亚洲的影响力最大（$N=899$）

图10-8呈现了在工作中是否使用电脑维度上员工对亚洲影响力最大国家的认知状况。在901个有效样本中，工作中使用电脑的员工认为中国在亚洲影响力最大的比例接近八成（78.53%），其次是美国，不到两成（16.76%），再次是日本，仅占2.35%。未使用电脑的员工认为中国在亚洲影响力最大的比例最高（75.76%），认为美

国在亚洲影响力最大的比例同样不到两成（16.93%），认为日本在亚洲影响力最大的比例则比使用电脑的比例稍高，为4.28%。由此可见，员工无论工作中是否使用电脑，认为中国在亚洲影响力最大的比例较高，认为美国在亚洲影响力最大的比例则小得多，认为日本、英国、法国在亚洲地区影响力最大的比例都极小。

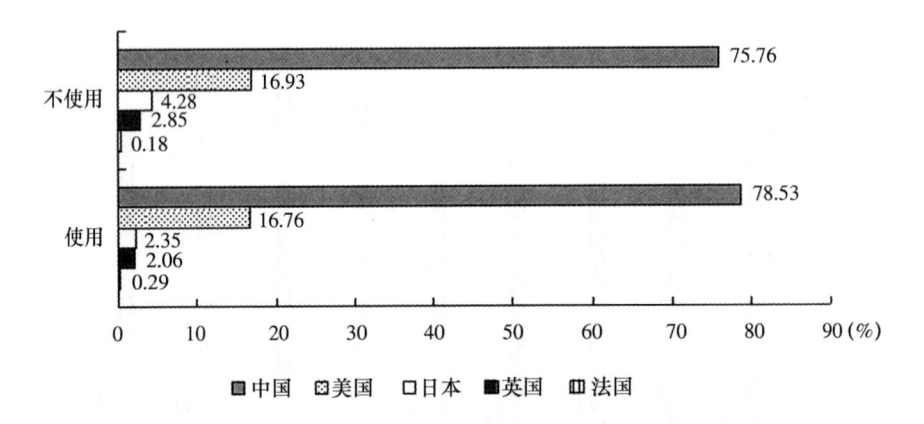

图10-8　按工作中是否使用电脑划分的员工认为哪个国家在亚洲的影响力最大（$N=901$）

图10-9显示了去过其他国家外资企业工作维度上的老挝员工对亚洲影响力最大的国家的认知情况。在64个有效样本中，在其他国家外资企业工作过的老挝员工普遍认为中国在亚洲的影响力最大，在欧盟企业工作过的员工中持这一看法的比例最高（100%），在韩国企业工作过的员工中的比例也比较高（90.00%），这可能是因样本量太小所致。在美国企业和日本企业工作过的老挝员工认为中国在亚洲影响力最大的比例相同，都超过八成（85.71%），在其他国家企业工作过的员工持这一看法的比例不到八成（75.61%）。在美国企业工作过的老挝员工中认为美国在亚洲影响力最大的比例不到一成（7.14%），其他国家企业工作过的老挝员工中亦有不到一成（9.76%）的比例持相同看法，但是在日本企业、韩国企业或欧盟企

业工作过的老挝员工均无人认为美国在亚洲的影响力最大。在美国企业工作过的老挝员工中，近一成（7.14%）员工认为日本在亚洲影响力最大，在日本企业工作过的老挝员工中则有超过一成（14.29%）的员工认为日本在亚洲影响力最大，在韩国企业工作过的员工中持这一看法的比例为一成（10.00%），显然有日本企业或韩国企业工作经历的老挝员工对日本的认可度高于美国。

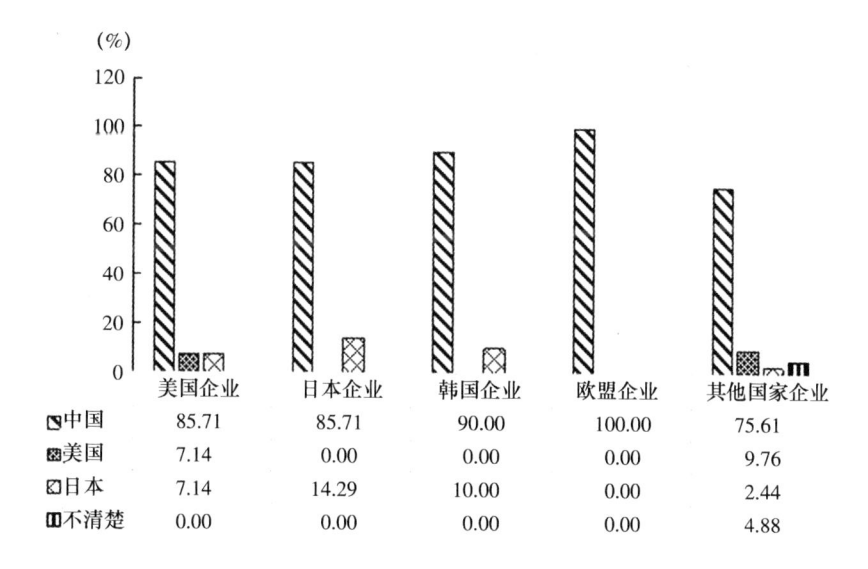

	美国企业	日本企业	韩国企业	欧盟企业	其他国家企业
中国	85.71	85.71	90.00	100.00	75.61
美国	7.14	0.00	0.00	0.00	9.76
日本	7.14	14.29	10.00	0.00	2.44
不清楚	0.00	0.00	0.00	0.00	4.88

图 10-9　按去过其他国家外资企业工作划分的老挝员工认为哪个国家在亚洲的影响力最大（$N=64$）

图 10-10 呈现了在家庭是否联网维度上的老挝员工对亚洲影响力最大国家的认知状况。在 901 个有效样本中，家庭已联网的员工中，认为中国在亚洲影响力最大的比例最高，超过七成（75.48%），认为美国影响力最大的比例次之，接近两成（18.09%），认为日本影响力最大的比例不大，仅为 3.83%。家庭未联网的员工中，认为中国在亚洲影响力最大的比例也是最高的，接近八成（79.14%），选择美国的比例超过一成（14.72%），选择日本的比例也不高，仅

为 3.07%。无论家庭是否联网，员工对英国和法国的认可度都很低。在对中国认知度上，已联网家庭的员工认为中国在亚洲影响力最大的比例低于未联网家庭的员工，而在对美国的认知度上则相反，即以联网家庭的员工选择美国的比例高于未联网家庭的员工。

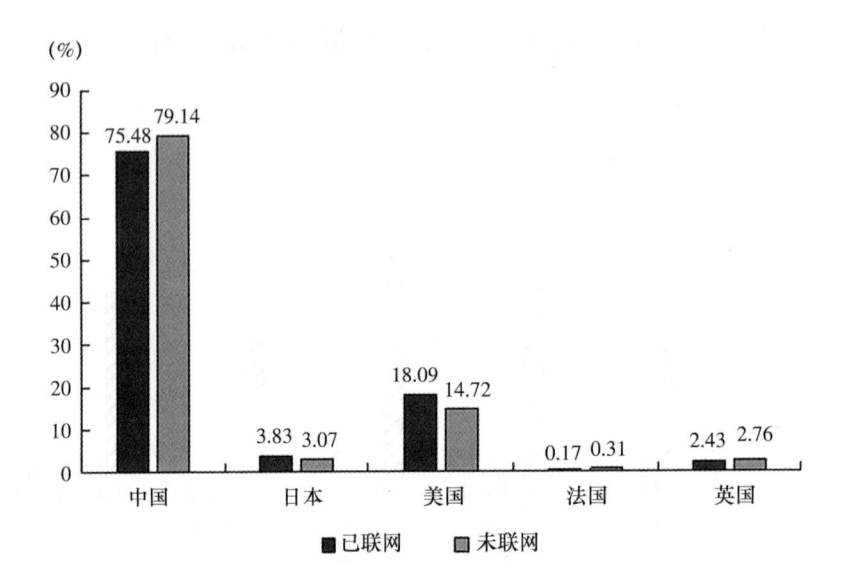

图 10-10　按家庭是否联网划分的老挝员工认为
哪个国家在亚洲的影响力最大（$N=901$）

图 10-11 反映了在手机是否联网的维度上的老挝员工对在亚洲影响力最大国家的认知状况。在 901 个有效样本中，总体上认为中国在亚洲影响力最大的比例最高。在没有手机的老挝员工中，认为中国影响力最大的比例超过八成（85.71%），其次是日本（8.57%），第三是美国（5.71%）。有手机且已联网的员工中，认为中国在亚洲影响力最大的比例稍低于没有手机的员工比例，超过七成（75.74%），其次是美国，占比近两成（18.19%），第三是日本（3.23%）。手机未联网的员工中，认为中国在亚洲影响力最大的比例也超过八成（82.42%），选择美国的比例不到一成（9.89%），第三仍是日本

(4.40%)。由此可见,在员工手机是否联网这一维度上,认为中国在亚洲影响力最大的比例最高,其次是美国和日本。

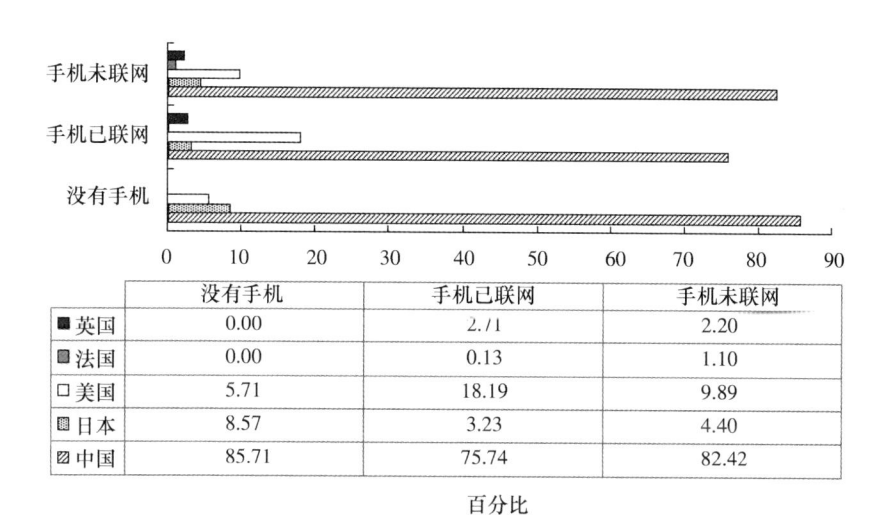

	没有手机	手机已联网	手机未联网
英国	0.00	2.71	2.20
法国	0.00	0.13	1.10
美国	5.71	18.19	9.89
日本	8.57	3.23	4.40
中国	85.71	75.74	82.42

百分比

图 10-11 按手机是否联网划分的老挝员工认为哪个国家在亚洲的影响力最大（$N=901$）

(二) 中美影响力大小比较及正负面效应评价

中国的崛起,美国重返亚太,引起了世界范围的广泛关注。在老挝员工中开展的"哪个国家在亚洲的影响力最大"的调查结果显示,中国和美国备受关注,在此基础上,进一步了解老挝员工如何看待中美在亚洲地区的影响力、如何对比和评价,将为我们客观、全面认识中美在亚洲影响力提供一个独特的视角。在问卷中,"中国对老挝的影响力有多大"从老挝员工的视角,进一步对比中美影响力及其正负面效应评价,可为了解中美在亚洲地区的影响力提供老挝独特的视角。

图 10-12 反映了不同性别老挝员工就中国对老挝的影响力的评价分布。在 916 个有效样本中,近半数(47.75%)的男性员工认为中国对老挝影响力很大,超过三成(35.7%)的女性员工认为中国对老挝影响力很大。认为中国在老挝有些影响力的男性员工占三成

(34.28%),而这一比例女性员工占近五成(47.26)。认为中国在老挝没有影响或没有多大影响的男性员工都占 8.98%,而女性员工分别占 7.71% 和 9.33%。

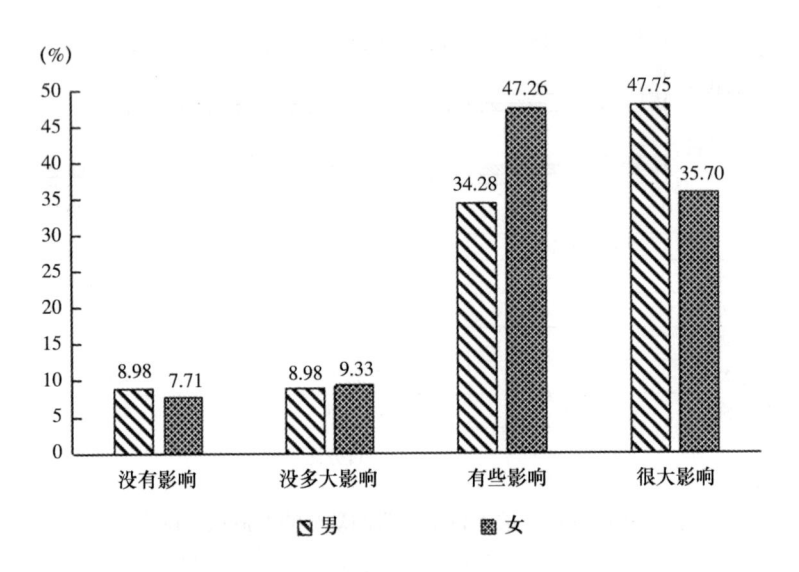

图 10-12　不同性别的受访者就中国对老挝影响力看法（$N=916$）

综上可知,男性员工对中国影响力的认可程度更高,认为中国在老挝有很大影响的男性员工比女性员工多 12.05 个百分点。女性员工则更倾向于中国在老挝有一定影响力的看法,女性员工有这种观点的占比高于男性员工 12.98 个百分点。总体而言,无论男性员工还是女性员工,认为中国对老挝有所影响(认为中国对老挝有些影响和有很大影响之和)的比例都超过八成。认为中国对老挝没有影响或没多大影响的占比都不多,男女员工持有这两种观点的占比都不超过一成,且不存在显著的性别差异。

图 10-13 反映了不同性别老挝员工就美国对老挝影响力的评价分布情况。在 905 个有效样本中,认为美国对老挝有一定影响力的男女员工都超过半数,分别为 53.83% 和 58.32%。认为美国在老挝没有多大影响的人数第二多,男性员工占比 21.05%,女性员工占比

19.1%。认为美国在老挝没有影响或有很大影响的男性员工占比均超过一成，分别为 11.48% 和 13.64%，女性员工占比也都超过一成，分别为 10.88% 和 11.7%。据此，可以发现男女员工就美国对老挝影响力的看法没有明显的差异。总体上，无论男女员工都有七成左右认为美国对老挝有所影响。认为美国在老挝有一定影响力的人数最多，相较而言女性员工更倾向于这种观点。在其他三种看法中，男性员工与女性员工的分布趋势基本一致，男性员工在占比上都稍高于女性员工。对比图 10-12 来说，老挝员工对中国影响力的认可程度高于美国。

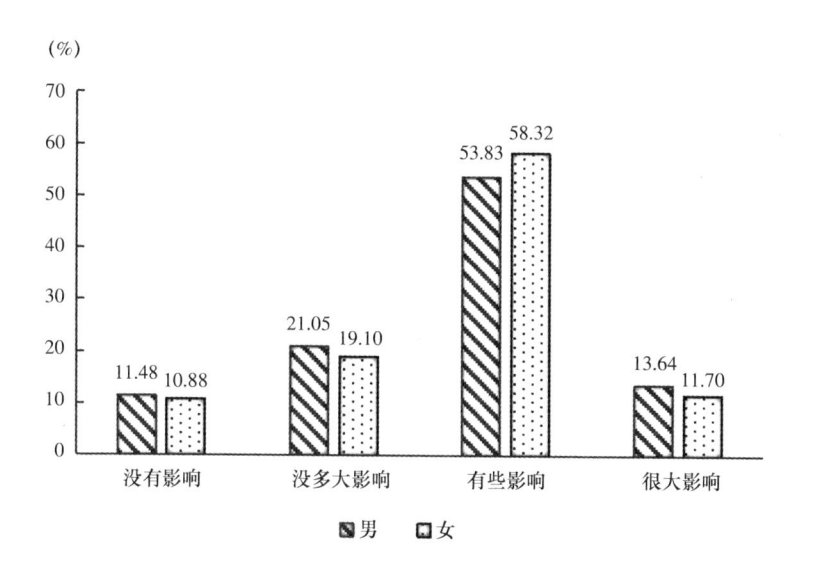

图 10-13　不同性别的受访者就美国对老挝影响力看法（$N = 905$）

图 10-14 显示了不同年龄段的老挝员工就中国对老挝的影响力的评价分布。在 916 个有效样本中，16—25 岁、26—35 岁以及 36 岁及以上员工认为中国对老挝有很大影响的比例分别为 36.47%、42.11% 和 53.19%，认为中国对老挝有一定影响的比例分别为 44.44%、41.83% 和 30.5%，在这三个年龄段中，认为中国对老挝有影响的比例

都超过八成。16—25 岁、26—35 岁以及 36 岁及以上员工认为中国对老挝没有影响的比例分别为 9.9%、7.2% 和 6.38%，认为中国对老挝没多大影响的比例分别为 9.18%、8.86% 和 9.93%。由此可知，总体上大多数员工认为中国对老挝有所影响，36 岁及以上的员工更明显地认可中国对老挝有很大影响，16—25 岁的员工则更明显地认同中国对老挝有些影响。36 岁及以上的员工对中国影响力的认可程度高于其他年龄段的员工。不同年龄段的员工认为中国对老挝没有影响或没多大影响的比例分布趋势相近，占比都没有超过一成。

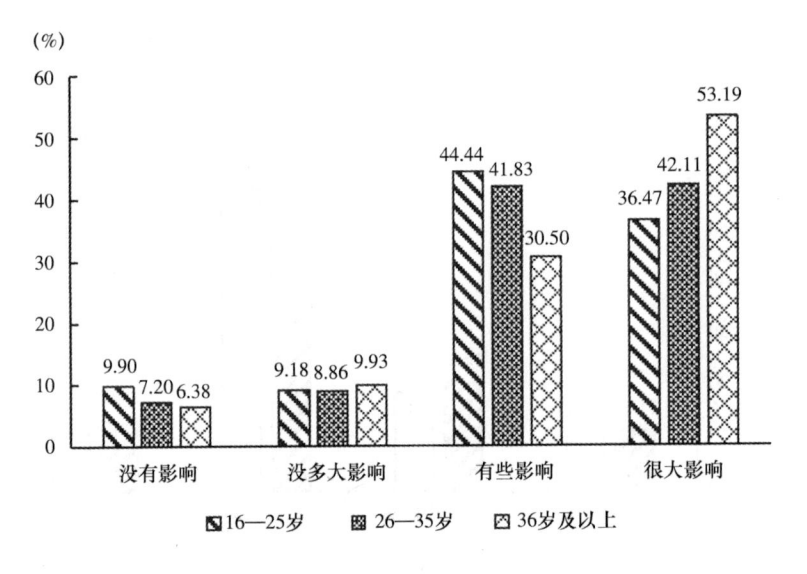

图 10-14 不同年龄段的受访者就中国对老挝影响力看法（$N=916$）

不同年龄段老挝员工就美国对老挝的影响力看法如图 10-15 所示，在 905 个有效样本中，认为美国对老挝有些影响的人数最多，16—25 岁、26—35 岁以及 36 岁及以上员工分别占比 58.68%、56.7% 和 47.83%。认为美国对老挝没有多大影响的人数第二多，分别为 17.11%、19.27% 和 30.43%。各年龄段认为美国对老挝没有影响或有很大影响的人数分布相近。综上可知，超过六成的员工认为美国对老挝有所影响,16—25 岁的年青一代更倾向于认可美国在老挝的影响力。36 岁及以上的员工显著认为美国在老挝没多大影响,这部分员工占比略超该年龄段总数的三成(30.43%)。与图 10 - 14 相比,老挝员工对中国影响力的认可程度更高。

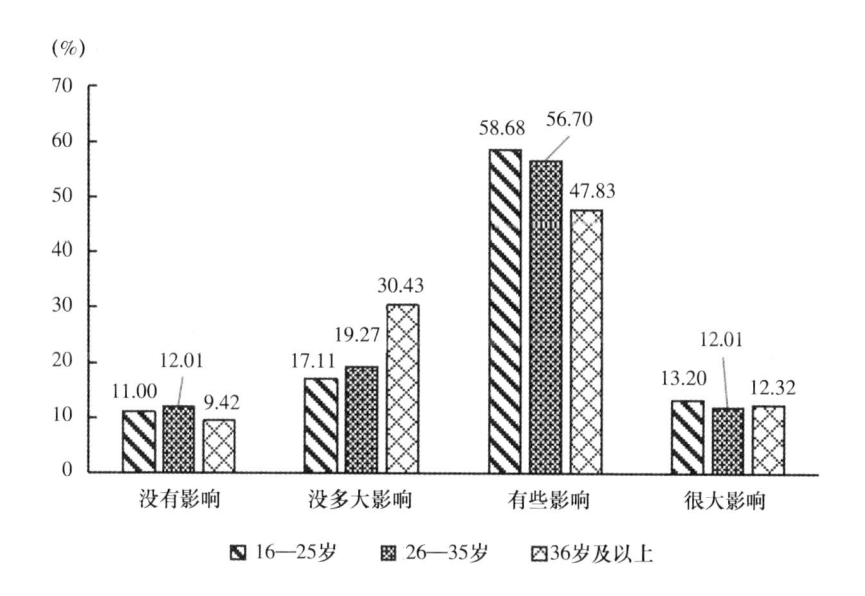

图 10 - 15　不同年龄段的受访者就美国对老挝影响力看法（N = 905）

老挝员工按受教育程度划分来看,如图 10 - 16 所示,913 个有效样本中,本科及以上的员工超过半数(50.36%)认为中国在老挝有很大影响力,认为中国在老挝有一定影响力的人数也接近四成(38.69%),认为中国对老挝没有影响或没多大影响的员工的占比都很低,分别为 5.84% 和 5.11%。未上过学的员工认为中国对老挝影响很大的占比是四个受教育程度中占比最少的,仅有 23.08%,但认为中国对老挝没有影响的人数分布占比高于其他学历(15.38%)。小学学历和中学学历的人数分布占比接近,基本处于本科及以上学历和未上过学员工之间。总体而言,受教育程度越高的员工越肯定中国在老挝的影响力。

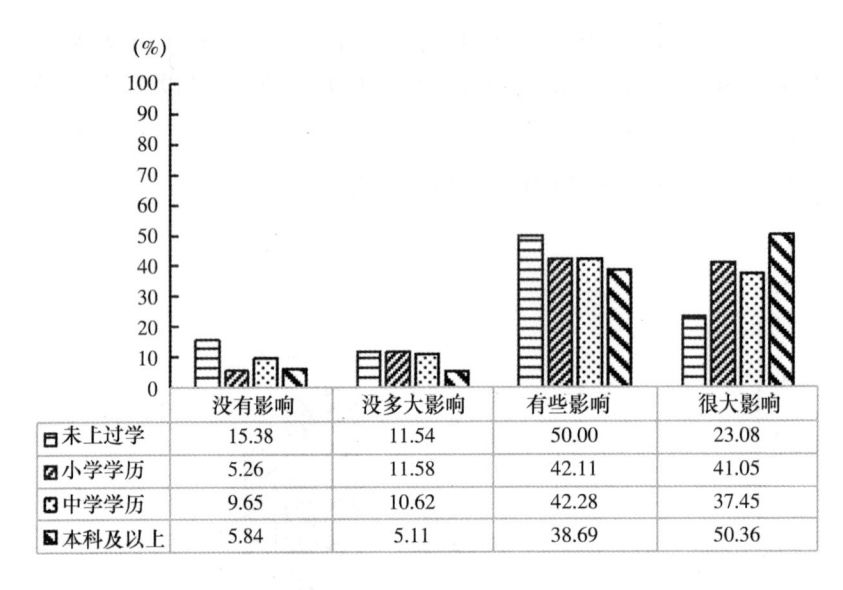

	没有影响	没多大影响	有些影响	很大影响
未上过学	15.38	11.54	50.00	23.08
小学学历	5.26	11.58	42.11	41.05
中学学历	9.65	10.62	42.28	37.45
本科及以上	5.84	5.11	38.69	50.36

图 10-16　不同学历的受访者对中国对老挝影响力看法（$N=913$）

就美国对老挝的影响而言，按受教育程度划分的员工来看，如图 10-17 所示，在 902 个有效样本中，超过半数的员工认为美国对老挝有些影响，其中，未上过学的员工认为美国对老挝有些影响的比例最高，为 65.38%。本科及以上学历的员工认为美国对老挝有很大影响的人数高于其他几个学历，占比达 15.5%，但认为美国对老挝没有影响的人数最少，仅占 7.38%。总体上，大多数员工认为美国对老挝有所影响，受教育程度越高越认可美国在老挝的影响力。未上过学的员工较为显著的认同美国在老挝有些影响（65.38%）。相比图 10-16，可以看出，员工认为美国对老挝有影响力，但程度上仍然不及中国。

表 10-8 呈现了老挝员工对中美两国对本地区影响正负效应评价的差异。在问卷中体现为问题"美国/中国的作为对本地区有正面还是负面影响"，回答的选项包括"负面远多于正面""负面为主""正面为主"和"正面远多于负面"。在对中国做出评价的 909 份有效样本中，老挝员工认为中国的作为对老挝本地区的影响以正面为主的比例超过五成（50.06%），正面远多于负面的比例接近三成

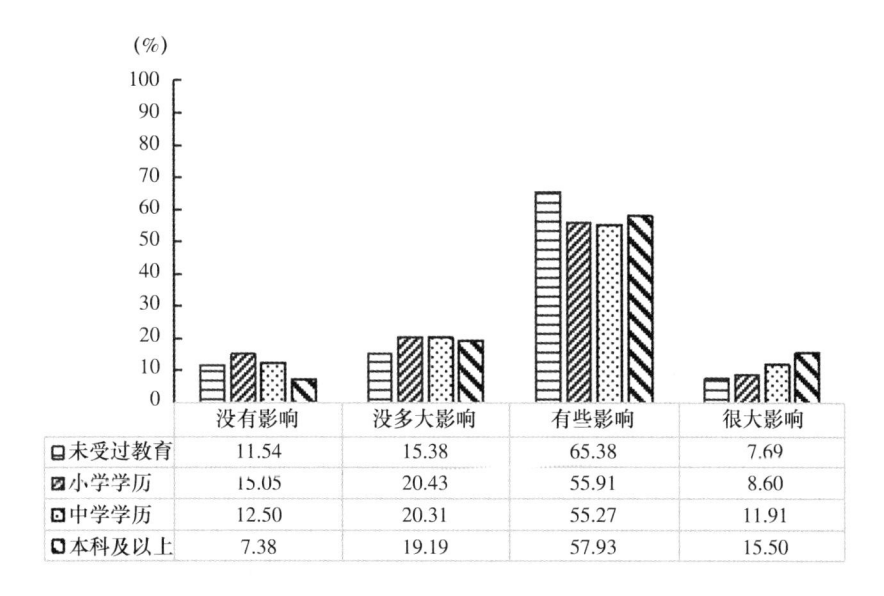

	没有影响	没多大影响	有些影响	很大影响
未受过教育	11.54	15.38	65.38	7.69
小学学历	15.05	20.43	55.91	8.60
中学学历	12.50	20.31	55.27	11.91
本科及以上	7.38	19.19	57.93	15.50

图 10-17 不同学历的受访者对美国对老挝影响力看法（$N=902$）

（27.61%），即老挝员工认为中国对老挝本地的影响是正面的比例近八成（77.67%），因此绝大多数老挝员工认为中国的作为对本地区带来积极影响。老挝员工认为中国的作为对老挝本地的影响以负面为主的比例不到一成（9.02%），负面远多于正面的比例超过一成（13.31%）。在对美国做出评价的883份有效样本中，老挝员工认为美国的作为对老挝的影响以正面为主的比例近四成（39.75%），认为正面远多于负面的比例不到两成（17.89%），即老挝员工认为美国的作为对老挝的影响是正面的比例近六成（57.64%），可以说超过一半的老挝员工认为美国的作为对本地区带来积极影响。老挝员工认为美国对老挝的影响以负面为主和负面远多于正面的比例均超过两成，分别为20.95%和21.40%，即有超过四成的老挝员工认为美国对老挝的影响是负面的，说明相当一部分老挝员工不认可美国在当地的作为。相比之下，中国的作为对老挝当地的影响得到更多当地人的认可，但美国的作为也得到了相当一部分老挝员工的积极评价。

表 10-8　　　　老挝员工对中美在本地区的影响力评价的差异　　　（单位:%）

国家	负面远多于正面	负面为主	正面为主	正面远多于负面
中国 ($N=909$)	13.31	9.02	50.06	27.61
美国 ($N=883$)	21.40	20.95	39.75	17.89

二　对大国未来影响力的评价

（一）十年后亚洲最有影响力的国家

问卷中访问了员工对十年后亚洲最有影响力的国家的预测。在问卷中的具体问题为"未来十年,哪个国家在亚洲的影响力将会最大",其回答选项包括"中国"、"日本"、"美国"、"印度"和"其他"。如图10-18所示,在902个有效样本中,按性别划分的员工来看,选择中国的男女员工占比分别为88.78%和80.33%,前者较后者高出8.45个百分点。男性员工选择美国和日本的比例分别为5.25%和2.63%,女性员工选择美国和日本的比例分别为9.94%和6.63%。男性员工选择印度和其他国家的比例分别为0.72%和2.63%,女性员工选择印度和其他国家的比例分别为0.62%和2.48%。男女员工选择印度的占比都低于百分之一,说明老挝员工都不太看好印度在未来十年会超过其他国家,成为亚洲最具影响力的国家。

总体来看,无论男女员工,选择中国作为十年后亚洲最有影响力的国家的占比都超过八成,说明老挝员工对中国未来的发展潜力非常看好。选择美国、日本、印度和其他国家的员工都不多,比例都未超过一成,与选择中国的比例差距非常大。相较而言,更多的男性员工认为未来十年在亚洲影响力最大的国家是中国,女性员工认为未来十年美国或日本在亚洲最具影响力的比例都稍高于男性员工。

从按年龄段划分的员工来看,如图10-19所示,在902个有效样本中,在36岁及以上、26—35岁和16—25岁三个年龄段中,认为未来十年中国将在亚洲影响力最大的比例分别为93.43%、85.99%

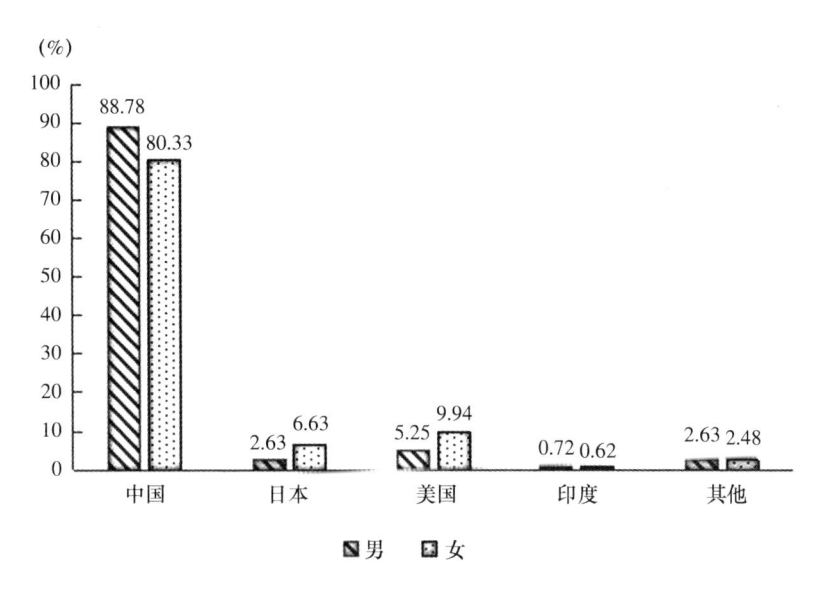

```
(%)
100
 90  88.78
 80       80.33
 70
 60
 50
 40
 30
 20
 10            2.63 6.63   5.25 9.94   0.72 0.62   2.63 2.48
  0
      中国        日本        美国        印度        其他
              ■ 男    ▨ 女
```

**图 10－18　不同性别的受访者对未来十年在亚洲影响力
最大的国家的看法**（$N=902$）

和 79.66%。绝大部分的员工认为中国在未来十年将成为亚洲影响力最大的国家，而年龄稍大的员工更为认可中国的发展潜力。认为未来十年里美国和日本会在亚洲影响力最大的占比总体均低于中国，二者占比都没有超过一成，与选择中国的比例差距很大。16—25 岁的员工选择日本、美国、印度，以及其他国家的比例在三个年龄段里都是最高的，表明年青一代对各国未来在亚洲影响力的看法更趋多样性。

按受教育程度划分的员工来看，如图 10－20 所示，在 899 个有效样本中，认为未来十年中国将在亚洲地区的影响力最大的人数占比最高。具体依次而言本科及以上学历、中学学历、小学学历、未上过学的员工选择中国的比例分别为 90.88%、83.76%、75% 和 61.54%，说明学历层次越高的员工越认可中国未来的发展潜力。认为美国未来十年在亚洲影响力最大的总体占比分布次高，但是与选择中国的比例差距还是很大。其中，未上过学员工的占比最高（23.08%），表明其非常显著地认可美国的发展潜力，选择日本、印

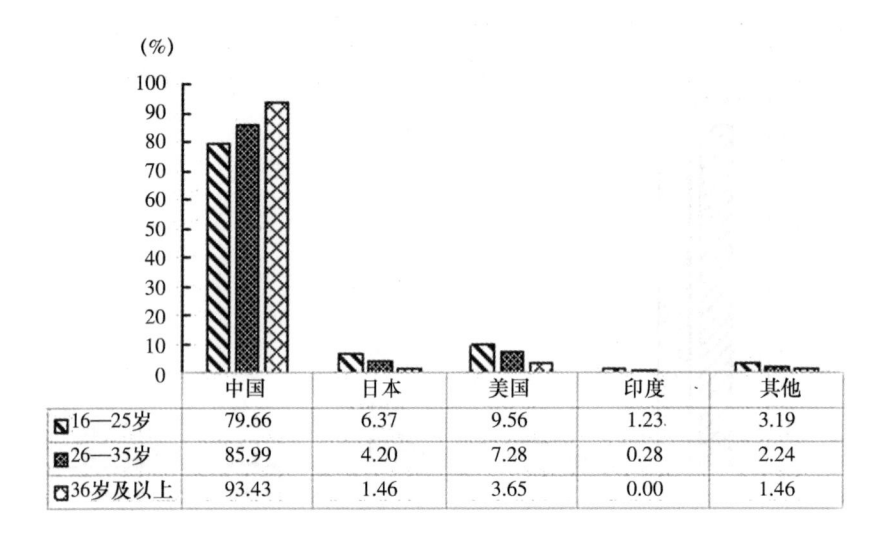

	中国	日本	美国	印度	其他
16—25岁	79.66	6.37	9.56	1.23	3.19
26—35岁	85.99	4.20	7.28	0.28	2.24
36岁及以上	93.43	1.46	3.65	0.00	1.46

图10-19 不同年龄段的受访者对未来十年在亚洲影响力最大的国家的看法（$N=902$）

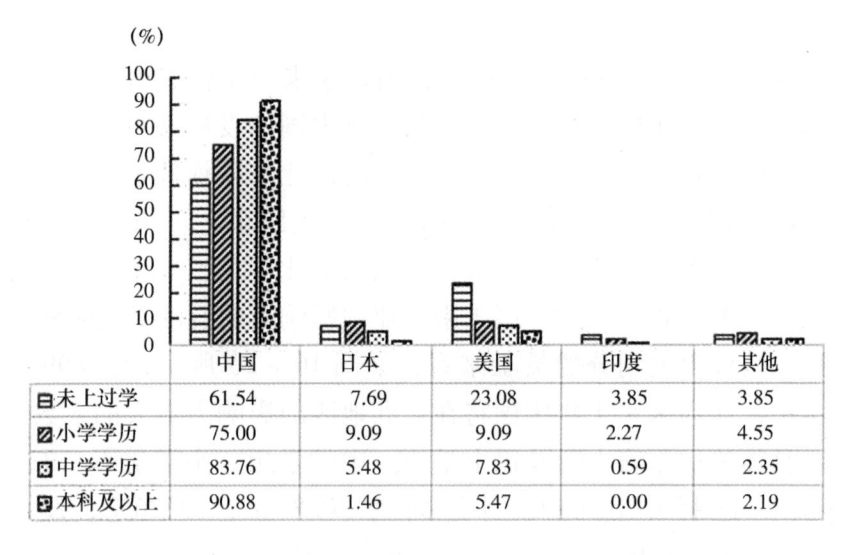

	中国	日本	美国	印度	其他
未上过学	61.54	7.69	23.08	3.85	3.85
小学学历	75.00	9.09	9.09	2.27	4.55
中学学历	83.76	5.48	7.83	0.59	2.35
本科及以上	90.88	1.46	5.47	0.00	2.19

图10-20 不同学历的受访者对未来十年在亚洲影响力最大的国家的看法（$N=899$）

度和其他国家的员工都不多，占比都未超过一成。小学学历选择日本和其他国家的比例是四个学历分组中最高的,具体分别为9.09%和4.55%,未上过学员工选择印度的比例是四个学历分组中最高的(3.85%)。对未来十年亚洲影响力最大的国家的看法上,学历层次较低的员工在选择上更具多样化。

(二)老挝未来发展需要借鉴的国家

图10-21直接反映了老挝员工认为老挝未来发展需要借鉴的国家分布情况,同时也间接反映了老挝员工对这些国家发展成就和发展模式的认可程度。

在887个有效样本中,近八成(77.34%)的老挝员工认为老挝的国家发展应该借鉴中国模式;超过一成(12.63%)的员工认为需要借鉴美国;其次是日本和越南,所占比例都较低,分别是5.3%和1.35%。显然,老挝员工对中国与美国及日本等国的认可程度存在较大差距,说明员工对中国的发展成就和发展模式非常认可,部分员工对美国的发展也有一定的认知。总体上,员工对中国和美国的发展成效和发展模式认可度远高于包括日本和越南在内的其他国家。

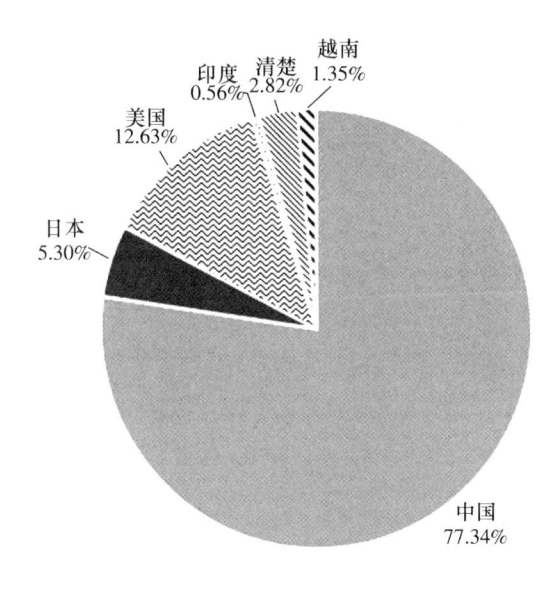

图10-21 员工认为老挝未来发展需要借鉴的国家分布($N=887$)

图 10-22 反映了不同年龄段维度上老挝员工认为最值得老挝借鉴的国家分布情况。在 887 个有效样本中，认为中国应该成老挝发展需要借鉴的国家比例最高的是 36 岁及以上的年龄段的员工，占比为 81.29%，占比最低的是 26—35 岁年龄段的员工（75%），16—25 岁年龄段员工的比例为 78.03%，因此可以看出，老挝员工对中国的认同感很强，对中国的发展模式认可度也很高，尤其是年龄稍大的员工。认为本国发展需要借鉴美国的占比总体排第二，16—25 岁、26—35 岁和 36 岁及以上三个年龄段分别占比 13.38%、14.77% 和 5.04%，年龄较小的员工更认可美国的发展模式。认为日本是老挝发展需要学习的国家的比例总体排第三，其中占比最高的是 36 岁及以上年龄段的员工，为 11.51%，26—35 岁和 16—25 岁年龄段的员工比例较低，分别为 4.83% 和 3.54%，年龄稍大的员工更认可日本的发展模式。36 岁及以上的员工认为老挝发展需要借鉴印度和越南的占比都为零。相比之下，年青一代的选择更趋多元，更为认同美国、印度、越南的发展模式。

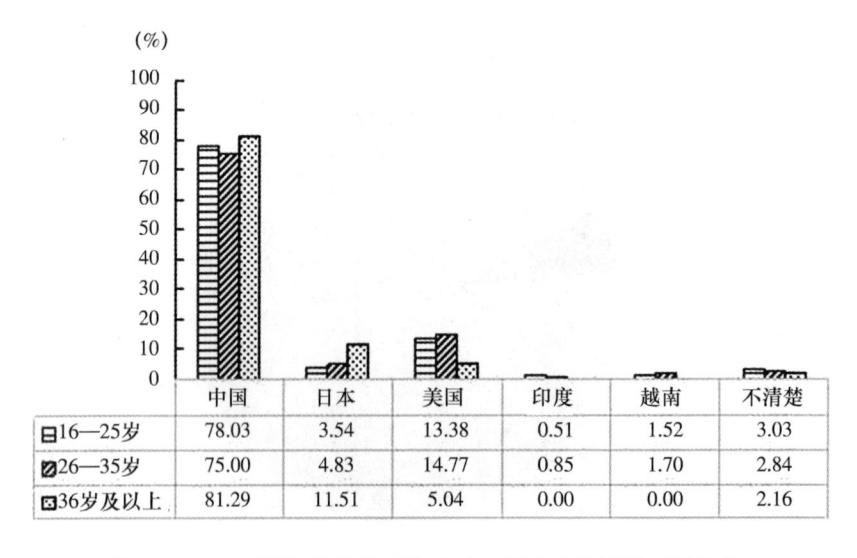

	中国	日本	美国	印度	越南	不清楚
16—25 岁	78.03	3.54	13.38	0.51	1.52	3.03
26—35 岁	75.00	4.83	14.77	0.85	1.70	2.84
36 岁及以上	81.29	11.51	5.04	0.00	0.00	2.16

图 10-22　不同年龄段的受访者对本国未来发展需要借鉴的国家的看法（$N=887$）

图 10-23 反映了不同受教育程度员工认为老挝发展需要借鉴学习的国家分布。在 884 个有效样本中，大多数老挝员工更为认同中国的发展模式，不同学历的员工认为老挝发展需要向中国学习的比例近七成到近八成。未上过学的员工选择中国的占比最低（68%），未上过学和小学学历的员工选择越南的占比都为零，对比而言，学历层次为中学的员工更认可中国和越南的发展模式。认为美国是老挝发展需要学习的国家占比总体排第二，其中未上过学的员工占比最高，为 24%，其他学历层次占比均超一成。认为老挝发展需要学习日本的总体占比排第三，但不同学历的占比呈两极分化，未上过学和本科及以上学历员工的比例较高，分别为 8% 和 7.14%。从分布趋势而言，老挝员工对日本和印度发展模式的认可度与学历层次关系不大。

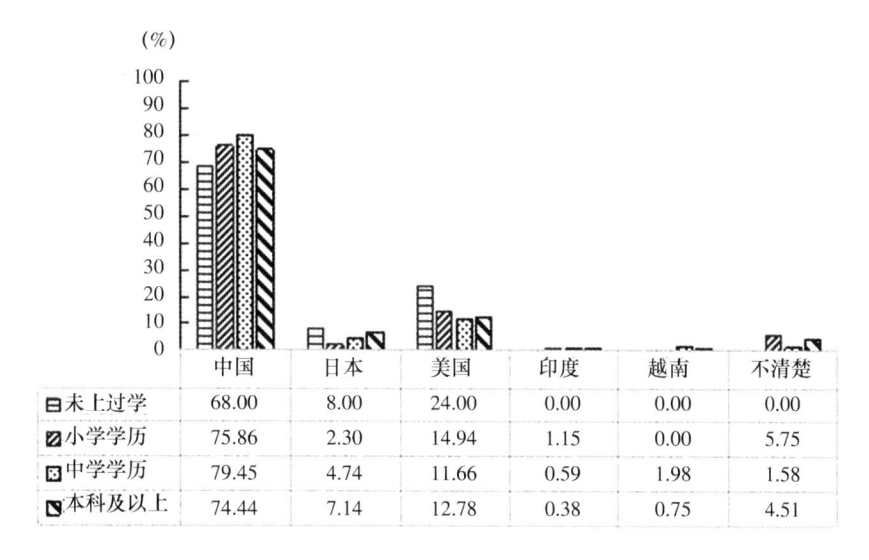

	中国	日本	美国	印度	越南	不清楚
未上过学	68.00	8.00	24.00	0.00	0.00	0.00
小学学历	75.86	2.30	14.94	1.15	0.00	5.75
中学学历	79.45	4.74	11.66	0.59	1.98	1.58
本科及以上	74.44	7.14	12.78	0.38	0.75	4.51

图 10-23　不同学历的受访者对本国未来发展需要借鉴的国家的看法（$N=884$）

（三）外援

外援是老挝财政的主要来源之一，多年来，中国、日本、美国、澳大利亚等国家都为老挝提供了大量的官方发展援助，为老挝经济发展提供了急需的帮助。

在对中资企业员工的访问中，包含了对老挝接受外援的问题，即"外援在老挝的经济发展中扮演着重要角色，就您所知以下哪个国家为老挝提供的外援最多"，回答选项包括"中国"、"美国"、"日本"、"其他"和"不清楚"。表10-9呈现了在不同受教育程度维度上老挝员工认为的为老挝提供外援最多的国家分布情况。在918个有效样本中，从未上过学到本科及以上各个学历阶段的老挝员工中，认为中国是向老挝提供援助最多的国家的比例最高（占比均在七成左右），且明显高于选择其他国家的占比，其次是美国和日本。中学学历的老挝员工中选择中国的比例最高，为75.10%，未上过学的员工选择中国比例稍低，为65.38%。近两成（19.23%）未上过学的员工认为美国为老挝提供的外援最多，这一比例明显高于其他教育水平员工选择美国的比例，小学学历及以上的员工中，选择美国的比例都不到一成。与其他学历阶段的员工相比，本科及以上学历的员工选择日本的比例（6.57%）稍高于其他受教育水平的员工，除了中国、美国和日本，本科及以上学历的员工中有6.20%认为其他国家提供的援助最多，8.39%表示不清楚，说明部分员工对来自其他国家的援助有所了解但不全面。

表10-9 按受教育程度划分的员工认为的为老挝提供外援最多的国家分布（N=918） （单位:%）

最高学历	中国	美国	日本	其他	不清楚
未上过学	65.38	19.23	3.85	3.85	7.69
小学学历	73.96	9.38	5.21	4.17	7.29
中学学历	75.10	7.47	5.36	4.60	7.47
本科及以上	72.26	6.57	6.57	6.20	8.39
总计	73.86	7.73	5.66	5.01	7.73

图10-24呈现了管理和非管理人员维度上的老挝员工对老挝最大外援国的认知情况。在919个有效样本中,管理人员中认为中国是向老挝提供外援最多的国家的比例最高,占82.35%,其次是美国和日本,分别占7.84%和3.92%。非管理人员中认为中国是向老挝提供外援最多的国家的比例也最高,占72.83%,其次是美国和日本。显然,中资企业中的管理人员和非管理人员中选择中国的比例都明显高于其他国家,但管理人员与非管理人员的比例相差近10个百分点,说明管理人员和非管理人员对中国援助老挝的认知存在一定的差异。

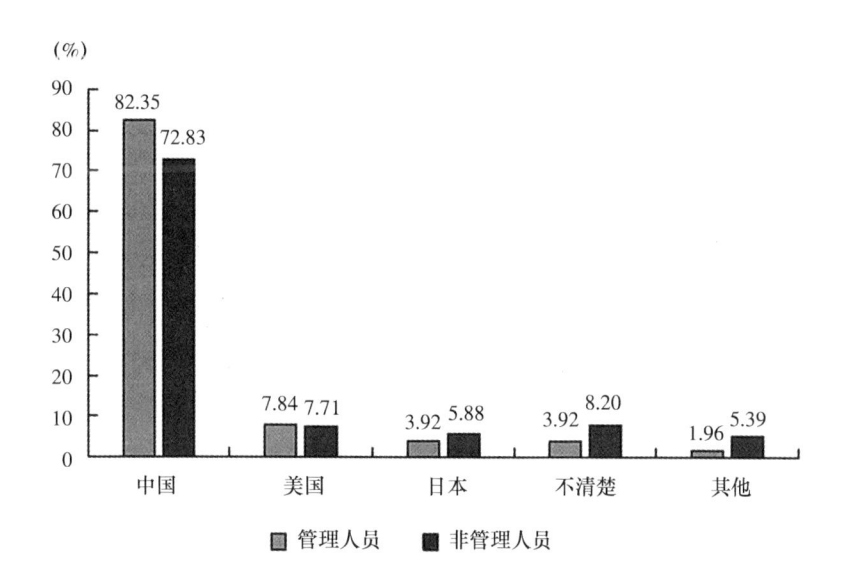

图10-24 管理人员与非管理人员认为的为老挝提供外援最多的国家分布($N=919$)

图10-25呈现了工作是否使用电脑维度上的老挝员工对老挝最大外援国的认知情况。在921个有效样本中,不论在工作中是否使用电脑,老挝员工认为中国向老挝提供的外援最多的比例都较高,均超过七成。工作中使用电脑的老挝员工中,选择不清楚的有6.96%,其次是美国、其他国家和日本。工作中不使用电脑的老挝员工中,认为美国为老挝提供最多援助的比例为8.68%,其次是不清楚、日本和其他国家。

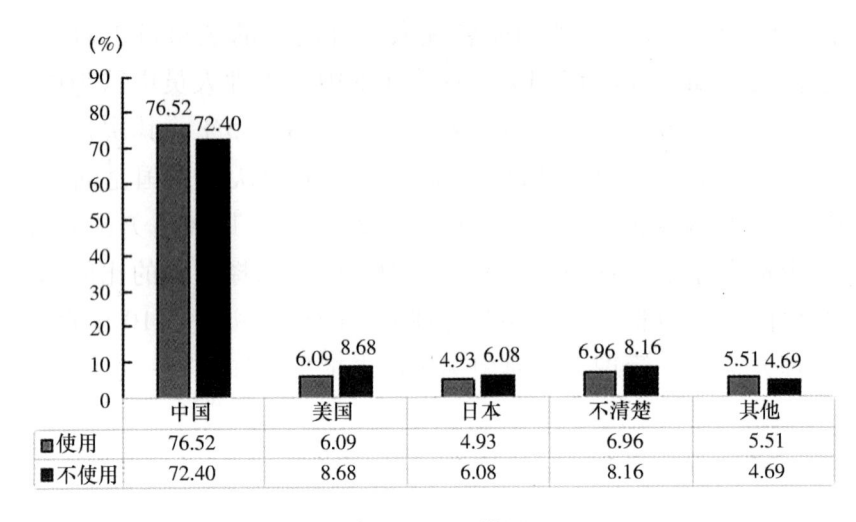

	中国	美国	日本	不清楚	其他
使用	76.52	6.09	4.93	6.96	5.51
不使用	72.40	8.68	6.08	8.16	4.69

图 10-25 按工作是否使用电脑划分的老挝员工认为的为老挝提供外援最多的国家分布（$N=921$）

表 10-10 反映了有在老挝其他外资企业工作经历维度上的老挝员工对老挝最大外援国的认知情况。在 65 个有效样本中，凡是在其他外资企业工作过的老挝员工，认为中国是向老挝提供外援最多的国家的比例都超过七成，说明绝大部分曾有在其他外资企业工作经历的员工都认为中国是老挝最大外援国。在日本企业工作过的员工中有一成多（14.29%）认为日本是为老挝提供最多外援的国家，在韩国企业工作过的员工中有一成（10.00%）持同一看法，在美国企业工作过的员工中选择日本亦有不到一成（7.14%）。在美国企业工作过的员工中有 7.14% 认为美国是为老挝提供最多外援的国家，在其他外资企业工作过的员工中有近一成（9.76%）的比例选择美国。在欧盟企业工作过的员工全部（100%）选择中国，在韩国企业工作过的员工中有九成（90.00%）选择中国。显然，曾有其他外资企业工作经历的员工普遍认为中国为老挝提供了最多外援。当然，由于样本量有限，数据可能存在偏差。

表 10-10　按去过哪个国家外资企业工作划分的老挝员工认为的
　　　　　为老挝提供外援最多的国家分布（$N=65$）　　（单位:%）

去过的其他外资企业	中国	美国	日本	不清楚	其他
美国企业	85.71	7.14	7.14	0.00	0.00
日本企业	85.71	0.00	14.29	0.00	0.00
韩国企业	90.00	0.00	10.00	0.00	0.00
欧盟企业	100.00	0.00	0.00	0.00	0.00
其他企业	75.61	9.76	2.44	4.88	7.32

从图 10-26 中可以看出，家庭有联网的员工，认为中国对老挝外援最多的占比 74.28%；认为美国对中国援助最多的占比 7.84%；认为日本对中国援助最多的占比 5.79%；不清楚的占比 7.33%；认为其他国家援助最多的占比 4.77%。家庭没有联网的员工，认为中国对老挝外援最多的占比 73.35%；认为美国对老挝援助最多的占比 7.49%；认为日本对老挝援助最多的占比 5.39%；不清楚的占比 8.38%；认为其他国家对老挝援助最多的占比 5.39%。

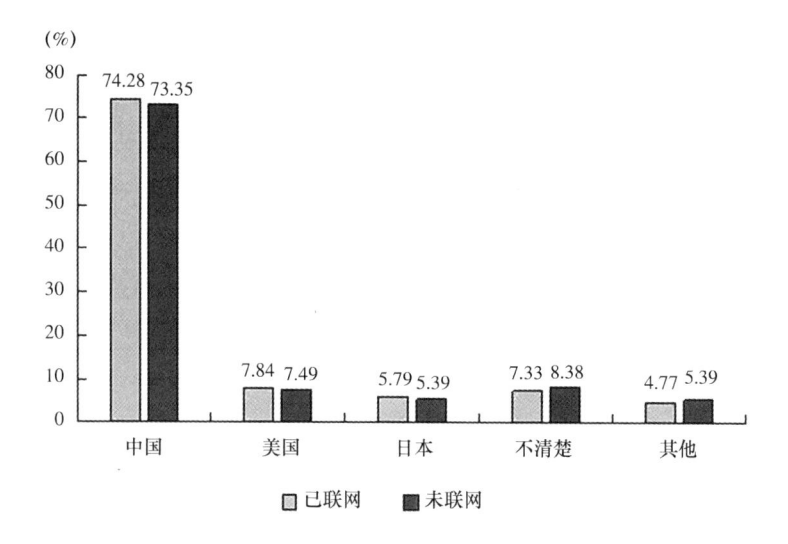

图 10-26　按家庭是否联网划分的老挝员工认为的为老挝提供
　　　　　外援最多的国家分布（$N=921$）

可以看出，无论家庭中有没有联网条件，都有超过七成的员工认为中国对老挝的援助最多，美国和日本次之。但是大多数员工认为，美国、日本和其他国家都不是对老挝援助最多的。认为中国援助最多的和认为其他国家捐助最多的在占比上有着巨大的差异。

参考文献

一 中文文献

（一）著作

包茂红、柯银斌主编：《中国与东南亚国家公共外交》，新华出版社2012年版。

曹云华主编：《东南亚国家联盟：结构、运作与对外关系》，中国经济出版社2011年版。

方芸、马树洪编著：《列国志·老挝》，社会科学文献出版社2018年版。

方芸、韦健锋编著：《老挝外商直接投资法律制度研究》，世界图书出版公司2018年版。

王莉丽：《公共外交：多元理论与舆论战略研究》，中国社会科学出版社2018年版。

古小松主编：《东南亚文化》，中国社会科学出版社2015年版。

郝勇、黄勇、覃海伦编著：《老挝概论》，世界图书出版广东有限公司2012年版。

黄兴球：《老挝族群论》，民族出版社2006年版。

徐波：《跨文化沟通：国家形象的有效传播》，复旦大学出版社2018年版。

黎友焕：《企业社会责任概论》，华南理工大学出版社2013年版。

李小元、李锷编著：《老挝社会文化与投资环境》，世界图书出版公司2012年版。

卢光盛：《中国和大陆东南亚国家经济关系研究》，社会科学文献出版社2014年版。

钱洪良：《中国和平崛起与周边国家的认知和反应》，军事谊文出版社2010年版。

申旭、马树洪编著：《当代老挝》，四川人民出版社1992年版。

唐世平、张洁等主编：《冷战后近邻国家对华政策研究》，世界知识出版社2006年版。

张海冰、周太东：《老挝与"一带一路"》，时事出版社2017年版。

张蕴岭编：《中国与周边国家：构建新型伙伴关系》，社会科学文献出版社2008年版。

张蕴岭：《构建开放合作的国际环境》，中国社会科学出版社2013年版。

赵银亮：《聚焦东南亚：制度变迁与对外政策》，江西人民出版社2008年版。

郑茗戈、陈嵩编著：《老挝经济社会地理》，世界图书出版广东有限公司2014年版。

朱杰勤：《东南亚华侨史》，北京高等教育出版社1990年版。

邹怀强等：《老挝文化概论》，世界图书出版社2015年版。

［英］格兰特·埃文斯：《老挝史》，郭继光等译，东方出版中心2011年版。

（二）论文

陈定辉：《老挝2016年回顾与2017年展望》，《东南亚纵横》2017年第1期。

段学品、刘军：《"一带一路"背景下中老经济走廊建设的进展与挑战》，《云南行政学院学报》2020年第4期。

方芸：《沟通南北，连贯东西：老挝在GMS经济走廊建设中的地位和作用》，王士录主编《东南亚报告：2006～2007》，云南大学出版社 2007 年版。

方芸：《老挝华侨华人在"一带一路"建设中的地位与作用》，《八桂侨刊》2018 年第 3 期。

李秀芳：《次国家行为体参与区域合作的实践逻辑解析——以云南参与大湄公河次区域合作为例》，《印度洋经济体研究》2020 年第 3 期。

吕欣姗、白滨：《老挝职业教育体系、管理制度与发展趋势研究》，《中国职业技术教育》2020 年第 12 期。

任珂瑶、钮菊生、艾伦：《共建中老命运共同体路径探析》，《和平与发展》2020 年第 4 期。

宋万：《老挝民众对"一带一路"倡议的态度及对策建议——基于对老挝进行的实证调查分析》，《西部学刊》2020 年，总第 13 辑。

宋周莺、姚秋惠等：《跨境经济合作区建设的"尺度困境"——以中老磨憨－磨丁经济合作区为例》，《地理研究》2020 年第 12 期。

陶家骏，林齐倩，张唐凌：《"一带一路"倡议下的老挝"汉语热"研究》，《国际汉语教育》（中英文）2020 年第 2 期。

王淑芳等：《"一带一路"沿线国家投资悖论的形成机理研究》，《世界地理研究》网络首发 2020－11－10。

张雨龙：《有序的混沌：中老边民互市的人类学考察》，《思想战线》2020 年第 6 期。

周建新、杨璐：《跨国道路与族群发展——基于老挝贺人的田野调查》，《广西民族研究》2020 年第 4 期。

二 外文文献

（一）英文文献

Harris Hyun－soo Kim；Minah Kang；Kyungwon Choi，"Social capital or liability? Gender, network size and self-rated health (SRH) among community-dwelling adults in Lao People's Democratic Republic", *The Social Science Journal*, Vol 56, Issue 4. 2019.

Lao Statistic Bureau, Results of Population and Housing Census, 2015.

MagnusMoglia, Kim S. Alexander; Silva Larson, Anne (Giger)-Dray, Anne (Giger)-Dray, Garry Greenhalgh, Phommath Thammavong, Manithaythip Thephavanh, Peter Case, "Gendered Roles in Agrarian Transition: A Study of Lowland Rice Farming in Lao PDR", *Sustainability*, Vol. 12, Issue 13. 2020.

Miles Kenney-Lazar, "Relations of sovereignty: The uneven production of transnational plantation territories in Laos", *Transactions of the Institute of British Geographers*, Volume 45, Issue 2. 2020.

Peter J. Morgan, Trinh Quang Long, "Financial literacy, financial inclusion, and savings behavior in Laos", *Journal of Asian Economics*, Volume 68, 2020.

Thanousorn Vongpraseuth, "Reality of Urbanization and Urban Master Plan of Vientiane Capital, Lao PDR: Issues and Prospects", *AMERICAN SCIENTIFIC RESEARCH JOURNAL FOR ENGINEERING, TECHNOLOGY, AND SCIENCES (ASRJETS)*, Volume 70, Issue 1. 2020.

Toshitaka Gokan, Ikuo Kuroiwa, Nuttawut Laksanapanyakul, Yasushi Ueki, "Spatial structures of manufacturing clusters in Thailand, Cambodia and Lao People's Democratic Republic", *Journal of the Asia Pacific Economy*, Volume 25, Issue 3. 2020。

VictoriaJunquera, Patrick Meyfroidt, Zhanli Sun, Phokham Latthachack, Adrienne Grêt-Regamey, "From global drivers to local land-use change: understanding the northern Laos rubber boom", *Environmental Science & Policy*, Vol. 109, 2020.

WorldBank, *Lao PDR Economic Monitor*, June 2020.

Ying Liu, "On the Role of Southeast Asian Countries in the Context of

'Belt and Road' Policy – – Taking Laos as an Example", *International Core Journal of Engineering*, Volume 7, Issue 5. 2020.

（二）老文文献

老挝总理府办公厅,《关于老挝经济特区和经济专区的政令》（老文）, 万象, 2010 年。

老挝计划投资部,《老挝促进投资法（修正案）》（老文）, 万象, 2016 年。

后　记

　　2013年秋中国提出共建"一带一路"倡议以来，共建"一带一路"受到国际社会的广泛关注，越来越多的国家纷纷加入，影响力日益扩大。秉持"和平合作、开放包容、互学互鉴、互利共赢"的丝路精神和"共商、共建、共享"的合作理念，中国与"一带一路"沿线国家的合作不断加强和深化。云南大学作为以服务国家发展战略和地方经济社会发展为宗旨的综合性大学以及"双一流"高校，积极响应国家"一带一路"倡议，主动服务和融入国家"一带一路"倡议，在校内设立"'一带一路'沿线国家综合数据调查"课题，旨在为中国"一带一路"建设和研究提供一套完整的跨国比较调查数据。

　　为了推动这一重大课题的顺利开展，由本人担任老挝国别课题组长，邀请校内国际关系研究院、发展研究院、马克思主义学院相关师生组成课题组，2019年3月至2019年4月期间，对首都万象市和琅勃拉邦省的中资企业开展了密集调研，全面深入地了解老挝的基本国情、中资企业在老挝的投资状况和经营环境，了解当地员工对区域合作和双边、多边关系的态度和看法，以及掌握当前中资企业面临的问题和困难。同时加强校企合作，努力为企业解决所面临的问题和困难提供智力支持，从而进一步推动中资企业在老挝的投资，服务国家"一带一路"建设和云南大学的"双一流"建设。

　　在调研和访谈过程中，根据商务部对老挝投资企业备案名单，课题组严格按照社会调查的科学标准设计问卷和抽取样本，以电子问卷和一对一的方式进行问卷调查，确保调查数据的真实可靠，保证调查及调查结果的说服力和科学性。通过29天密集的实地调研，课题组顺利访问了72家企业，共获得合格问卷994份（其中企业问卷72份和老挝员工问卷922份），圆满完成了调研任务，达到了课题组事先确定的调研目标。首先，课题组与相关职能部门、企业紧密联系、有效协调、相互配合、共同努力，保质保量完成数据采集。其次，课题组走出课堂、走进共建"一带一路"的田野，通过访谈亲身感受中资企业文化及其海外经营环境，增进了师生对中资企业及老挝政治经济社会状况的了解，这是对产学研相长的一次有益探索和实践。再次，在对中资企业的访谈和交流过程中，深化了中资企业对云南大学的认知，数家中资企业表达了希望成为云南大学教学科研实习基地的意愿，这无疑有助于推进云南大学开展校企合作和国际化发展的进程。

从老挝的"田野"返回校园之后，在"'一带一路'沿线国家综合数据调查"项目办技术和后勤等各组的高效保障之下，同时吸收借鉴了有关专家学者的宝贵意见，课题组对调研所得数据做了详细分析，调整和完善研究框架，认真撰写研究报告，继而形成了本书这一最终成果。本书写作具体分工如下。

方芸负责全书结构框架的设计，第一章的撰写，以及指导第二章、第六章、第十章的写作，全文的统稿、修改、更新、完善和校对。伊彤完成第二章、第六章、第十章初稿的写作。周一迪完成第三章的写作。王安妮完成第四章和第七章的撰写。兰丽完成第五章、第八章和第九章的撰写。

课题组的工作得到了中华人民共和国商务部、中国驻老挝使领馆、云南省商务厅、云南省外事办公室、云南省驻老挝（万象）商务代表处、老挝相关高校、老挝中国商会及其各分会、老挝中华总商会及其各分会、以及受访老挝中资企业的大力支持。在书稿付梓之际，我们要由衷地感谢为课题研究提供宝贵意见的各位领导和咨询专家，为课题组提供调研便利的国内外相关机构，以及接受课题组访谈的中老两国各界人士。他们的支持与帮助，我们的研究规划、调研访谈和成果撰写得以顺利完成的。由于笔者学识水平、知识结构以及各种客观条件的限制，我们的研究成果尚有诸多不足之处，特别遗憾的是课题组未能对老挝南部地区开展调研，凡此种种，错误和遗漏之处，敬请各位专家和读者批评指正。

方 芸

2020 年 8 月